プリント形式のリアル過去問で本番の臨場感！

神奈川県 市立

横浜市立南高等学校附属中学校

2025年春受験用

解答集

本書は，実物をなるべくそのままに，プリント形式で年度ごとに収録しています。
問題用紙を教科別に分けて使うことができるので，本番さながらの演習ができます。

■　収録内容

・解答集(この冊子です)

書籍ＩＤ番号，この問題集の使い方，最新年度実物データ，リアル過去問の活用，解答例と解説，ご使用にあたってのお願い・ご注意，お問い合わせ

・2024(令和６)年度　～　2018(平成30)年度　学力検査問題

JN132059

○は収録あり	年度 '24	'23	'22	'21	'20	'19
■ 問題(適性検査)	○	○	○	○	○	○
■ 解答用紙	○	○	○	○	○	○
■ 配点	○	○	○	○	○	○

全分野に解説があります

上記に2018年度を加えた7年分を収録しています
注)問題文等非掲載:2024年度適性検査Ⅰの2，2020年度適性検査Ⅰの問題6と問題7

問題文の非掲載につきまして

著作権上の都合により，本書に収録している過去入試問題の本文の一部を掲載しておりません。ご不便をおかけし，誠に申し訳ございません。

教英出版

■ 書籍ＩＤ番号

入試に役立つダウンロード付録や学校情報などを随時更新して掲載しています。
教英出版ウェブサイトの「ご購入者様のページ」画面で，書籍ＩＤ番号を入力してご利用ください。

書籍ＩＤ番号 102214

（有効期限：2025年9月30日まで）

【入試に役立つダウンロード付録】
「要点のまとめ(国語／算数)」
「課題作文演習」ほか

■ この問題集の使い方

年度ごとにプリント形式で収録しています。針を外して教科ごとに分けて使用します。①片側，②中央のどちらかでとじてありますので，下図を参考に，問題用紙と解答用紙に分けて準備をしましょう（解答用紙がない場合もあります)。

針を外すときは，けがをしないように十分注意してください。また，針を外すと紛失しやすくなりますので気をつけましょう。

① 片側でとじてあるもの

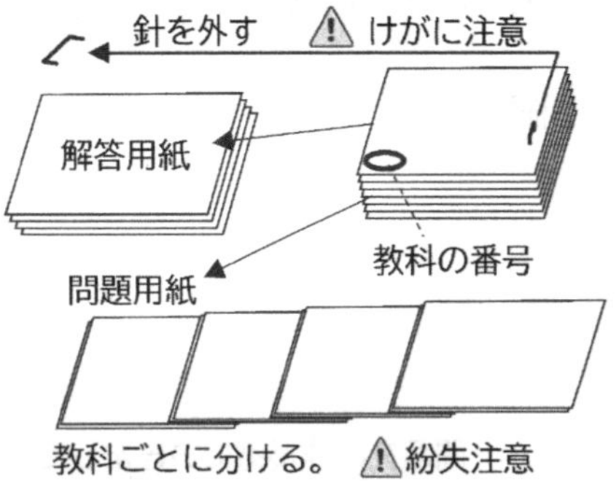

② 中央でとじてあるもの

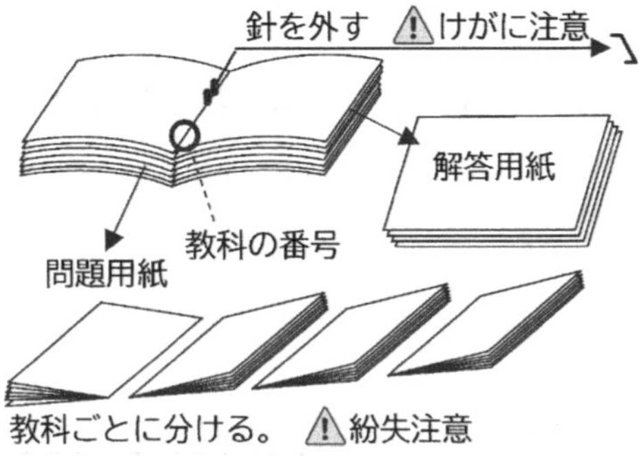

※教科数が上図と異なる場合があります。
解答用紙がない場合や，問題と一体になっている場合があります。
教科の番号は，教科ごとに分けるときの参考にしてください。

■ 最新年度 実物データ

実物をなるべくそのままに編集していますが，収録の都合上，実際の試験問題とは異なる場合があります。実物のサイズ，様式は右表で確認してください。

問題用紙	Ａ４冊子(二つ折り)
解答用紙	Ａ３片面プリント 適性Ⅰの一部：Ａ４片面プリント

リアル過去問の活用

～リアル過去問なら入試本番で力を発揮することができる～

本番を体験しよう！

問題用紙の形式（縦向き / 横向き），問題の配置や余白など，実物に近い紙面構成なので本番の臨場感が味わえます。まずはパラパラとめくって眺めてみてください。「これが志望校の入試問題なんだ！」と思えば入試に向けて気持ちが高まることでしょう。

入試を知ろう！

同じ教科の過去数年分の問題紙面を並べて，見比べてみましょう。

① 問題の量

毎年同じ大問数か，年によって違うのか，また全体の問題量はどのくらいか知っておきましょう。どのくらいのスピードで解けば時間内に終わるのか，大問ひとつにかけられる時間を計算してみましょう。

② 出題分野

よく出題されている分野とそうでない分野を見つけましょう。同じような問題が過去にも出題されていることに気がつくはずです。

③ 出題順序

得意な分野が毎年同じ大問番号で出題されていると分かれば，本番で取りこぼさないように先回りして解答することができるでしょう。

④ 解答方法

記述式か選択式か（マークシートか），見ておきましょう。記述式なら，単位まで書く必要があるかどうか，文字数はどのくらいかなど，細かいところまでチェックしておきましょう。計算過程を書く必要があるかどうかも重要です。

⑤ 問題の難易度

必ず正解したい基本問題，条件や指示の読み間違いといったケアレスミスに気をつけたい問題，後回しにしたほうがいい問題などをチェックしておきましょう。

問題を解こう！

志望校の入試傾向をつかんだら，問題を何度も解いていきましょう。ほかにも問題文の独特な言いまわしや，その学校独自の答え方を発見できることもあるでしょう。オリンピックや環境問題など，話題になった出来事を毎年出題する学校だと分かれば，日頃のニュースの見かたも変わってきます。

こうして志望校の入試傾向を知り対策を立てることこそが，過去問を解く最大の理由なのです。

実力を知ろう！

過去問を解くにあたって，得点はそれほど重要ではありません。大切なのは，志望校の過去問演習を通して，苦手な教科，苦手な分野を知ることです。苦手な教科，分野が分かったら，教科書や参考書に戻って重点的に学習する時間をつくりましょう。今の自分の実力を知れば，入試本番までの勉強の道すじが見えてきます。

試験に慣れよう！

入試では時間配分も重要です。本番で時間が足りなくなってあわてないように，リアル過去問で実戦演習をして，時間配分や出題パターンに慣れておきましょう。教科ごとに気持ちを切り替える練習もしておきましょう。

心を整えよう！

入試は誰でも緊張するものです。入試前日になったら，演習をやり尽くしたリアル過去問の表紙を眺めてみましょう。問題の内容を見る必要はもうありません。どんな形式だったかな？受験番号や氏名はどこに書くのかな？…ほんの少し見ておくだけでも，志望校の入試に向けて心の準備が整うことでしょう。

そして入試本番では，見慣れた問題紙面が緊張した心を落ち着かせてくれるはずです。

※まれに入試形式を変更する学校もありますが，条件はほかの受験生も同じです。心を整えてあせらずに問題に取りかかりましょう。

横浜市立南高等学校附属中学校　2024 令和6年度　適性検査Ⅰ

《解答例》

1 問題1．1　問題2．1　問題3．672年…5　1868年…4　問題4．4　問題5．2

問題6．その国の文化，習慣や気候を学ぶこと

2 問題1．3

問題2．〈作文のポイント〉

・最初に自分の主張、立場を明確に決め、その内容に沿って書いていく。

・わかりやすい表現を心がける。自信のない表現や漢字は使わない。

さらにくわしい作文の書き方・作文例はこちら！→https://kyoei-syuppan.net/mobile/files/sakupo.html

《解　説》

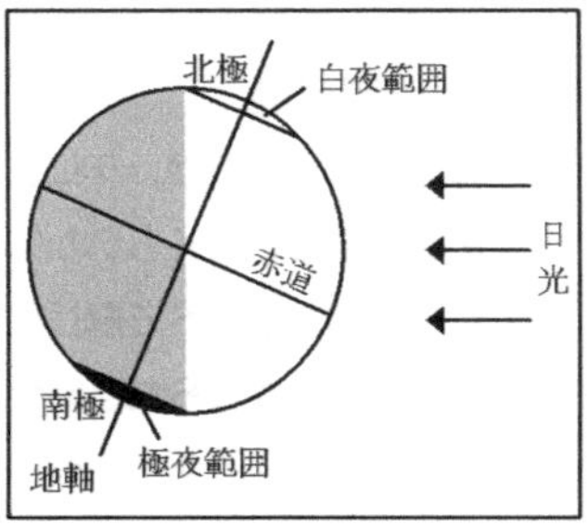

1 **問題1**　1日中太陽が出ない現象を極夜といい，北極や南極に近い高緯度地域で起きる現象である。右図において，北極付近で1日中太陽が沈まない白夜になる時期，南極付近では極夜となる。

問題2　Aは熱帯雨林気候，Bは温帯の地中海性気候を示す雨温図である。バナナの栽培条件を見ると，高温多湿，気温27～31℃とあることから，熱帯雨林気候が条件にあう。また，資料6よりマレーシアやシンガポールの気候が熱帯であることがわかることも判断材料になる。熱帯で栽培される農作物は，資料5からコーヒーと判断できる。オリーブは温帯，小麦は温帯，亜寒帯，乾燥帯の地域で栽培される。

問題3　672÷10＝67 あまり2より，十干は壬である。672÷12＝56 あまり0より，十二支は申である。よって，672年には壬申の乱が起きたとわかる。同様にして，1868÷10＝186 あまり8より，十干は戊，1868÷12＝155 あまり8より，十二支は辰だから，1868年には戊辰戦争が起きたとわかる。

問題4　下関条約が結ばれたところがある県は山口県，門司港がある県は福岡県である。ポルトガル人が漂着し，鉄砲が伝わったのは，鹿児島県の種子島である。金印が発見されたのは福岡県の志賀島，壇ノ浦があるのは山口県，元との戦いに備えて防塁がつくられたのは福岡県の博多湾沿岸である。

問題5　学制が定められた1870年代には，家事の重要な担い手とされた女子の就学率は特に低かった。1890年に小学校令が改正され，尋常小学校3～4年間の義務教育が明確化された頃から，男女ともに就学率は伸び，1900年頃には80％を超え，1910年頃には100％近くになった。

問題6　会話1には，文化や習慣を知ることの重要性が書かれている。会話2には，言語と気候，農作物との関連性が書かれている。会話3と会話4をもとにして，「その国の歴史的なできごとや背景を知ること」などとしてもよい。

2 **問題1**　科博の研究員の言葉をきっかけに筆者が気づいたことが，文章の最後の方に書かれている。「解剖《かいぼう》の目的は，名前を特定することではない。生き物の体の構造を理解することにある。ノミナを忘《わす》れ，まずは純粋《じゅんすい》な目で観察することこそが，体の構造を理解する上で何より大事なことである。当時の私はこのことに気がついておらず，名前を特定することが目的化し，まさに名前に振《ふ》り回されていた」とあるので，3が適する。

問題2　資料1と資料2に共通する考えは，目の前にあるものをちゃんと見ることと，そうすることを通して，自分の頭を使って考えることが大切だということである。第一段落にはこのことをまとめて書く。資料1では，「共通する考え」について，「ノミナを忘れ，まずは純粋な目で観察することこそが，体の構造を理解する上で何より大事なことである」，解剖の際には，「目の前の筋肉《きんにく》がどの骨とどの骨をつないでいるのか～長いか短いか」といったことを観察し，考えるという具体例を通して述べている。第二段落にはこのことをまとめて書く。資料2では，「共通する考え」について，美術館で作品を鑑賞《かんしょう》する際には，解説文を読んで情報を得ることよりも，作品そのものをしっかり見て，いろいろなことに気づいたり考えたりする方が豊かな鑑賞につながると述べている。第三段落にはこのことをまとめて書く。

《解答例》

1 問題1．イ　問題2．あ．4　い．120　問題3．条件1…ウ　条件2…カ
問題4．う．わくの歯数と歯車の歯数の最小公倍数　え．歯車の歯数

2 問題1．①イ　②ア　③イ　問題2．あ．2941　い．1912　問題3．ア，エ　問題4．D→A→B→C

3 問題1．ア，ウ，エ　問題2．二百五十六　問題3．(108，39，53)
問題4．(1)あ．C7　い．89　う．150　(2)ABC789

4 問題1．あ．石灰水　い．白くにごる　問題2．ウ　問題3．ア　問題4．水につかっている炭素棒の面積

《解　説》

1 **問題1**　ハンドルがついていない歯車の歯数は8個だから，ハンドルがついている歯車が時計回りに1周すると，ハンドルがついていない歯車は反時計回りに，$\frac{10}{8}=1\frac{1}{4}$(回転)だけ回転する。よって，動物の頭が左向きになるから，正しいものはイである。

問題2　2つの歯車の歯数である8と10の最小公倍数は40だから，2つの歯車はそれぞれ歯数が40個動くごとに，同時にもとの状態に戻《もど》る。よって，ハンドルがついている歯車を40÷10＝4(回転)させたときに，はじめてもとの状態に戻る。

また，3つの歯車の歯数である8，10，15の最小公倍数について考える。3つ以上の数の最小公倍数を求めるときは，右のような筆算を利用する。3つの数のうち2つ以上を割り切れる素数で次々に割っていき(割れない数はそのまま下におろす)，割った数と割られた結果残った数をすべてかけあわせれば，最小公倍数となる。よって，8，10，15の最小公倍数は2×5×4×1×3＝120だから，120個分の歯数が動いたときに，はじめてもとの状態に戻る。

2) 8　10　15
5) 4　5　15
　 4　1　3

問題3　内側に96個の歯がついたわくAと，40個の歯がついたわくCを組み合わせたときの花びらの数は12になっている。これは，96と40の最小公倍数が右の筆算より2×2×2×12×5＝480であり，Cは480÷40＝12(回転)でもとの位置に戻ることを示している。96と60の最小公倍数も480だから，条件1の花びらの数は480÷60＝8となるので，模様はウになり，96と30の最小公倍数も480だから，条件2の花びらの数は480÷30＝16となるので，模様はオかカになる。

2) 96　40
2) 48　20
2) 24　10
　 12　5

ボールペンの先端《せんたん》が花びらの先端(Pとする)にあるとき，ボールペンの先端が次に移動する花びらの先端(Qとする)と，わくの内側の中心(Oとする)を結んでできる角POQは，$360°\times\frac{30}{96}=112.5°$となる。オはこの角度が180°に近く，カはこの角度がおよそ112.5°といえるので，カが適する。

問題4　問題3の解説より，(花びらの数)＝(わくの歯数と歯車の歯数の最小公倍数)÷(歯車の歯数)になる。

2 **問題1**　気温(空気の温度)が下がると，空気中にふくむことのできる水蒸気の量は減るため，空気中の水蒸気が水《すい》滴《てき》となって出てくる。なお，水蒸気(気体)は見えないが，水滴(液体)は見えるので，吐《は》く息が白くなったものや白い湯気などは，小さな水滴の集まりとわかる。

問題2　あ．気温が20℃のとき，空気1㎥中にふくむことのできる水蒸気の最大量は17.3ｇだから，教室内の空気170㎥がふくむことができる水蒸気の最大量は17.3×170＝2941(ｇ)である。　い．教室の湿度《しつど》が65％のとき，

ふくまれている水蒸気の量は2941×0.65＝1911.65→1912(g)である。

問題３　イ×…結露《けつろ》を防ぐためには，室内の水蒸気の量を減らすことが大切である。　ウ×…同じ厚さの場合，熱伝導率が小さいほど断熱性は高くなる。熱伝導率は，フェノールフォームが 0.019，セルロースファイバーが 0.039 だから，この２つのうち断熱性が高いのはフェノールフォームである。

問題４　資料１より，断熱性の高さは〔厚さ÷熱伝導率〕の値で示されるとわかるから，それぞれ求めると，Ａは 0.05÷0.038＝1.31…，Ｂは 0.015÷0.019＝0.78…，Ｃは 0.025÷0.034＝0.73…，Ｄは 0.1÷0.039＝2.56…となる。よって，断熱性が高い順に，Ｄ＞Ａ＞Ｂ＞Ｃである。

3　**問題１**　ア．999の次の数は1000であり，千の位の数を１にして，他の位の数を０とするから，正しい。

イ．最初の数を０としているので，100は100＋１＝101(番目)の数だから，正しくない。

ウ．123の最も大きい位である百の位の数を大きくしていくと，123，223，…，923となり，この次は位が１つ上がって1023になるから，正しい。

エ．１×10＝10，10×10＝100，…となり，位が１つ上がるごとに，１つ上の位は10倍になるから，正しい。

以上より，正しいものはア，ウ，エである。

問題２　10進数であれば，十の位の１つ上の位は10×10＝100より，百の位となる。

16進数では，16の１つ上の位は，16×16＝256より，二百五十六の位である。

問題３　16進数では赤が6C，緑が27，青が35だから，10進数のＲＧＢ値では，Ｒ＝16×６＋１×12＝108，Ｇ＝16×２＋１×７＝39，Ｂ＝16×３＋１×５＝53だから，(Ｒ，Ｇ，Ｂ)＝(108，39，53)となる。

問題４(1)　＃A589C7の補色のカラーコードについて，最大値はC7，最小値は89である。16進数のまま計算すると，最大値と最小値の十六の位の和はＣ＋８＝14，一の位の和は７＋９＝10だから，合計値は140＋10＝150となる。

(2)　補色のカラーコードについて，

Ｒ＝150－A5＝(16＋５－Ａ)×16－５＝Ｂ×16－５＝Ａ×16＋16－５＝Ａ×16＋Ｂ＝AB，

Ｇ＝150－89＝(16＋５－８)×16－９＝Ｄ×16－９＝Ｃ×16＋16－９＝Ｃ×16＋７＝C7，

Ｂ＝150－C7＝(16＋５－Ｃ)×16－７＝９×16－７＝８×16＋16－７＝８×16＋９＝89

となるから，＃ABC789である。

4　**問題２**　ア×…2021年度には，2010年度よりも発電量の合計が減っている。　イ×…水力発電による発電量は，2021年度が10328×0.075＝774.6(億kWh)，2010年度が11494×0.073＝839.062(億kWh)だから，2021年度の方が小さい。　ウ○…2021年度の石炭，天然ガス，石油等による発電の割合の合計は 31.0＋34.4＋7.4＝72.8(％)だから，これら以外の発電方法の割合は 100－72.8＝27.2(％)で，全体の４分の１(25％)をこえている。　エ×…2021年度の太陽光，風力，地熱，バイオマスによる発電の割合の合計は 8.3＋0.9＋0.3＋3.2＝12.7(％)だから，発電量の合計は10328×0.127＝1311.656(億kWh)となり，1000億kWhより多い。

問題３　ア○…アルミホイルの幅《はば》を変えると，アルミホイルとティッシュペーパーが接する面積が変わる。

問題４　実験４の方法では，水の量と水につかっている炭素棒の面積の２つの条件が変わっているので，結果の違《ちが》い(流れた電流の大きさの違い)が，どちらの条件によるものか判断できない。

《解答例》

1　問題１．ア，ウ，オ

問題２．

都市とは、四角で囲まれた空間の中に人が住むところだ。そこには、四角の中には自然のものは置かないというルールがある。

自然が排除される代わりに、都市の中には基本的に人工物が置かれる。人工物とは、人が考えたもの、意識的に、あるいは意図的に置いたものだ。都市や建物など、人が設計し、すべてを意識的につくり上げた空間では、予期せざる出来事は起こらないことになっていて、それが起こると不祥事と見なされる。

都市という人工空間は世界中で同じ性質を持つ。都市を城壁で囲うと、人の意識でコントロールしうるのはこの中だけだという約束事が成り立ち、その外に人がコントロールできない自然があることを明確に認識できる。

2　問題１．１，４，６　　問題２．右図

問題３．夜間の人の安全と光害から星空を守る

問題４．１　　問題５．１．×　２．×　３．○　４．×

《解　説》

1　**問題１**　アの「ホール」は，自然のものである「ゴキブリ」が出てきてはいけない，人が設計してつくった空間の例として取り上げられている。ウの「都市」は，自然が排除《はいじょ》され，すべてが人の意識でコントロールしうる世界だと述べられている。オの「敷石《しきいし》」は，人が都市の中に意識的に置いたもので，自然を排除する「都市のルール」の例として取り上げられている。

問題２　各段落《だんらく》で筆者が言おうとしていることをおさえたうえで，それらの内容的なつながりを考えよう。

2　**問題１**　１．資料１・２において，エネルギーの浪費については書かれているが，資源価格の上昇や資源の配分についてまでは書かれていない。４．どの条例においても，星空を守るために夜間照明を抑制することが書かれているので，夜間照明を増やすことはこれらの条例の意図に反している。６．特定の事業者だけでなく，事業者全体と住民・滞在者を含めている。

問題２　１㎢あたりの人口のことを人口密度といい，人口÷面積(㎢)で求められる。

群馬県･･･1980000÷6362＝311.2…より，約310人／㎢　鳥取県･･･560000÷3507＝159.6…より，約160人／㎢

岡山県･･･1910000÷7114＝268.4…より，約270人／㎢　神奈川県･･･9180000÷2416＝3799.6…より，約3800人／㎢

問題３　図１では，街灯の光が拡散されており，夜空を照らしてしまっている分，図３に比べて夜道を照らすことができていない。また，図２では光害の原因は排除できているが，夜道を照らすという本来の目的が達成されない。

問題４　会話２のみなみさんの発言で，「秋菊は，秋になって日照時間が短くなると花芽が付き，つぼみがふくらんで開花する」とあることから，日照時間を人工的に長くして，開花時期を遅らせていることがわかる。電照ぎくの抑制栽培は，愛知県の渥美半島や沖縄県などで行われている。

問題５　１．【資料８】で「赤」と「青」の数字を比べてみると，「赤」のほうが「体重増加」が少ないので，「成長が早くなる」は誤り。　２．【文章】では「総合すると，平均して年間 300 万円以上のコストの削減《さくげん》が見込《こ》まれる」と述べているので，「総費用が増えてしまう」は誤り。　３．【文章】で「緑色のＬＥＤライトが日中の 12 時間点灯され，ヒラメ～泳ぎまわっています。活発にえさを食べて栄養の吸収《きゅうしゅう》と成長が早くなる～出荷までの期間を９か月に短縮《たんしゅく》できた」「出荷までの期間が短くなるため，その分の人件費や燃料代が抑《おさ》えられ」と述べていることに合う。　４．「他の魚にも同じ傾向《けいこう》～全国で～取り入れられている」というようなことは書かれていない。

横浜市立南高等学校附属中学校　2023 令和5年度　適性検査Ⅱ

《解答例》

[1] 問題1．20　問題2．3　問題3．$\frac{1}{2}+\frac{1}{4}+\frac{1}{8}$　問題4．3，11，231／3，14，42／3，15，35

[2] 問題1．水…180　塩…20　問題2．(1)ウ　(2)31　問題3．(1)あ．イ　い．ウ　(2)冷や麦…イ　白龍…エ

問題4．ア，ウ，カ

[3] 問題1．45　問題2．あ，い，う…右図

え．（2×a）　お．三角数　問題3．あ．3　い．6

う．10　え．15　お．21　か．28　き．36　く．120

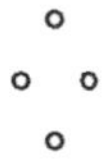

[3]問題2「あ」の図

[3]問題2「い」の図

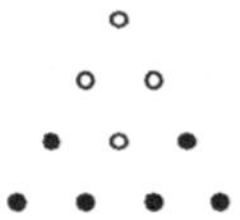

[3]問題2「う」の図

[4] 問題1．ア　問題2．あ．イ　い．オ　問題3．240

《解　説》

[1] **問題1**　$\frac{1}{2}+\frac{1}{4}+\frac{1}{ア}=\frac{4}{5}$より，$\frac{1}{ア}=\frac{4}{5}-\frac{1}{2}-\frac{1}{4}=\frac{16}{20}-\frac{10}{20}-\frac{5}{20}=\frac{1}{20}$となる。よって，ア＝20

問題2　最大の単位分数は$\frac{1}{2}$だから，8人に$\frac{1}{2}$ずつ配ることを考えると，ピザは$7-8\times\frac{1}{2}=3$（枚分）残る。

問題3　問題2の解説をふまえる。3枚分残ったピザを4等分にして8人に同じ量だけ配ると，$3-8\times\frac{1}{4}=$ 1（枚分）残る。この1枚を8等分して8人に配ればよいので，$\frac{7}{8}=\frac{1}{2}+\frac{1}{4}+\frac{1}{8}$と表せる。

問題4　$3-\frac{1}{3}\times7=\frac{2}{3}$であり，$\frac{2}{3}$を2つの異なる単位分数の和で表すことを考える。$\frac{2}{3}=\frac{1}{12}\times7+\frac{1}{84}\times7$と表せるから，$\frac{1}{12}$と$\frac{1}{84}$のうち，大きい方の数である$\frac{1}{12}$に近い単位分数を7倍した数と$\frac{2}{3}$の差が単位分数となるような数を探す。大きい方の単位分数が，

$\frac{1}{10}$のとき，$\frac{2}{3}-\frac{1}{10}\times7=\frac{20}{30}-\frac{21}{30}$となり，適さない。

$\frac{1}{11}$のとき，$\frac{2}{3}-\frac{1}{11}\times7=\frac{1}{33}$となり，適するので，$\frac{3}{7}=\frac{1}{3}+\frac{1}{11}+\frac{1}{33\times7}=\frac{1}{3}+\frac{1}{11}+\frac{1}{231}$である。

$\frac{1}{13}$のとき，$\frac{2}{3}-\frac{1}{13}\times7=\frac{5}{39}$となり，適さない。

$\frac{1}{14}$のとき，$\frac{2}{3}-\frac{1}{14}\times7=\frac{1}{6}$となり，適するので，$\frac{3}{7}=\frac{1}{3}+\frac{1}{14}+\frac{1}{6\times7}=\frac{1}{3}+\frac{1}{14}+\frac{1}{42}$である。

$\frac{1}{15}$のとき，$\frac{2}{3}-\frac{1}{15}\times7=\frac{1}{5}$となり，適するので，$\frac{3}{7}=\frac{1}{3}+\frac{1}{15}+\frac{1}{5\times7}=\frac{1}{3}+\frac{1}{15}+\frac{1}{35}$である。

[2] **問題1**　中力粉《ちゅうりきこ》を作るには薄力粉《はくりきこ》と強力粉《きょうりきこ》を1：1で混ぜるから，薄力粉が200g，強力粉が300gあるときに作れる中力粉の量は，どちらも200g使ったときの200×2＝400(g)である。必要な水の量は中力粉100gあたり45gだから，$45\times\frac{400}{100}=180$(g)である。また，必要な塩の量は中力粉の重さの5％だから，400×0.05＝20(g)である。

問題2(1)　生地が球の形をしているときの半径は6÷2＝3（cm）だから，体積は3×3×3×4÷3×3.14＝113.04(cm³)である。この生地を厚さ（高さ）3mm＝0.3cm，縦の長さが24cmの直方体の形にするから，横の長さは，113.04÷(24×0.3)＝15.7(cm)である。よって，適するのはウである。

(2)　横の長さを5mm＝0.5cm幅《はば》で等分していくので，15.7÷0.5＝31余り0.2より，余った分は1本にふくめないから，31本のうどんの麺《めん》ができる。

問題3(1)　麺が細いほど同じ重さあたりの表面積は大きくなるので，比表面積も大きくなる。つまり，麺が太いほど比表面積は小さくなるので，「あ」にあてはめるのに適切なものはイである。また，資料1の3つの点のうち，最も右側にあるほど比表面積が大きいから，「い」にあてはめるのに適切なものは，ウ，エ，オの中で最も麺が細

いウのゆきやぎを選べばよい。

なお，表面積と体積の関係については，北極や南極などの寒い地域に住んでいる生物は，体(体積)を大きくすることで，外気に触れる面積(表面積)を小さくすることが多いなどの例を考えるとわかりやすい。

(2)　6種類の麺を細い順に並べると，白髪《しらが》(0.3㎜)→ゆきやぎ(0.4㎜)→白龍《はくりゅう》(0.6㎜)→一般的なそうめん(0.9㎜)→冷や麦(1.3㎜から1.7㎜未満)→うどん(1.7㎜)となる。麺が細いほど麺1gあたりに絡むつゆの量が多くなるから，冷や麦は2番目に少ないイの6.6g，白龍は4番目に少ないエの16.4gである。

問題4　ア○…資料4の内容と一致する。　イ×…表1より，グロブリンは食塩水で抽出《ちゅうしゅつ》されることがわかる。ウ○…(A)はグルコースが一本につながっているからアミロース，(B)はグルコースが枝分かれしてつながっているからアミロペクチンの構造を表している。　エ×…資料6より，グリアジンは粘《ねば》り気のもととなるタンパク質である。弾性の強い生地をつくりにはグルテニンが必要である。　オ×…資料5より，生地をこねるのは空間効果を高めるためであり，生地をねかせるのは時間効果を高めるためだと考えられる。　カ○…表1に着目する。食塩水よりもタンパク質を溶《と》かす性質が弱い水で抽出することができるアルブミンは，食塩水で抽出できると考えられる。よって，100gのタンパク質を含《ふく》むグルテンを食塩水に入れると，タンパク質が15《アルブミン》＋3《グロブリン》＝18(g)抽出される。

3　**問題1**　くじを引く希望者が10人のとき，10－1＝9(番目)の三角数を考える。5番目の三角数は15だから，求める組み合わせの数は，15＋6＋7＋8＋9＝45(通り)である。

問題2　○はひし形状に並べ，●は個数を半分ずつにして，2つの合同な正三角形状に並べることを考える。このとき，○を並べてできたひし形の1辺の長さと●を並べてできた2つの正三角形の1辺の長さは等しくなるようにすると3つの図形を組み合わせたとき，もとの辺の長さの2倍の正三角形を1つ作ることができる。よって，a番目の正方形の1辺の長さをaとしたとき，a番目の正方形の点とa番目の長方形の点を組み合わせてできた正三角形の1辺の長さは2×aと表せるから，a番目の正方形数とa番目の長方形数の和は，(2×a)番目の三角数になる。

問題3　正四面体の立体の点のうち，同じ平面にある点の個数に注目する。例えば，3番目の正四面体の同じ平面にある点の個数は1個，3個，6個となり，それぞれ三角数の1番目，2番目，3番目の値と等しい。よって，8番目の正四面体数は(1番目の三角数)＋(2番目の三角数)＋…＋(8番目の三角数)のように求められる。7番目の三角数は21＋7＝28，8番目の三角数は28＋8＝36だから，8番目の正四面体数は

1＋3＋6＋10＋15＋21＋28＋36＝120である。

4　**問題1**　会話文1より，図2のYの長さを長くすると，電気抵抗が大きくなり，電流の大きさが小さくなるため，音が小さくなることが読み取れる。よって，音が大きくなるのは，Yの長さを短くして，電気抵抗を小さくすることで，電流の大きさが大きくなるときである。

問題2　あ．並列つなぎの関係では「電流の大きさ＝300(mA)×抵抗器の数」という式が成り立つ。これは，1つの抵抗器に300mAの電流が流れるとき，回路全体では抵抗器の数の分だけ電流が流れるということだから，回路図6で，抵抗器3個を直列つなぎにしたものを1つの抵抗器だと考えた場合，これが1個であれば表1より100mAの電流が流れる。ここでは，それが2個並列つなぎになっているので，表2のように並列つなぎにした抵抗器の数に比例して電流が大きくなっていくことに着目すると，100(mA)×2＝200(mA)と求められる。　い．回路図4のように，抵抗器2個を並列つなぎにしたものを1つの抵抗器だと考えた場合，これが1個であれば表2より600mAの電流が流れる。ここでは，それが3個直列つなぎになっているので，表1のように直列つなぎにした抵抗器の数に反比例して電流が小さくなっていくことに着目すると，600(mA)÷3＝200(mA)と求められる。

問題3　問題2の「あ」または「い」のどちらかと同様に考えればよい。「あ」と同様に考えると，抵抗器5個を直列つなぎにした場合には，表1の関係より，300÷5＝60(mA)の電流が流れ，それが4個並列つなぎになっているので，60×4＝240(mA)と求められる。また，「い」と同様に考えると，抵抗器4個を並列つなぎにした場合には，表2の関係より，回路全体に300×4＝1200(mA)の電流が流れ，それが5個直列つなぎになっているので，1200÷5＝240(mA)と求められる。

《解答例》

問題１　⑴オ　⑵ア

問題２　右図

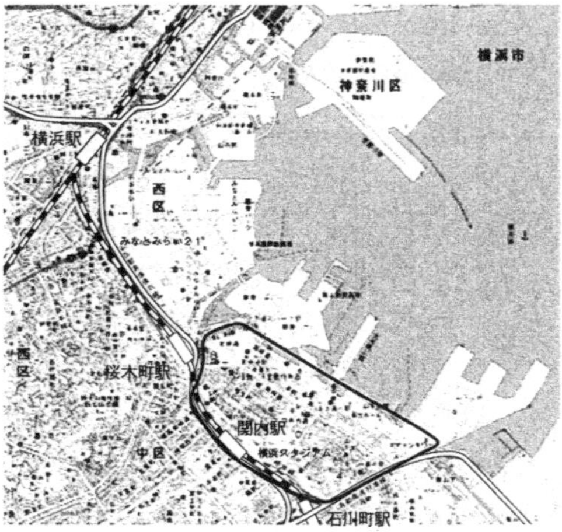

問題３　エ

問題４　イ

問題５　横浜駅～の強化

問題６　写真①…日本で最初の石造りのドックを保存、復元し、イベント広場として活用している。横浜ランドマークタワーの建設時にいったんは埋められたが、港を軸として発展してきた歴史を大事にするという「基本的な戦略」に沿って、保存された。ここが日本で最初に開かれた港であり、多くの船を建造した地であるという歴史を伝えている。　写真②…桜木町から石川町にかけての高速道路は地下を通っている。一九六〇年代に高架での建設計画があったが、それでは市民が大事にしているミナト周辺の景観が壊れてしまう。そこで、無秩序な開発を規制して快適な住みやすい環境を確保するという「基本的な戦略」に沿って、国や首都高速道路公団に交渉し、地下に通すことにした。

問題７　政策の戦略として、保有する価値を見直し、それを財産として尊重、活用する考え方。

《解　説》

問題１⑴　オ．【資料２】より，多くの人が行き来する東海道に神奈川宿が位置することが読み取れる。さらに，りかさんが「たった４隻の蒸気船でペリーが来ただけで，幕府はとても混乱した」と言っていることから，日本人と外国人のかかわりを避けることで，大混乱を防ごうとしたことが分かる。　⑵　ア．りかさんが「陸地と川で切り離されているので，まるで長崎の出島みたいに見えます」と言っていることに着目する。鎖国体制が完成した後も，キリスト教の布教を行わないオランダとの貿易は長崎の出島で続けられ，江戸幕府はオランダ風説書によって海外の貴重な情報を入手し，貿易を独占していた。

問題２　最後のみなみさんの言葉に着目すると，開港場を「関内」と呼んでいた名残りが「関内駅」に残っていること，横浜を取り囲むようにつくられた運河の一部は，川として残っているところと高速道路がつくられたところがあることを手がかりにできる。

問題３　エ．【資料４】の整備後を見ると，共同溝に人が入って点検や補修ができるので，道路を掘りおこさずに作業できることが読み取れる。また，工事によって生じる交通渋滞を減らすことができる。さらに，電線を地中化することで，景観の向上が図られたり，地震の発生時に電柱の倒壊を防げたりするなどの利点もある。

問題４　イ．ベイブリッジの角度とＨに見えるかたちに着目する。１は高架下のＢかＤであり，左のＨの方が大きく見えるのでＢと判断する。２と３は斜めから見たＡとＦであり，右のＨの方が大きく見える２をＦ，左のＨの方が大きく見える３をＡと判断する。また，２はベイブリッジの手前に高速道路が通ることも手がかりになる。４は横から見たＣかＥであり，右のＨの方が大きく見えるのでＣと判断する。

問題５　「六大事業」は，【文章】（p. ２）で「横浜駅と関内地区に分断されている都市中心部機能の強化，良好な住宅環境を確保するニュータウン建設，工業団地と住宅を組み合わせた大規模《だいきぼ》な埋立《うめた》て，市内の高速道路網《もう》，地下鉄建設，ベイブリッジ建設」と説明されている。【資料６】は，「横浜駅周辺地区」と「関内　伊勢佐木町」を「統合一体化」していくイメージ図であるから，「六大事業」のうちの下線部にあたる。

問題６　**写真①**…「ドックヤードガーデン」については，【文章】（p. ３）で「この石造りのドックは日本で最初のものです～２号ドックは，一度解体したあとに，中をレストランにして，再度大きな石を使って復元しました。そして全体をイベント広場『ドックヤードガーデン』として活用した～日本で最初に開かれた港であり，多くの船を建造した地であるという歴史の記憶《きおく》が残ることになりました」と説明されている。これに関連する「基本的な戦略」については，【文章】（p. ２）に「港を軸《じく》として発展してきた歴史を大事にすること～という基本的な戦略を生かしてまちづくりを進めている」とある。これらの部分を用いてまとめる。　**写真②**…「桜木町から石川町にかけての高速道路」については，【文章】（p. ４）で「横浜市民は『ミナトヨコハマ』に住んでいるという意識～1960 年代に，そのミナト周辺に高速道路が高架《こうか》で建設されるという動き～ＪＲ根岸線よりも高い位置に高速道路が建設されるという計画でした。経済的《けいざいてき》に見れば高架のほうが建設費は安いのですが～横浜にとって最も大事なミナト周辺の景観が壊れてしまいます～桜木町から石川町にかけては，高速道路を地下に通すことにしたのです」と説明されている。これに関連する「基本的な戦略」については，【文章】（p. ２）に「無秩序《むちつじょ》な開発を規制して快適な住みやすい環境を確保すること～という基本的な戦略を生かしてまちづくりを進めている」とある。これらの部分を用いてまとめる。

問題７　【資料７】では，「1980 年代までは～森林をさかんに破壊《はかい》してきました。しかし～熱帯林やその生物多様性こそ自国の戦略的資源《しげん》であるとの再認識《さいにんしき》のもと，保全を重視《じゅうし》～エコツアー（ツーリズム）の推進《すいしん》～すべての生物を～収集《しゅうしゅう》，分類し，その生物資源としての可能性を探査《たんさ》している」ということが述べられている。これは，横浜市が，高度経済成長期に背負った「大きな課題」に対処《たいしょ》するときの戦略とした「港を軸として発展してきた歴史を大事にすること～時代の変化に対応できるように新しい機能を呼《よ》び込《こ》むこと，という基本的な戦略を生かしてまちづくりを進めている」ということに重なる部分がある。それは，もともと持っている価値を大事にすること，それを生かして新しい方向性に発展させていくことだと言える。

横浜市立南高等学校附属中学校　2022 令和4年度　適性検査II

《解答例》

1　問題1．12　問題2．い．296　う．1.8　え．72　お．32　か．104　問題3．イ　問題4．(1)3.96　(2)12.6

2　問題1．頂点の数…6　辺の数…12　問題2．いえない　理由…それぞれの頂点に集まる正三角形の数が等しくないから。　問題3．式…5×12÷3　頂点の数…20　問題4．あ．五　い．12　う．六　え．20　お．90

3　問題1．(1)3.28　(2)3.04　問題2．12　問題3．ア，イ

4　問題1．(1)130　(2)0.6　問題2．あ，い…オ　う，え…キ　問題3．ウ

《解　説》

1　**問題1**　10℃から10℃下がると0℃，そこからさらに2℃下がると－2℃だから，10℃から10＋2＝12(℃)下がると－2℃になる。

問題2　い．－273℃が0ケルビンで，1ケルビンの間隔《かんかく》はセルシウス度と同じだから，－273℃よりも273℃高い0℃が273ケルビンであり，23℃はそれよりさらに23ケルビン高い296ケルビンである。　う．180÷100＝1.8(°F)　え．40×1.8＝72(°F)　か．32＋72＝104(°F)

問題3　32°Fは，32÷1.8＝17.77…→17.8℃だから，0°Fは0℃より17.8℃低い－17.8℃である。

問題4(1)　0°Hgから100°Hgまでが，357＋39＝396(℃)だから，1°Hgは396÷100＝3.96(℃)である。　**(2)**　11℃は－39℃(0°Hg)より11＋39＝50(℃)高いから，50÷3.96＝12.62…→12.6(°Hg)である。

2　**問題1**　正八面体は図Iのように，頂点の数が6，辺の数が12となる。

問題2　組み立ててできる立体は図IIのようになる。1つの頂点に正三角形が3つ集まる点と4つ集まる点があるので，正多面体とはいえない。

図I

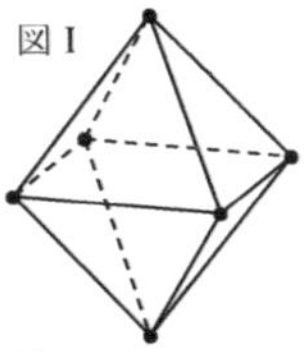

図II

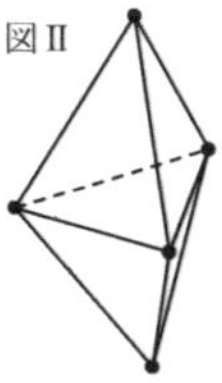

問題3　正五角形1個に頂点は5個あり，正五角形は全部で12個ある。この(5×12)個の頂点のうち3個が合わさって，正十二面体の頂点が1個できる。
よって，頂点の数は，5×12÷3＝20

問題4　正二十面体は正三角形の面が20個でできており，頂点に5つの正三角形が集まり，辺が2本ずつ重なっているから，正二十面体の頂点は3×20÷5＝12(個)，辺は3×20÷2＝30(本)ある。

【きまり】にしたがって切ると，切った線は右図の太線となるので，正あ五角形と正う六角形ができる。正五角形の数は正二十面の頂点の数に等しくい12，正六角形の数は正二十面体の面の数に等しくえ20である。
辺の数は，もとの正二十面体と比べて，頂点1個につき5だけ増えているので，
30＋5×12＝お90である。

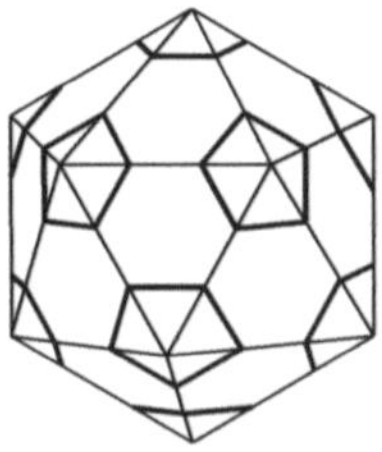

3　**問題1(1)**　(直径)×(円周率)＝(円周)だから，(円周)÷(直径)＝174÷53＝3.283…より，円周率は3.28といえる。

(2)　厚さが均一な厚紙を使うので，重さの比は面積比と等しくなる。つまり，直径20㎝の円と，一辺20㎝の正方形の面積比は7.3：9.6＝73：96となる。正方形の面積が20×20＝400(㎠)だから，円の面積が$400\times\frac{73}{96}=\frac{1825}{6}$(㎠)

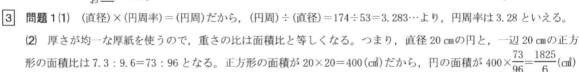

となる。直径 20 ㎝の円は半径 20÷ 2 =10(㎝)の円であり，(半径)×(半径)×(円周率)=(面積)だから，円周率は $\frac{1825}{6}\div(10\times10)=\frac{73}{24}=3.041\cdots$ より 3.04 といえる。

問題２　直径は１×２＝２(m)なので，(直径)×(円周率)が２×3.1=6.2(m)より大きいことがいえればよい。

よって，多角形の周の長さが 6.2mより大きいもののうち，最も頂点の数が少ないものを探す。

調べると，正 11 角形の周の長さが 0.563×11=6.193(m)，正 12 角形の周の長さが 0.517×12=6.204(m)

なので，条件に合うのは正 12 角形である。

問題３　ア．１番目の分数は $\frac{2\times2}{1\times3}=\frac{4}{3}$ ，２番目の分数は $\frac{4\times4}{3\times5}=\frac{16}{15}$ ，３番目の分数は $\frac{6\times6}{5\times7}=\frac{36}{35}$ ，…となり，

分母は分子よりも必ず１小さくなり，分数が１に近づいていくので，正しい。

イ．０を除いて 10 番目に大きい偶数は２×10=20，10 番目に大きい奇数は１＋２×(10－１)=19

よって，10 番目の分数は $\frac{20\times20}{19\times21}$ となるので，正しい。

ウ．３番目の分数までの部分を計算すると，$2\times\frac{2\times2}{1\times3}\times\frac{4\times4}{3\times5}\times\frac{6\times6}{5\times7}=2.92\cdots$ となり，３より大きいことは

まだわからないので，正しくない。

エ．アより，かける分数は１に近づいていくので，計算する分数を増やしていくほど，大きくなる割合は小さく

なっていくことがわかるから，正しくない。

4　**問題１⑴**　写真１のとき，おもりの重さはすべてばねにかかっている。このときの伸《の》びが5.2㎝で，このばねは100 gのおもりをつるすと4.0㎝伸びるから，つるしたおもりの重さは $100\times\frac{5.2}{4.0}=130$(g)である。　**⑵**　写真１と写真２のばねの伸びの差は5.2－2.8=2.4(㎝)である。よって，写真２では，ばねを2.4㎝伸ばすのに必要な力と同じ大きさの浮《ふ》力《りょく》がはたらいたと考えればよい。このばねは１ニュートンの力を加えると4.0㎝のびるから，2.4㎝伸ばすのに必要な力は $1\times\frac{2.4}{4.0}=0.6$(ニュートン)である。

問題２　あ，い．予想１の考察と問題１⑵解説より，体積が同じA～Cにはたらく浮力は同じだから，BとCのときの実験の方法の②と③のばねの伸びた長さの差はAのときと同じ4.0－2.0=2.0(㎝)になると考えられる。よって，「あ」には8.0－2.0=6.0(㎝)，「い」には12.0－2.0=10.0(㎝)があてはまる。　う，え．予想１の実験で，水中にしずめた体積が同じであれば浮力の大きさが同じになったことと予想２の考察から，浮力の大きさは水中部分の体積に比例すると考えられる。よって，Eの体積はDの150÷100=1.5(倍)だから，Eのときの実験の方法の②と③のばねの伸びた長さの差は，Dのときの12.0－8.0=4.0(㎝)の1.5倍の6.0㎝となり，「う」には12.0－6.0=6.0(㎝)があてはまる。同様に考えて，Fのときの実験の方法の②と③のばねの伸びた長さの差はDのときの200÷100=２(倍)の8.0㎝となり，「え」には12.0－8.0=4.0(㎝)があてはまる。

問題３　立方体のおもりでは，水面からの深さを一定の割合で大きくしていくと水中部分の体積も一定の割合で大きくなっていくから，問題２解説の通り，浮力の大きさは水中部分の体積に比例することがわかる。円すい形のおもりをしずめていくとき，同じ高さであれば底面に近い部分の方が体積が大きいから，水面からの深さが小さいときほど浮力の大きさが変化しやすく，水面からの深さが６㎝に近づくにつれて浮力の大きさが変化しにくくなる。

《解答例》

1　問題1．カ，ク　問題2．イ，エ，ク　問題3．ク　問題4．エ　問題5．イ　問題6．エ

問題7．オ

問題8．(例文)

アフリカでは，初等教育における非就学児の割合が男女ともに３０％から４０％程度あります。また，識字率は男女ともに５０％未満であり，女性は男性よりも更に低くなっています。

ブルキナファソ政府は，３歳から１６歳の公立学校の費用を無償化しました。その成果として，小学校の就学率は2倍以上に改善されました。また，女子の就学率が男子の就学率を超えるなど，男女の教育格差の解消も見られます。

アフリカでは，１日１ドル未満で過ごす人の割合が４０％以上であり，家庭で教育費を負担できません。ですから，政府が公立学校の費用を無償化した方が良いと考えます。子どもたちが十分な教育を身につければ，将来賃金の低い不安定な仕事に就く可能性が減るので，貧困の連鎖を断ち切れるでしょう。

2　問題1．ウ　問題2．ア．×　イ．×　ウ．○　エ．×　オ．○　カ．○

《解　説》

1　**問題1**　カ・ク．就学率の低いドミニカ共和国，セネガル，モザンビークのうち，ドミニカ共和国の 2010 年だけが，世界全体の割合を上回っている。

問題2　イ・エ・ク．【資料３】の初等教育の学校の就学率の男女差を[世界全体／ブルキナファソ／エチオピア／イエメン]の順に並べると，1997～2000 年代は[７％／13％／12％／35％]，2000～2004 年代は[６％／11％／８％／25％]，2000～2007 年代は[４％／10％／５％／20％]，2011～2016 年代は[１％／４％／７％／14％]であり，ブルキナファソとエチオピアとイエメンは，すべての年代で世界全体の割合よりも大きくなっている。

問題3　クを選ぶ。【資料３】の 1997 年と 2016 年における初等教育の学校の男女別就学率の差は，イエメンが 21 ポイント，日本とスウェーデンとニュージーランドが０ポイント，ブルキナファソが９ポイント，ブラジルが７ポイント，エチオピアが５ポイント，カンボジアが 12 ポイントだから，イエメンが最も縮まっている。

問題4　エ．【資料５】より，2015 年におけるサブサハラ・アフリカの１日１ドル未満で過ごす人の割合は 41％であり，1990 年の半数の $57 \div 2 = 28.5$(％)以上だから，達成していない。

問題5　イ．【資料６】より，2015 年におけるサブサハラ・アフリカの５歳未満児死亡数は 86 人で，1990 年の３分の１の $179 \times \frac{1}{3} = 59.6\cdots$(人)以上である。2015 年における南アジアの５歳未満児死亡数は 50 人で，1990 年の３分の１の $126 \times \frac{1}{3} = 42$(人)以上である。2015 年における東南アジアの５歳未満児死亡数は 27 人で，1990 年の３分の１の $71 \times \frac{1}{3} = 23.6\cdots$(人)以上である。2015 年における世界全体の５歳未満児死亡数は 43 人で，1990 年の３分の１の $90 \times \frac{1}{3} = 30$(人)以上である。よって，すべての地域で達成していない。

問題6　「×」の数にあたるから，エを選ぶ。ア(○)の数は，日本は２つ，韓国とアメリカ合衆国はなし，デンマークは３つである。イ(△)は，日本とアメリカ合衆国は５つ，韓国は６つ，デンマークは９つである。ウ(▼)は，

日本は６つ，韓国は８つ，アメリカ合衆国は５つ，デンマークは３つである。

問題７　オが正しい。　Ａ．「４　質の高い教育をみんなに」を達成しているのは日本のみで，他の国には課題が残っている。　Ｂ．「14　海の豊かさを守ろう」において，アメリカ合衆国は課題が残っており，日本と韓国は重要課題，デンマークは最大の課題となっている。　Ｃ．「○」の数は，デンマークは３つ，日本は２つ，韓国とアメリカ合衆国はなしである。

問題８　【資料８】より，2011～2016 年の初等教育における非就学児の割合は，日本などの先進国では低いが，ニジェールやブルキナファソなどのアフリカの途上国では高いとわかる。【資料９】より，アフリカ諸国の識字率は国際的に見て低く，女性は男性よりも更に 10%以上低いとわかる。これらのことから，アフリカの途上国は，先進国よりも教育が行き届いておらず，男女格差もあることが課題として導ける。【資料 10】より，政府による公立学校の費用の無償化で，ブルキナファソでは 2019 年に小学校の就学率が 90%近くまで上がったこと，とくに女子教育の格差が解消されたことがわかる。以上のことを踏まえて【資料５】を見れば，途上国と先進国の教育格差を生み出す背景として，経済的な問題があることを導ける。

[2] **問題１**　[Ａ]と[Ｂ]の直前の「危なっかしい方法で，ちょっと気を許すと失敗してしまう，精神統一し，息を止めてやらないとできない，といった作業」は，それまでの本文で述べた「できるかぎり簡単《かんたん》に，失敗がないように，誰《だれ》にでもできる工夫をすること」（技術），「確実で精確《せいかく》で，何度やっても同じ結果が出る」（技の基本）と対極にあるもの。よって[Ａ]は，「[技術]ではなく」となる。[Ｅ]は，直前の２段落の「誰でもただ計算をするだけで解決に至《いた》る」「発想いらずの簡単さ」「最適ではなくても，答が出れば良い」「理論がなくても」という点から考えると生じる疑問なので，「はたして，人間は[賢《かしこ》く]なっているのだろうか？」（＝賢くなっているとは言えないのではないか）。同様に，[Ｆ]は，直前の段落の「百年くらいまえの機械技術～再現できなくなっている。簡単なおもちゃも，もう作れない～歯車式の時計を直せる人も少なくなっている」という状況《じょうきょう》から生じる疑問なので，「はたして，人間は[器用に]なっているのだろうか？」（＝器用になっているとは言えないのではないか）。よって，ウが適する。

問題２　ア．本文では，「技の基本」は「非常に回り道をして，確実で精確で，何度やっても同じ結果が出るという，安全な道の選択《せんたく》にある」と述べているので，「早く」は×。　イ．本文では「人間の文明をざっと眺《なが》めてみると～どんどん発展していることはまちがいないのだが，個別のジャンルに目を向けると～勢いがなくなって～失われている，という場合がある」と述べているので，「全てのジャンルで」は×。　ウ．本文で「ロボット～人間では到底真似《とうていまね》ができないような方法に見えるのだが～数値《すうち》で設定されて動いている～数値でやり方が表せる，数値さえわかれば誰にでも再現できる」と述べているので，○。　エ．本文では「ある少数の人にだけ可能な作業というのは，つまりは技が洗練《せんれん》されていない，技術が遅《おく》れている分野だともいえる」と述べているので，「洗練され，技術が進んだ」は×。　オ．本文で「歯車で動くような絡繰《からく》り～今はすべてデジタルになって，コンピュータが肩《かた》代《が》わりして（＝かわって引き受けて）いる」と述べているので，○。　カ．本文で「電子技術が台頭《たいとう》～これによって～電子制御《せいぎょ》によって目的が比較的《ひかくてき》簡単に，しかも高精度に達成されるようになった」と述べているので，○。

《解答例》

1 問題1．右図

問題2．(1)A．1.5　F．2.5

(2)「多角形の点の数」を2でわった数から1をひく

問題3．右図

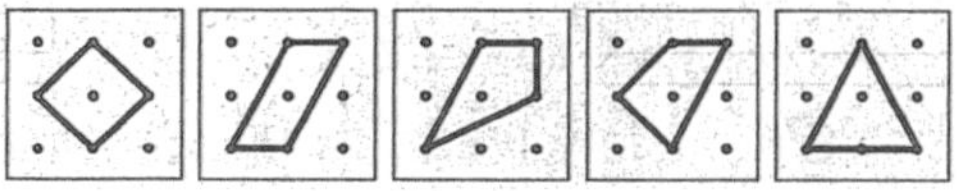

1問題1の図

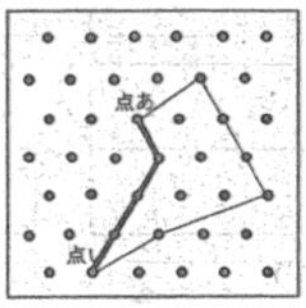

1問題3の図

2 問題1．2084　問題2．73

問題3．365.2425　問題4．あ．3　い．30

3 問題1．イ，ウ　問題2．ウ　問題3．A．鉄　B．マグネシウム　C．銅　D．亜鉛

4 問題1．7　問題2．い．オ　う．イ　え．ア　問題3．お．ア　か．オ　き．イ　く．エ

問題4．け．240　こ．10　さ．480　問題5．オ

《解　説》

1 ピックの定理を題材とした問題である。ピックの定理とは，図1のように点が1cm間隔《かんかく》でたくさん並んだところに【きまり】にしたがって多角形を作ったとき，その多角形の面積は，

(多角形の点の数)÷2＋(内部の点の数)－1 (cm²)になるというものである。

問題1　内部の点は，9個ある点のうち，真ん中にある点1個だけである。あとは「多角形の点の数」が4個になるような三角形と四角形を考えると，解答例のような5種類が見つかる。

問題2(1)　Aについて，右図Ⅰのように三角形と平行四辺形にわけて考えると，

Aの面積は，1×1÷2＋1×1＝1.5(cm²)

Fについて，右図Ⅱのように台形と三角形にわけて考えると，Fの面積は，

(2＋1)×1÷2＋2×1÷2＝2.5(cm²)

図Ⅰ

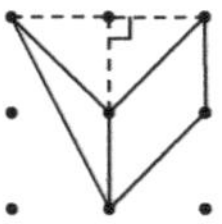

図Ⅱ

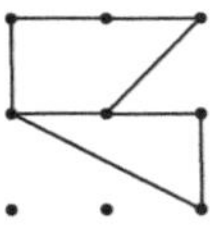

(2)　多角形ができるのは多角形の点の数が3個以上のときである。多角形の点の数が3個の三角形は面積が0.5cm²になり，多角形の点の数が4個の正方形(1辺が1cm)は面積が1cm²になる。さらに，A～Fの多角形の点の数と面積をまとめると，右表のようになる。多角形の点の数を3から1増やすごとに面積は0.5cm²増えているから，多角形の点の数がn個(nは3以上)のときの面積は，

			A	B	C	D	E	F
多角形の点の数(個)	3	4	5	5	6	6	7	7
面積(cm²)	0.5	1	1.5	1.5	2	2	2.5	2.5

$0.5+0.5\times(n-3)=0.5+0.5\times n-1.5=0.5\times n-(1.5-0.5)=n\times\frac{1}{2}-1$

よって，「内部の点の数」が0個の多角形の面積は，「多角形の点の数」を2でわった数から1をひくと求められる。

問題3　面積が16cm²になるから，(内部の点の数)×2＋(多角形の点の数)＝16＋2＝18となればよい。多角形の点の数は，途中までの時点で7個あるから，直線で結んだ後は8個以上になる。よって，(内部の点の数)×2は，最大でも18－8＝10だから，内部の点は最大で10÷2＝5(個)ある。

内部の点が5個のときは，多角形の点の数が8個になればよいが，そのような直線の引き方はない。

内部の点が4個のときは，多角形の点の数が10個になればよい。そのような直線の引き方を考えると，解答例のような引き方が見つかる。

内部の点が３個のときは，多角形の点の数が12個になればよいが，そのような直線の引き方はない。

内部の点が２個，１個のときも条件に合う引き方はないとわかるので，引き方は解答例の１通りだけである。

2 **問題１**　西暦2008年のあとに20－１＝19(回)うるう年になればよい。４年ごとにうるう年になるので，西暦2008＋４×19＝2084(年)となる。西暦2008年から西暦2084年までに４の倍数なのにうるう年ではない年(100の倍数の年)はないので，求める西暦は2084年である。

問題２　１年で365.2422－365＝0.2422(日分)ずれが生まれるから，300年後は0.2422×300＝72.66より，およそ73日分ずれが生まれる。

問題３　西暦１年～400年までの400年間の合計日数を考える。すべて平年の場合は，365×400＝146000(日)ある。４で割り切れる年は400÷４＝100(年)あり，そのうち100で割り切れる年は400÷100＝４(年)ある。さらに，400で割り切れる年は400÷400＝１(年)あるから，うるう年は全部で100－４＋１＝97(年)ある。うるう年は平年より１日多いから，西暦１年～400年までの400年間は，146000＋97＝146097(日)ある。

したがって，求める平均日数は，146097÷400＝365.2425(日)である。

問題４　毎年平年の場合は，１年の平均日数は365日である。□年に１度うるう年になると，□年たつごとに合計日数が１日増えるから，１年の平均日数は，365日より$\frac{1}{□}$日だけ増える。

365.3333…日＝365$\frac{1}{3}$日だから，あ3年に１度うるう年にすれば，１年の平均日数が365.3333…日となる。

また，0.0333…日＝(0.333…×$\frac{1}{10}$)日＝($\frac{1}{3}$×$\frac{1}{10}$)日＝$\frac{1}{30}$日だから，３年に１度うるう年にすると，１年の平均日数は365.3日から$\frac{1}{30}$日ずれる。毎年の$\frac{1}{30}$日のずれが積み重なっていくから，これをなくするためには，い30年に１度うるう年を平年にすればよい。

3 **問題１**　ア×…実験２の結果より，砂糖水やアルコールでは電流が流れないことがわかる。　イ○…実験３の結果より，鉄板と銅板の組み合わせよりも亜鉛板と銅板の組み合わせの方が，また，鉄板とマグネシウム板よりも亜鉛板とマグネシウム板の組み合わせの方が，電圧が大きくなっている。　ウ○…実験３の結果より，金属板がことなるときには電圧がかかるが，金属板が同じときにはテスターの針がふれないことがわかる。　エ×…食塩水をこくしたり，金属板を大きくしたりする実験は行っていないので，わからない。

問題２　ウ○…実験３の結果の＋極と－極の金属板に着目する。銅板との組み合わせでは銅板が必ず＋極になり，マグネシウム板との組み合わせでは，マグネシウム板が必ず－極になっていることから，最も＋極になりやすい「あ」は銅板，最も－極になりやすい「え」はマグネシウム板である。残った鉄板と亜鉛板の組み合わせでは，鉄板が＋極，亜鉛板が－極になったことから，「い」は鉄板，「う」は亜鉛板である。

問題３　実験３の結果より，銅板とマグネシウム板の組み合わせのときに電圧が最も大きく(1.23V)，鉄板とマグネシウム板(1.14V)，亜鉛板とマグネシウム板(0.68V)，銅板と亜鉛板(0.59V)，鉄板と亜鉛板(0.45V)の順に小さくなり，鉄板と銅板(0.12V)のときに最も小さい。これらの中から，電圧の合計が最も大きくなる組み合わせを考える。銅板とマグネシウム板，鉄板と亜鉛板の組み合わせにすると1.23＋0.45＝1.68(V)，鉄板とマグネシウム板，銅板と亜鉛板の組み合わせにすると1.14＋0.59＝1.73(V)となるので，Ａが＋極になるように鉄板，Ｂが－極になるようにマグネシウム板，Ｃが＋極になるように銅板，Ｄが－極になるように亜鉛板にする。なお，Ａを銅板，Ｂを亜鉛板，Ｃを鉄板，Ｄをマグネシウム板にしてもよい。

4 **問題１**　みなみさんと先生の会話文Ⅰの先生の４回目の発言より，グランドハープの弦は47本あり，一番低い音は，ドの音が出るようになっていることがわかる。一番低いドの音を１本目の弦とすると，次に低いドの音は８本目だから，ドの音が出る赤い弦は１本目，８本目，15本目，22本目，29本目，36本目，43本目の７本である。

問題２(い)　オ〇…問題１解説より，43 本目が赤い弦(ドの音)だから，一番高い 47 本目の弦の音はソである。

(う)(え)　演奏する人に近い弦ほど短いので，高い音が出る。手前から４番目(一番低いドから 44 本目)の弦の音はレである。

問題３　ある条件について調べたいときは，その条件だけが異なる２つの実験の結果を比べる。(お)と(か)には，弦を引っ張るおもりの数の条件だけが異なる条件１(ア)と条件５(オ)が入る。また，(き)と(く)には，弦の太さの条件だけが異なる条件２(イ)と条件４(エ)が入る。

問題４(け)　みなみさんと先生の会話文Ⅲの先生の２回目の発言より，★のドの振動数は☆のドの２倍だから，音②の振動数は音①の２倍の 120×２＝240(Hz)となる。　**(こ)**　120÷12＝10(Hz)　**(さ)**　音③は音①よりも２オクターブ高いので，先生の２回目の発言の振動数の求め方をすると，120×２×２＝480(Hz)となる。

問題５　オ〇…ラ，ラ$^{\#}$，シ，ドの順に鍵盤《けんばん》が並んでおり，鍵盤１つ分音が高くなるたびに 1.06 倍するので，440×1.06×1.06×1.06＝524.0…→524Hz となる。

横浜市立南高等学校附属中学校　2020 令和2年度　適性検査Ⅰ

《解答例》

問題１　D

問題２　イ

問題３　４

問題４　ア

問題５　イ

問題６　物事のとらえ方は、何を基準にするか、どの立場で見るかによって変わるという考え方。

問題７　私たちは、いろんな活動の中で、ことばを用いて他者とかかわりあっている。その談話を通して、さまざまなことが見えてくる。

私たちの日常を構成する活動場面には、それぞれ特有の談話のパターンがあり、談話を見ただけで特定の場面を思い浮かべることができる。しかし、理解に苦しむようなやりとりに出会うこともある。そのような時は、相手を否定するのではなく、発言の意味や価値観などにしっかり目を向けることが必要だ。

談話のパターンは固定的でない。だから、そのあり方を見つめ、必要に応じてレパートリーを広げたり、新たな形をつくったりすることができる。また、どんな談話のパターンも万能ではない。だから、それぞれのパターンが何を可能にして何を不可能にしているか、何を大切にして何をおろそかにしているかを考えることが大切だ。

《解　説》

問題１　【資料２】で東京から西(左)にはられたひもがインドシナ半島のミャンマー辺りを通過することから，【資料１】でその延長線上にあるDを導く。

問題２　イが正しい。ドイツの自動車の輸出額は 1340752×0.178＝238653.856(百万ドル)，日本の機械類の輸出額は 644932×0.35＝225726.2(百万ドル)である。　ア．人口密度は，日本が 127185÷378＝336.4…(人／㎢)，ドイツが 82293÷357＝230.5…(人／㎢)だから，日本の方が高い。　ウ．ドイツの機械類，自動車，精密機械の輸出額に占める割合の合計は 48.3%であり，50%以下になる。　エ．ドイツの減少率は$\frac{82293-79238}{82293}\times 100=3.71\cdots$(%)であり，10%以下になる。

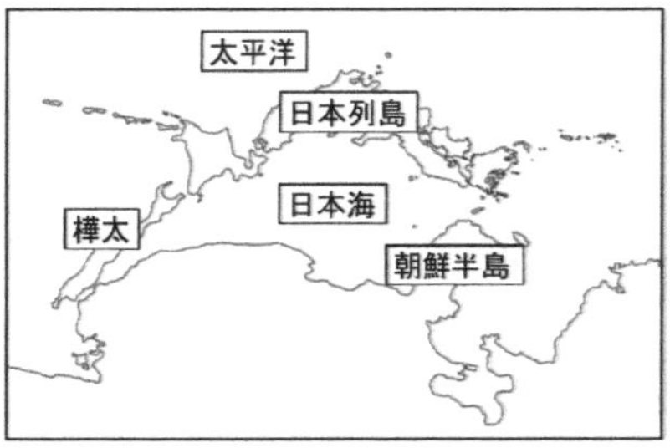

問題３　樺太(サハリン)，日本列島，朝鮮半島が見られることから，４と判断できる(右図参照)。

問題４　アが正しい(右図参照)。なお，【資料７】に大西洋とインド洋は見られない。

問題５　イ．円の中心付近にユーラシア大陸や北アメリカ大陸などの北半球にある大陸が位置し，その外側にオーストラリア大陸・アフリカ大陸・南アメリカ大陸などが位置していることから，北極を中心とした世界地図と判断できる。

問題６・問題７

著作権に関係する弊社《へいしゃ》の都合により本文を非掲載《ひけいさい》としておりますので、解説を省略させていただきます。ご不便をおかけし申し訳ございませんが、ご了承《りょうしょう》ください。

横浜市立南高等学校附属中学校　2020 令和2 年度　適性検査Ⅱ

《解答例》

1　問題1．①エ　②イ　　問題2．葉を切りとると，水のはしが1分間で移動したきょりが，切りとる前より短くなったから。　　問題3．(1)あ．キ　い．カ　う．ウ　え．サ　お．セ　(2)68

2　問題1．(1)イ，エ　(2)右図

問題2．(1)ア，ウ，オ　(2)右図　(3)エ

3　問題1．①エ　②ウ　③オ　　問題2．(1)あ．イ　い．ウ　(2)イ

問題3．エ　　問題4．硬貨1…10　硬貨2…5　硬貨3…1

硬貨4…500　硬貨5…50　硬貨6…100

4　問題1．63　　問題2．(1)あ．10÷10　い．14÷10

(2) $\dfrac{1}{1+\dfrac{1}{2+\dfrac{1}{5+\dfrac{1}{3}}}}$　　問題3．$\dfrac{205}{643}$

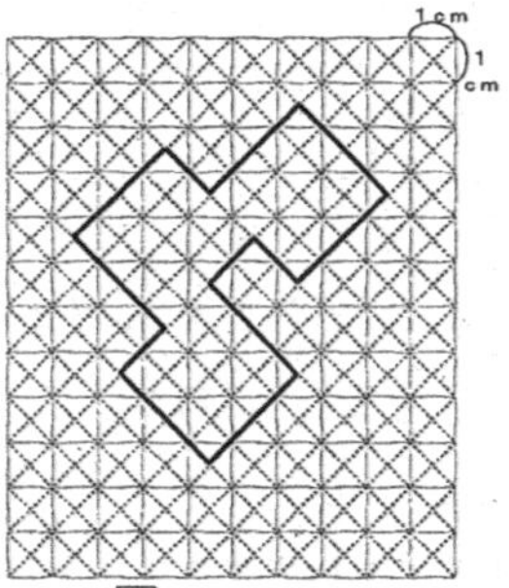

2問題1(2)の図

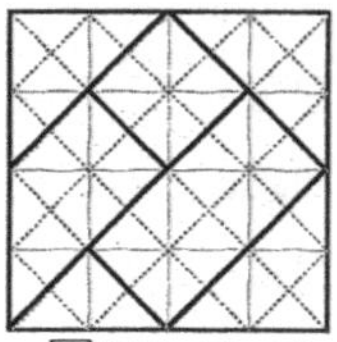
2問題2(2)の図

《解　説》

1　**問題1**　結果の表より，水の端《はし》が1分間で移動したきょりは，0～10分までは2.2～2.5cmの間，10～11分までは0.9cm，11～20分までは0.3cmか0.4cmである。したがって，グラフ②については，これらの値を点にとったイのようになる。また，グラフ①については，0～10分までと，11～20分までがそれぞれ，水の端がしるしから移動したきょりがほぼ一定の割合で大きくなっていることに着目する。一定の割合で大きくなっていくグラフは右上がりの直線になり，その割合が大きいときほどかたむきが大きくなるから，エのようになる。

問題2　10分後に葉をすべて切りとったこと，10分後からの水の端が1分間で移動したきょりが短くなっていることに着目する。

問題3　水が出ていく部分と出た水の量をまとめると，右表のようになる。10分間で，葉のおもてから出た水の量はA－B＝21.9－17.6＝4.3(cm)，葉のうらから出た水の量はB－C＝17.6－2.8＝14.8(cm)である。したがって，10分間で，枝(すべての部分)から出た水の量のうち，葉のうらから出た水の量の割合は，$\dfrac{14.8}{21.9}$×100＝67.5…→68％である。

時間	0～10分	10～20分	20～30分
葉のおもて	○	×	×
葉のうら	○	○	×
葉以外の部分	○	○	○
出た水の量	A	B	C
	21.9cm	(39.5－21.9＝) 17.6cm	(42.3－39.5＝) 2.8cm

○…水が出ていく　×…水が出ていかない

2　**問題1(1)**　図1の図形は，1辺が2cmの正方形3つを重ねずにくっつけた図形である。アは正方形どうしが重なっていて，ウの3つの正方形は合同ではないので，アとウは図1とは異なる形の図形である。

また，図1で正方形がくっついている部分は2か所あり，その長さは2か所とも，正方形の1辺の長さの$\dfrac{1}{2}$にあたる。オはこの条件に合わない。

イは図1を2倍に拡大してから裏返して回転させた形であり，エは図1を3倍に拡大してから回転させた形だから，イとエが図1と同じ形の図形である。

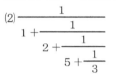

(2)　(1)の解説をふまえる。１つの正方形の面積が２×２×２＝８(㎠)の図形を作図する。正方形の面積はひし形の面積の公式から，(対角線)×(対角線)÷２で求められるので，面積が８㎠の正方形の対角線の長さは，８×２＝16＝４×４より，対角線の長さが４㎝である。したがって，正方形の対角線が方眼紙の縦と横の線と重なるように図形をかたむけて，正方形の１辺の長さの$\frac{1}{2}$の長さでとなりの正方形とくっつくように作図すればよい。

問題２(1)　図２のタイルに右図Ⅰのように記号をおく。すべてのタイルの面積の合計は，４×４＝16(㎠)だから，面積が15㎠であるエの図形は作ることができないとわかる。
エ以外の図形については，方眼紙の点線をかきこんでから考えると，わかりやすくなる。
また，より小さい部分(アの図形でいえば，魚の頭や背びれ，しっぽの部分)から順に作ることができるかどうか調べていくとよい。そうすると，例えばイのキツネのような図形では，面積が10㎠の胴体の部分を作ることができるかどうか調べる前に，面積が４㎠の頭の部分を作ることができないとわかる。
１つ１つの図形についてこのように考えていけば，ア，ウ，オは右図のように作ることができるとわかる。

図Ⅰ

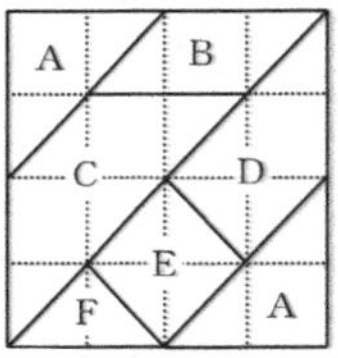

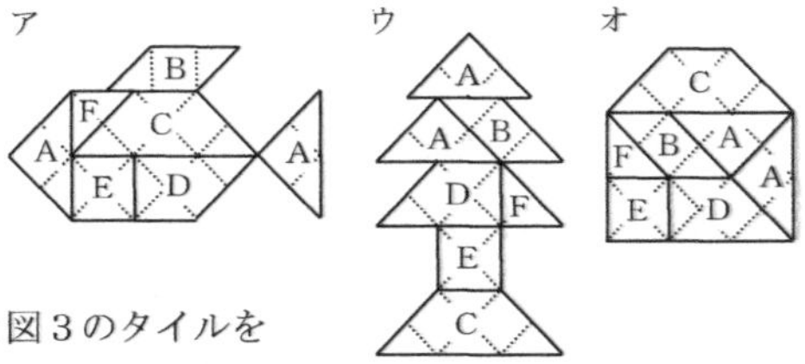

(2)　図２のタイルに，(1)の解説の図Ⅰのように記号をおく。図２と図３のタイルを見比べると，ＢとＣのタイル以外は同じだとわかるから，それ以外のタイルを図２を参考にして当てはめると，右図のようになる。残りのタイルは解答例のように当てはめられるとわかる。

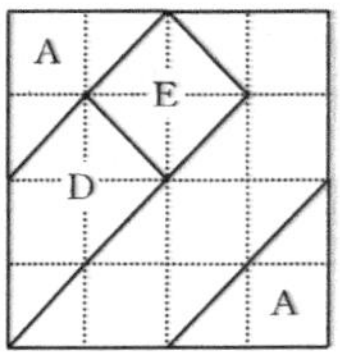

(3)　作った立体は右図Ⅱのような立体であり，色をつけた面を持つ立体の上にオの積み木が立っているとわかる。この立体の体積と図４の立方体の体積を比べる。
オの積み木の体積は，２×４＝８(㎤)
色のついた面の面積は，２×３＋１×１÷２＋３×３÷２＝11(㎠)だから，
色のついた面のある立体の体積は，11×４＝44(㎤)
したがって，右図の立体の体積は，８＋44＝52(㎤)
図４の立方体の体積は，４×４×４＝64(㎤)
よって，使っていない積み木の体積は，64－52＝12(㎤)であり，この積み木の底面積は12÷４＝３(㎠)だから，使っていないのはエの積み木とわかる。
なお，色をつけた面は，例えば図Ⅲのように積み木の面を合わせると作ることができる。

図Ⅱ

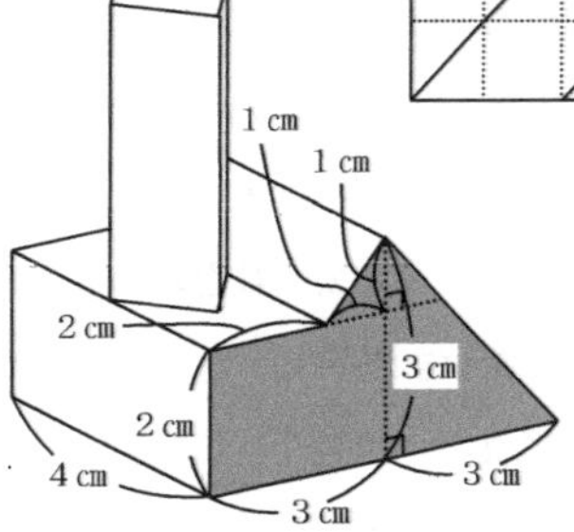

図Ⅲ

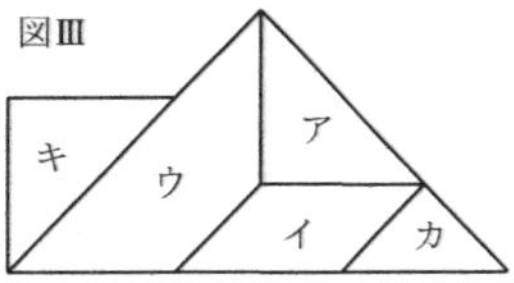

3　**問題１**　①トランペットは真ちゅうでできている。真ちゅうは黄銅のことであり，銅(Cu)と亜鉛(Zn)の合金のうち，亜鉛の重さの割合が30％以上のものだから，５円玉と同じである。　②大仏は青銅でできている。青銅は，スズ(Sn)を含《ふく》む銅(Cu)の合金だから，10円玉と同じである。　③アルミ缶《かん》はアルミニウム(Al)でできているから，１円玉と同じである。

問題２(1)　あ．イ○…硬貨《こうか》の直径に対する穴の直径の割合は，５円玉が$\frac{5}{22}$＝0.22…，50円玉が$\frac{4}{21}$＝0.19…だから，50円玉の方が小さい。　い．ウ○…50円玉１枚(４ｇ)に含まれるニッケルの重さの割合は25％だから，その重さは４×0.25＝１(ｇ)であり，これは100％アルミニウムでできた１ｇの１円玉の重さと同じである。　**(2)**　(1)「い」

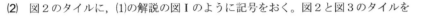

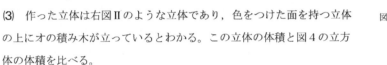

解説と同様に考えて，500円玉１枚に必要な銅の重さは７×0.72＝5.04(g)，100円玉１枚に必要な銅の重さは4.8×0.75＝3.6(g)，10円玉１枚に必要な銅の重さは4.5×0.95＝4.275(g)であり，１円玉をつくるために銅は必要ないから，5.04＋3.6＋4.275＝12.915(g)より，イが正答となる。

問題３　結果１より，硬貨Ａ１枚の重さは0.2＋2.0＋5.0＝7.2(g)である。また，結果２より，硬貨Ａ10枚の体積は水59.0－50.0＝9.0(mL)と同じであり，１mLを１cm³とすると，9.0cm³である。したがって，硬貨Ａ１枚の体積は$\frac{9.0}{10}$＝0.9(cm³)であり，１cm³あたりの重さは$\frac{7.2}{0.9}$＝８(g)である。資料１と結果３を用いて同様に１cm³あたりの重さを求めると，１円玉は$\frac{1}{0.38}$＝2.63…(g)，５円玉は$\frac{3.75}{0.42}$＝8.92…(g)，10円玉は$\frac{4.5}{0.55}$＝8.18…(g)，100円玉は$\frac{4.8}{0.6}$＝８(g)，500円玉は$\frac{7}{0.9}$＝7.77…(g)となるから，エが正答となる。

問題４　上皿てんびんは，皿にのせた硬貨の重さの合計が左右で等しくなればつりあう。図２の左上のてんびんでは，５枚の硬貨１と６枚の硬貨２でつりあっている。このとき，硬貨１枚の重さの比は，硬貨の枚数の逆比と等しくなるから，硬貨１：硬貨２＝６：５である。このような関係になるのは，硬貨１が 10 円玉で硬貨２が５円玉のときか，硬貨１が 100 円玉で硬貨２が 50 円玉のときのどちらかである。次に，左下のてんびんに着目すると，硬貨１を 10 円玉(硬貨２を５円玉)としたとき，左の皿の重さの合計は 4.5＋3.75×２＝12(g)だから，右の皿の硬貨３～５が１円玉，50 円玉，500 円玉であれば，重さの合計が１＋４＋７＝12(g)になり，つりあう。これに対し，硬貨１を 100 円玉としたときには，つりあう組み合わせはないから，硬貨１は 10 円玉，硬貨２は５円玉である。さらに，右上のてんびんに着目すると，硬貨３～５は１円玉，50 円玉，500 円玉のいずれかであり，つりあうようにするには，右の皿に２枚でのせる硬貨５が，真ん中の重さの 50 円玉でなければならない(硬貨３と４は１円玉か 500 円玉)。最後に右下のてんびんに着目すると，残りの硬貨６は 100 円玉だから，硬貨４は 100 円玉より重い 500 円玉であり，硬貨３は１円玉だとわかる。

4　**問題１**　最大公約数を求めるときは，右の筆算のように割り切れる数で次々に割っていき，割った数をすべてかけあわせればよい。よって，630 と 819 の最大公約数は，３×３×７＝63

```
3 ) 630 819
3 ) 210 273
7 )  70  91
     10  13
```

問題２(1)　10 を［あ］に変形したあとに１になったので，10 を 10 で割ったと考えることができる。10 と 14 は分子と分母だったのだから，同じ数をかけても同じ数で割っても値《あたい》は変わらないので，

$$\frac{10}{14}=10\div14=(_{あ}\underline{10\div10})\div(_{い}\underline{14\div10})=1\div\frac{14}{10}=\frac{1}{\frac{14}{10}}$$

(2)

$$\frac{105}{153}=\frac{1}{\frac{153}{105}}=\frac{1}{1+\frac{48}{105}}=\frac{1}{1+\frac{1}{\frac{105}{48}}}=\frac{1}{1+\frac{1}{2+\frac{9}{48}}}=\frac{1}{1+\frac{1}{2+\frac{1}{\frac{48}{9}}}}=\frac{1}{1+\frac{1}{2+\frac{1}{5+\frac{3}{9}}}}=$$

$$\frac{1}{1+\frac{1}{2+\frac{1}{5+\frac{1}{\frac{9}{3}}}}}=\frac{1}{1+\frac{1}{2+\frac{1}{5+\frac{1}{3}}}}$$

問題３

$$\frac{4715}{14789}=\frac{1}{\frac{14789}{4715}}=\frac{1}{3+\frac{644}{4715}}=\frac{1}{3+\frac{1}{\frac{4715}{644}}}=\frac{1}{3+\frac{1}{7+\frac{207}{644}}}=\frac{1}{3+\frac{1}{7+\frac{1}{\frac{644}{207}}}}=\frac{1}{3+\frac{1}{7+\frac{1}{3+\frac{23}{207}}}}=$$

$$\frac{1}{3+\frac{1}{7+\frac{1}{3+\frac{1}{\frac{207}{23}}}}}=\frac{1}{3+\frac{1}{7+\frac{1}{3+\frac{1}{9}}}}=\frac{1}{3+\frac{1}{7+\frac{1}{\frac{28}{9}}}}=\frac{1}{3+\frac{1}{7+\frac{9}{28}}}=\frac{1}{3+\frac{1}{\frac{205}{28}}}=\frac{1}{3+\frac{28}{205}}=\frac{1}{\frac{643}{205}}=\frac{205}{643}$$

〔別の解き方〕

＜不思議な分数＞を使った約分は，右のユークリッドの互除法を利用したものであると気がつければ，ユークリッドの互除法から 4715 と 14789 の最大公約数をもっと簡単に求めることができる。

14789÷4715＝３余り 644，4715÷644＝７余り 207，

644÷207＝３余り 23，207÷23＝９

よって，4715 と 14789 の最大公約数は 23 だから，$\frac{4715}{14789}=\frac{4715\div 23}{14789\div 23}=\frac{205}{643}$

ユークリッドの互除法

ＡとＢ（Ａ＞Ｂとする）の最大公約数を求めるとき，
Ａ÷Ｂの余りがＣになったとする。
次にＢ÷Ｃの余りがＤになったとする。
これをくり返し，例えば，ＥをＦで割ったときに割り切れたとすると，ＡとＢの最大公約数はＦである。
３数の場合には，まず２数で最大公約数を求めて，その最大公約数と残った１つの数との最大公約数を求めればよい。

《解答例》

問題１　イ，エ

問題２　２

問題３　イ

問題４　とやま

問題５　A．カ　B．ア　C．エ

問題６　イ

問題７　(例文)

日本語の横書きが増えてきたが、それは本当に「合理的」なのだろうか。

日本語はそれぞれの文字の幅が同じなので横組み印刷、横書きに変えるのは容易である。一方、読む場合には、眼の進行方向に対して直角に交わる線が多い文字の方が、視覚に有効な抵抗感を与え、読みやすい。だから、横線を基調とする日本語を横に並べると読みにくくなり、心理的な負担が生じる。

日本の文字を横に並べると文字の読まれ方も変わる。文章も、俳句や和歌に代表されるように、横書きにすることで、受けるイメージや、スタイルが異なったものになる。

日本語の文字の性質上、縦から横への移行はかならずしも「合理的」ではない。それは、文字の性質を一部分崩すほどの力を加えることであり、根本的な国語の改編を意味する大きな問題である。

問題８　(例文)言葉や文字は、人々の生活や文化と深く結びついた大切なものなので、かんたんに変えるべきではない。

《解　説》

問題１　イとエが正しい。薩摩藩(現在の鹿児島県)出身の西郷隆盛は，大久保利通らに征韓論を反対された後，政府を去り鹿児島に帰郷した。その後，鹿児島の不平士族らにかつぎあげられ，西南戦争を起こし，敗れて亡くなった。一方，同じく薩摩藩出身の大久保利通は，岩倉使節団の一員として欧米に渡り，帰国した後，政府の中心人物として士族の特権を廃止する秩禄《ちつろく》処分を行った。勝海舟は江戸(現在の東京都)，陸奥宗光は紀伊藩(現在の和歌山県)，木戸孝允は長州藩(現在の山口県)出身である。

問題２　【資料１】より，方言語形残存率が最も高いのは約96%の沖縄県で，ついで約84%の鹿児島県となる。

問題３　りかさんが「作成した地図をみると，関東地方から距離が離れるほど，方言の形が残っている割合が高くなっている」と言っていることに着目しよう。【資料１】の方言語形残存率において75%以上の九州地方の県(■)は，沖縄県を除いて，鹿児島県，佐賀県，宮崎県なので，イと判断する。各県の位置については右図参照。

問題４　長野県に接する新潟県，群馬県，埼玉県，山梨県，静岡県，愛知県，岐阜県，富山県のうち，【資料１】の方言語形残存率を見ると，約69%の富山県が最も高いとわかる。なお，長野県と富山県の間には飛驒山脈がある。

問題５　A．「居る」についてはカが正しい。オは，【資料２】より，日本の北側に「いる」などが，南側に「おる」などが多く分布している。　B．「かたつむり」についてはアが正しい。イは，【資料３】より，岐阜周辺の地域には「かたつむり」「かさつむり」などが分布している。　C.「しもやけ」についてはエが正しい。ウは，【資料４】より，紀伊山地(和歌山県・奈良県・三重県)，筑紫山地(福岡県・佐賀県・長崎県)，九州山地(熊本県・大分県・宮崎県・鹿児島県)では「しもやけ」「しもばれ」「しもぶくれ」などが，越後平野(新潟県)，富山平野などの平地では「ゆきやけ」「ゆきがけ」などが分布している。

問題６　イが正しい。先生が「『東西分布』は，日本アルプスなどの山々が境界となって，その東西で言葉が変化することによって起こったこと」「『周圏分布』は，文化の中心地に新しい表現が生まれ，それがだんだん周囲に広がったことで生じたもの」「『日本海太平洋型分布』は，日本海側と太平洋側の気候の違いが言葉に影響を及ぼしたもの」と言っていることから考えよう。【資料５】より，「顔」の方言分布は，東北や九州では「ツラ」，関東では「カオ」が広がっていると読み取れる。
ア．日本アルプスは，飛驒山脈(北アルプス)，木曽山脈(中央アルプス)，赤石山脈(南アルプス)の総称で，中部地方の中央をほぼ南北にならんでいる。【資料５】を見ると，日本アルプスの東側にも西側にも「ツラ」と「カオ」の共存している地域がある。　ウ．【資料５】を見ると，日本海側にも太平洋側にも「ツラ」と「カオ」の共存している地域がある。日本海側気候と太平洋側気候の地域については右図参照。

《解答例》

1 問題1．1，10，10，28，54　問題2．9，18　問題3．(1)300　(2)8，10

2 問題1．15　問題2．4.5　問題3．下図　問題4．ひもを棒の真ん中と皿の間につける

3 問題1．5　問題2．(1)15　(2)ア．6　イ．3　ウ．4　エ．5　オ．2　カ．1　問題3．22

4 問題1．イ，エ，オ　問題2．ウ，カ　問題3．(1)部品1…9　部品4…5　(2)下図

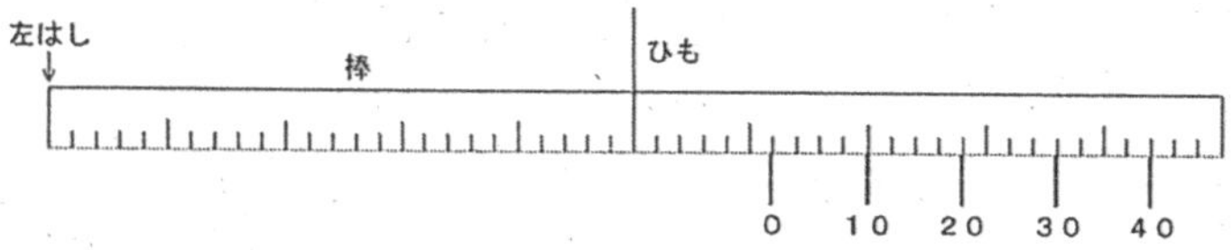

2問題3の図

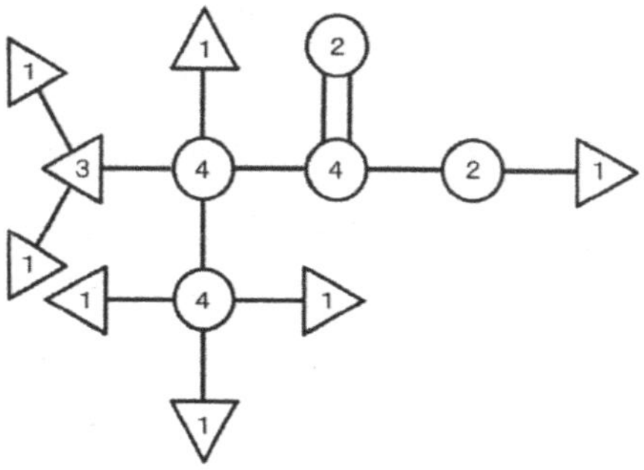

4問題3(2)の図

《解　説》

1 **問題1**　815334÷60＝13588余り54より，815334秒＝13588分54秒，13588÷60＝226余り28より，13588分＝226時間28分，226÷24＝9余り10より，226時間＝9日10時間だから，1月1日午前0時の9日10時28分54秒後である。よって，このときの日時は，1月10日10時28分54秒である。

問題2　短針が8のめもりからスタートして2回目の3を指すまでに，短針は11めもり進む。短針が1めもり進むのに48分かかるのだから，2回目の3を指すのは48×11＝528(分後)である。このとき長針は8のめもりを指していて，5まで進むのに5めもり進まなければならないから，5のめもりを指すのはさらに48×$\frac{5}{8}$＝30(分後)である。よって，求める時間は，528＋30＝558(分)，558÷60＝9余り18より，9時間18分である。

問題3(1)　夏至の頃の昼の一刻が2時間40分＝$2\frac{40}{60}$時間＝$\frac{8}{3}$時間だから，昼の長さは$\frac{8}{3}$×6＝16(時間)である。冬至の頃の昼の一刻が1時間50分＝$1\frac{50}{60}$時間＝$\frac{11}{6}$時間だから，昼の長さは$\frac{11}{6}$×6＝11(時間)である。
よって，昼の長さは16－11＝5(時間)，つまり，5×60＝300(分)違う。

(2)　明け六つが6時45分－30分＝6時15分，暮れ六つが17時15分＋30分＝17時45分だから，昼の長さは，17時45分－6時15分＝11時間30分，つまり，$11\frac{30}{60}$時間＝$\frac{23}{2}$時間である。したがって，昼の一刻は，$\frac{23}{2}$÷6＝$\frac{23}{12}$(時間)である。よって，正辰から正巳までの時間と，正巳から正午までの時間はそれぞれ昼の一刻の長さと等しく$\frac{23}{12}$時間だから，正辰の時刻は，12時の$\frac{23}{12}$×2＝$\frac{23}{6}$＝$3\frac{5}{6}$(時間前)，つまり，3時間($\frac{5}{6}$×60)分＝3時間50分前なので，12時－3時間50分＝8時10分である。

2 **問題1**　3gのおもりを1個，2個，3個とつるして3通り，同様に7gのおもりでも3通りある。また，2種類のおもりを組み合わせる方法は，[3gのおもりの数，7gのおもりの数]＝[1，1]，[1，2]，[1，3]，[2，1]，[2，2]，[2，3]，[3，1]，[3，2]，[3，3]の9通りある。したがって，全部で3＋3＋9＝

15(通り)ある。

問題２　きまりにある，支点の左右で棒をかたむけるはたらき〔おもりの重さ×支点からのきょり〕が等しくなることから考える。おもりの重さは７ｇで，おもりは支点から右に15－６＝９(cm)の位置にあるから，おもりが棒を右にかたむけるはたらきは７(ｇ)×９(cm)＝63である。コインは支点から左に15－１＝14(cm)の位置にあるから，コインが棒を左にかたむけるはたらきが63になるのは，コインの重さが63÷14(cm)＝4.5(ｇ)のときである。

問題３　皿は支点から左に 25－５＝20(cm)の位置にあるから，左につるした皿が棒を左にかたむけるはたらきは15(ｇ)×20(cm)＝300 である。50ｇのおもりが棒を右にかたむけるはたらきも 300 になるように，50ｇのおもりを支点から右に 300÷50(ｇ)＝６(cm)の位置につるすと，棒が水平につり合う。このとき，皿には何ものっていないから，はかりとしてのめもりが０ｇになる。皿に10ｇのものをのせると，棒を左にかたむけるはたらきが10(ｇ)×20(cm)＝200 大きくなるから，50ｇのおもりによる棒を右にかたむけるはたらきも 200 大きくなるように，おもりを 200÷50(ｇ)＝４(cm)右にずらせばよい。つまり，10ｇごとのめもりを４cmごとにつければよい。

問題４　同じ材料だけをそのまま使って，もっと重いものをはかるときには，50ｇのおもりが棒を右にかたむけるはたらきがもっと大きくなるようにしなければならない。おもりを重くしたり，棒を右にのばしたりはできないので，支点から棒の右はしまでのきょりが長くなるように，棒をつり下げるひもを皿に近づければよい。また，皿にのせたものによる棒を左にかたむけるはたらきが小さくなるように，皿を支点に近づけてもよい。

3　**問題１**　合計が８になる４つの目の組み合わせは，（１，１，１，５）（１，１，２，４）（１，１，３，３）（１，２，２，３）（２，２，２，２）の５通りある。

問題２(1)　１回目の操作のあと，各さいころの目は右図Ⅰのような向きになる。このあとＣを選んで操作をすると，ＢとＣは向きが変わらず，Ａは２が真上に，Ｄは４が真上になるから，真上を向いている面の目の数の和は，２＋４＋５＋４＝15になる。

図Ⅰ

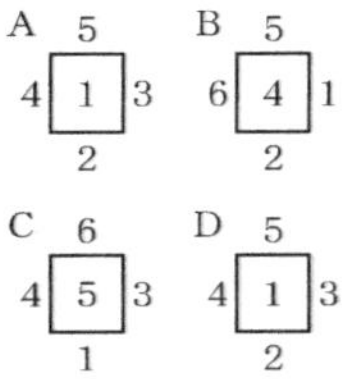

(2)　１回目の操作のあと，各さいころの目は右図Ⅱのような向きになる。このあとＣを選んで操作をすると，Ｄの向きは図Ⅲのようになる。したがって，展開図は図Ⅳのようになるとわかる。立方体の展開図では面を 90 度ずつ回転移動させることができ，この回転移動は２つ以上のくっついている面に対しても行うことができるので，図Ⅳから図Ⅴのように変形できる。

図Ⅱ

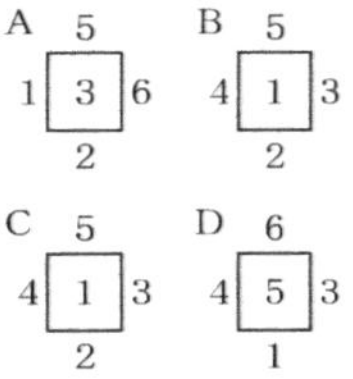

図Ⅲ

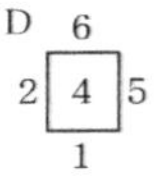

図Ⅳ

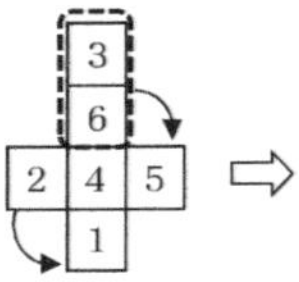

図Ⅴ

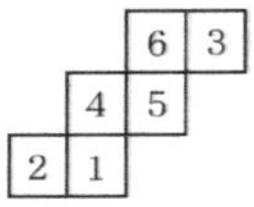

問題３　下図のように変化する。４回目の操作のあとの真上を向いている面の目の数の合計は，３回目が終わったあとの図を見て，②，④，⑥については真上を向いている面の目の数を，①，③，⑤については②を向いている面の目の数を合計すれば求められるから，１＋１＋６＋３＋６＋５＝22

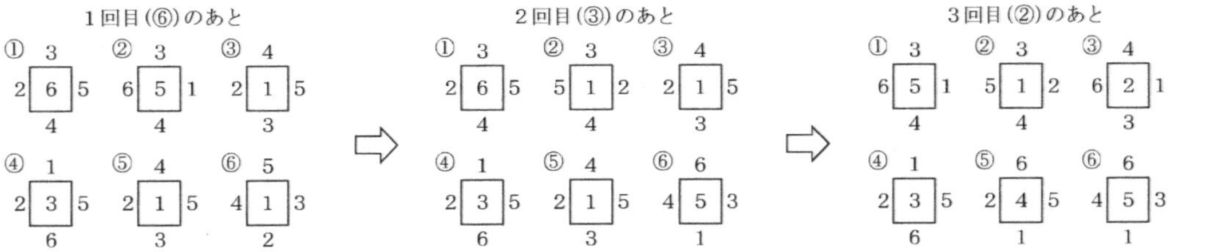

4　**問題１**　ア．資料２より，ゴーダはセミハードタイプのチーズだから，資料１⑤より，45℃未満に加熱されたものである。ウ．資料３より，サント・モールの熟成期間は２～３週間，リンバーガーの熟成期間は２か月だから，サント・モールの熟成期間を２週間としても，４分の１程度である。

問題２　(あ)と(い)には，乳酸菌《にゅうさんきん》とレンネットを加えたものと加えなかったもので，温度の条件が同じものがあてはまる。つまり，(あ)と(い)の組み合わせが１と４，２と５，３と６のいずれかになっているウ，エ，カ，コの中に正答がある。さらに，(う)には，超高温で殺菌された牛乳に，乳酸菌とレンネットを加えた３があてはまるので，ウ，エ，カ，コの中で，(う)が３になっているウ，カが正答となる。

問題３(1)　「合計で 19 個」，「部品２の数は，部品３の数の４倍」という条件を満たすのは，［部品２の数，部品３の数］＝［４，１］，［８，２］，［12，３］のいずれかである。さらに，「部品４が２番目に多い」という条件を加えると，［12，３］は適切ではない(この組み合わせだと，少なくとも部品４は４個必要であり，部品４の数が４個だと，部品２～４の数が合計で 19 個になってしまう)。次に，［部品２の数，部品３の数］＝［４，１］，［８，２］のときで，「４種類すべて必要」，「合計で 19 個」，「部品４が２番目に多い」という条件をすべて満たすように，部品１と部品４の数の組み合わせを考えると，［４，１］のときは，［部品１が８個，部品４が６個］，［部品１が９個，部品４が５個］，［部品１が 10 個，部品４が４個］という３つの組み合わせがあり，［８，２］のときは，［部品１が２個，部品４が７個］，［部品１が３個，部品４が６個］，［部品１が４個，部品４が５個］という３つの組み合わせがある。以上の６つの組み合わせの中から，「棒の数が合計で 40 本」という条件を満たすものを見つければよい。この条件を満たすのは，［部品１が９個，部品２が４個，部品３が１個，部品４が５個］のときで，棒の数が合計で

$1 \times 9 + 2 \times 4 + 3 \times 1 + 4 \times 5 = 40$(本)になる。

《解答例》

1 ①選んだ資料の記号…ア

(例文)

テレビには人々を動かす力と真実を伝える強力な力があるが、言葉ではなく映像で内容を伝えるため、複雑なことは伝えられない。また、映像は起きていることを即時にパワフルに伝えられる一方で、放送されていない側面について想像する力を奪う負の側面がある。映像の持つこうした課題に対し、キャスターである筆者は、「言葉の持つ力」で対抗することにした。

テレビ番組はわかりやすさを目指して番組作りをしてきたが、わかりやすくすることによって事実の豊かさがそぎ落とされ、視聴者がわかりやすいものにしか興味を持たなくなるという危険性がある。そのため筆者は、視聴者にわかりやすさの背景にある難しさや課題の大きさを伝えようとしてきた。問題を白か黒かのどちらかに決めようとする単純さをどう排除するのかが、テレビの課題である。

②選んだ資料の記号…イ

(例文)

以前読んだ小説に、ドキュメンタリー番組に出演した主人公が、放送された番組を見てショックを受ける場面があった。主人公の発言の前後が切り取られたために、わがままな印象を与えるように映っていたのだ。編集者の意図によって、視聴者にあたえる印象が操作されたのである。

現実のニュースでも政治家の発言の一部が切り取られ、その人が大変な悪者のように見える時がある。しかし、それが事実の全体ではないことを意識し、新聞など他のメディアからの情報も取り入れながら、なるべく客観的な事実を知るように心がけたい。

2 問題1．⑴イ　⑵ウ　⑶ウ　⑷エ　⑸イ

問題2．メモ1…○　メモ2…×　メモ3…×　メモ4…○

問題3．あ．イ　い．ケ　う．シ　え．ウ

《解　説》

2 **問題１(1)**　【資料３】より，中学生と小学生のインターネットの平日１日あたりの平均利用時間の差は，127.3−84.8＝42.5(分)となる。　**(2)**　【資料２】より，インターネットで情報検索を行う割合はそれぞれ，小学生が 42.5%，中学生が 60.3%，高校生が 76.2%で，高校生が一番高い。　**(3)・(4)**　【資料４】より，「④不適切な情報に触れること，またその影響」を不安に思っている小学生低学年の保護者の割合は 42%である。また，割合が半数(50%)以上となるのは，「①ネット依存」の 54%だけである。　**(5)**　【資料１】より，ゲーム機利用者数のうちインターネットを利用している青少年の割合は，1119÷2285×100＝48.9…(%)となり，約 49%である。

問題２メモ１　「○」である。【資料１】より，スマートフォン利用者数のうちインターネットを利用している青少年の割合は，1762÷1886×100＝93.4…(%)となるので，93%以上である。　**メモ２**　「×」である。【資料２】より，ゲームでのインターネットの利用人数はそれぞれ，小学生が 650×0.751＝488.1…(人)，中学生が 1083×0.711＝770.0…(人)，高校生が 995×0.739＝735.3…(人)となるので，一番多いのは中学生である。

メモ３　「×」である。【資料３】より，平日１日あたりインターネットを２時間以上利用している割合はそれぞれ，中学生が 18.6＋12.7＋6.2＋8.7＝46.2(%)，高校生が 21.8＋17.4＋11.3＋19.8＝70.3(%)となるので，中学生の割合は 50%以下である。　**メモ４**　「○」である。【資料４】より，「⑥不適切な情報発信」を不安に思っている小学生低学年の保護者の人数は，188×0.12＝22.5…(人)となるので，25 人以下である。

問題３　それぞれの【事例】について，【資料４】と【小学生が常に心掛けたいこと】で対応しているところを見つけよう。　**【事例「あ」】**　「メールを終わらせるタイミングが分からず，夜遅くまでインターネットを使う」「友だちとのメールはやめられません」が，「①ネット依存」とＣの「利用時間」「利用の仕方」に対応している。よってイを選ぶ。　**【事例「い」】**　「写真で個人が特定されてしまったこと」が，「⑤個人情報が漏れること」とＢの「個人情報」「個人が特定できそう」に対応している。よってケを選ぶ。　**【事例「う」】**　「動画共有サイトに映画のデータを載せました」「制作者の権利を侵した」が，「⑥不適切な情報発信」とＤの「制作者の権利」「尊重した行動」に対応している。よってシを選ぶ。　**【事例「え」】**　「Ｓさん以外のメンバーで『Ｓさんは友だちではないのではないか。』とインターネット上で話す」が，「②ネットいじめ被害／加害」とＡの「何気なく書いたことで友人を傷付けてしまった」に対応している。よってウを選ぶ。

横浜市立南高等学校附属中学校　2018 平成30 年度　適性検査Ⅱ

《解答例》

1　問題１．①ウ　②ア　③カ　　問題２．(1)あ．ア　い．ア　う．ア　え．イ　お．イ　か．イ　(2)135

問題３．(1)65，30　(2)水平方向の距離…7194.3　垂直方向の距離…11.91　　問題４．(1)月　(2)ケーキ　(3)動物園

2　問題１．(1)20　(2)16　　問題２．正三角形…96　正方形…48

問題３．(1)あ．12　い．11　う．４　え．２　お．５　か．60　き．30／同じ所に２回ずつひかれている

(2)A．９　B．３　(3)８

3　問題１．土壌動物Ｘ…ナガコムシ　土壌動物Ｙ…ザトウムシ　　問題２．あ．オ　い．ウ

問題３．調査の目的Ⅰ…ア　調査の目的Ⅱ…エ　　問題４．①エ　②ア　③ウ　④オ

《解　説》

1　**問題１**　①はペダルがないとあり，ウだけがペダルがないので，①はウである。①の前輪にペダルをつけたのが②なので，②はアである。②でペダルがつけられた前輪の直径を大きくしたのが③なので，③はカである。

問題２(1)　前ギヤを番号１番のままにして，後ギヤを２番から１番に変えるとどうなるかを考えるとよい。

(前ギヤ，後ギヤ)＝(１番，２番)だと，前ギヤ１回転に対して後ギヤが $28\div14=2$ (回転)し，

(前ギヤ，後ギヤ)＝(１番，１番)だと，前ギヤ１回転に対して後ギヤが $28\div12=2\frac{1}{3}$ (回転)する。

したがって，後ギヤの回転は(あ)増え，後輪の回転も(い)増える。後輪が多く回るほど自転車は前に行くので，進む距離も(う)増える。

(前ギヤ，後ギヤ)＝(１番，２番)だと，後ギヤ１回転に対して前ギヤが $1\div2=\frac{1}{2}=\frac{7}{14}$ (回転)し，

(前ギヤ，後ギヤ)＝(１番，１番)だと，後ギヤ１回転に対して前ギヤが $1\div2\frac{1}{3}=\frac{3}{7}=\frac{6}{14}$ (回転)するので，

後輪を１回転させるために必要なクランクの回転は(え)減る。

後ギヤを歯数の多いものに変えた場合は少ないものに変えた場合と逆のことが起こるので，クランクを１回転させたときの後輪の回転は(お)減り，自転車が進む距離も(か)減る。

(2)　前ギヤの歯数が38，後ギヤの歯数が16なので，クランクが１回転すると後輪は $38\div16=2\frac{3}{8}$ (回転)する。つまり２回転したあと $\frac{3}{8}$ 回転し，１回転は360度だから，求める角度は，$360\times\frac{3}{8}=135$ (度)

問題３(1)　時速18km＝分速 $\frac{18\times1000}{60}$ m＝分速300mだから，水平な道のりでかかる時間の合計は，$(1500+600+300)\div300=8$ (分)である。

下り坂でかかる時間の合計は，$(900+1800)\div360=7.5$ (分)である。

秒速４m＝分速(４×60)m＝分速240mだから，傾斜４％の上り坂は分速 $\frac{240}{4}$ m＝分速60mで，傾斜８％の上り坂は分速 $\frac{240}{8}$ m＝分速30mで進む。したがって，上り坂でかかる時間の合計は，$1200\div60+900\div30=50$ (分)である。

よって，かかる時間の合計は，$8+7.5+50=65.5$ (分)，つまり，65分(0.5×60)秒＝65分30秒

⑵　AからHまでの道のりは下図のようにまとまられる。

坂道①は，水平方向の距離が 99.9×$\frac{1200}{100}$＝(100－0.1)×12＝1200－1.2＝1198.8(m)，垂直方向の距離が 4.00×$\frac{1200}{100}$＝48.00(m)である。

その他の坂道についても同様に計算すると，計算結果は右表のようになる。よって，AからHまでの水平方向の距離は，1500＋600＋300＋1198.8＋900.0＋897.3＋1798.2＝7194.3(m)

	坂道①	坂道②	坂道③	坂道④
水平方向の距離	1198.8m	900.0m	897.3m	1798.2m
垂直方向の距離	48.00m	18.00m	71.73m	89.82m

坂道①と③は上り坂，坂道②と④は下り坂だから，AからHまでの垂直方向の距離は，

48.00＋71.73－18.00－89.82＝11.91(m)

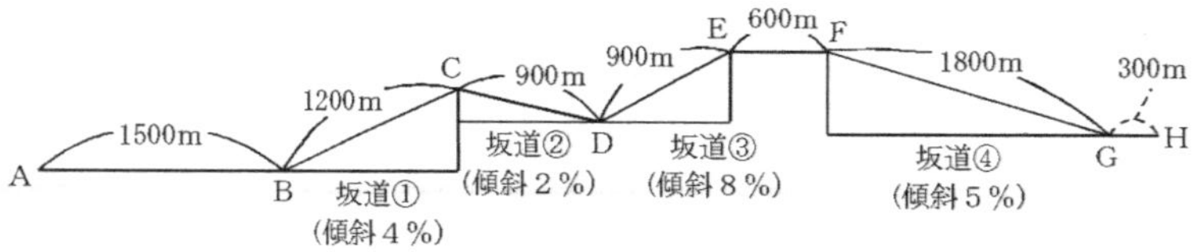

問題4　表3の縦の4つの項目《こうもく》は，町，食べ物，施設，距離《きょり》にすればよい。各項目の候補《こうほ》をまとめると右表Ⅰのようになる。

まず，条件③，④，⑧から右表Ⅱのようにわかる。ここまで決まると，条件①からラーメンは火曜日，映画館は金曜日に決まる。ここまで決まると，条件⑤からケーキは木曜日，博物館は火曜日に決まる。さらに条件⑩を合わせると，下表Ⅲのようになる。

ここで条件⑥を見ると，展望台と1.5㎞は同じ曜日とわかるから，木曜日しか入るところがなく，水曜日の施設が動物園に決まる。ここまで決まればあとは条件を1つずつ確認することで，下表Ⅳのように完成させることができる。

表Ⅰ

町	食べ物	施設	距離
なずな町	ラーメン	映画館	3㎞
つくし町	ドリア	博物館	1.5㎞
かえで町	アイスクリーム	展望台	2.5㎞
すみれ町	ケーキ	美術館	1㎞
さくら町	スパゲッティ	動物園	2㎞

表Ⅱ

	月曜日	火曜日	水曜日	木曜日	金曜日
町					
食べ物	アイスクリーム				ドリア
施設	美術館				
距離					

表Ⅲ

	月曜日	火曜日	水曜日	木曜日	金曜日
町					
食べ物	アイスクリーム	ラーメン	スパゲッティ	ケーキ	ドリア
施設	美術館	博物館			映画館
距離			1㎞		

表Ⅳ

	月曜日	火曜日	水曜日	木曜日	金曜日
町	さくら町	なずな町	すみれ町	かえで町	つくし町
食べ物	アイスクリーム	ラーメン	スパゲッティ	ケーキ	ドリア
施設	美術館	博物館	動物園	展望台	映画館
距離	3㎞	2㎞	1㎞	1.5㎞	2.5㎞

2　**問題1**⑴　正八角形の1つの頂点からは，となりあっていない他の5つの頂点に向かって5本の対角線を引くことができる。このようにして各頂点から5本ずつ対角線を引いて，5×8＝40(本)と計算すると，1本の対角線を二重に数えることになてしまう。よって，対角線の本数は全部で，40÷2＝20(本)

⑵　右図の太線の三角形と合同な三角形は頂点の数だけ，つまり8個作ることができ，点線の三角形と合同な三角形も同様に8個作ることができる。

よって，求める個数は，8＋8＝16(個)

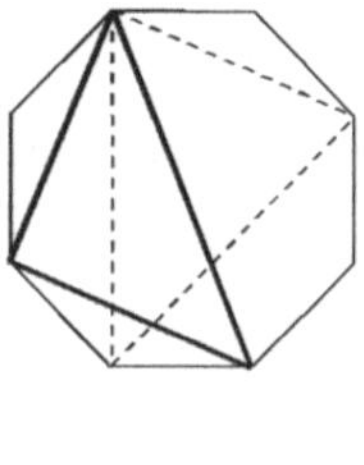

問題2　図形を実際にかいていくと時間がかかるので，できれば計算だけで答えを求めたい問題である。１辺が３cmの正十二角形は１辺が１cmの正十二角形を３倍に拡大した図形である。図形をａ倍に拡大すると，面積はａ×ａ(倍)になるから，１辺が３cmの正十二角形の面積は１辺が１cmのときの３×３＝９(倍)になる。追加する正三角形と正方形の個数の比は，１辺が１cmの正十二角形のときと変わらないと予想できる。１辺が１cmの正十二角形の中には正三角形が12個，正方形が６個あるので，追加する正三角形の個数は12×９－12＝96(個)，追加する正方形の個数は６×９－６＝48(個)と計算できる。なお，実際の並べ方の一部は右図のようになり，色をつけた部分と同じ並べ方が６個外側に追加されることになる。

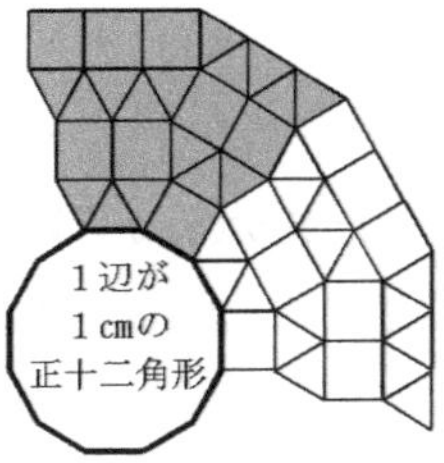

問題3(1)　正三角形の面の頂点の数と正方形の面の頂点の数の合計は，３×８＋４×６＝48(個)である。この立体では１つの頂点に４つの面が集まっているから，各面の頂点の４個が集まって立体の１個の頂点となる。したがって，この立体の頂点の数は，48÷４＝(あ)12(個)である。このため，１つの頂点から他の頂点に12－１＝(い)11(本)の直線が引ける。写真１から，この11本の直線のうち立体の辺に重なる直線は(う)４本，正方形の対角線となる直線は(え)２本とわかる。よって，(お)は11－４－２＝(お)５(本)，(か)は12×５＝(か)60(本)となる。
この計算だと，例えば遠くはなれている頂点ＡとＢがあるとき，１本の直線ＡＢを，ＡからＢに引いた直線とＢからＡに引いた直線として別々に数えていることになるので，(き)は，60÷２＝(き)30(本)である。

(2)　まず図２に数字をかきこんで展開図を完成させる。図４でスタートになっている10を中心にして写真１の数字をかきこむと，右図Ⅰのようになる(数字の向きは考える必要がないので，実際とは異なる)。
この立体では，正方形の面には４つの正三角形の面が，正三角形の面には３つの正方形の面が接していることから，図Ⅰの点線でつないだ辺は組み立てたときに重なるとわかる。また，向かい合う面の数字の和は１＋14＝15になる。立体の表面上を１周するように辺と垂直な線を引くと，右図Ⅱの太線のように表面上を１周する。図Ⅱで同じ模様《もよう》をつけた面は向かい合う面だから，その面上にかかれた数字の和は15になる。このことをヒントに図Ⅰに残りの数字をかきこむと，右図Ⅲのようになる。
図Ⅲをもとに図４に数字をかきこんでいけばよいが，コースに記録される立体の面と数字は，展開図のものとは鏡で写したように反対になることに注意する。例えば，展開図では10→９→12と進むとき「前→ななめ左」のように移動するが，図４のコース上では10→９→12と進むとき「前→ななめ右」のようになる。このことに注意して図４にかきこむと，右図Ⅳのようになる。
よって，Ａは９，Ｂは３である。

図Ⅰ

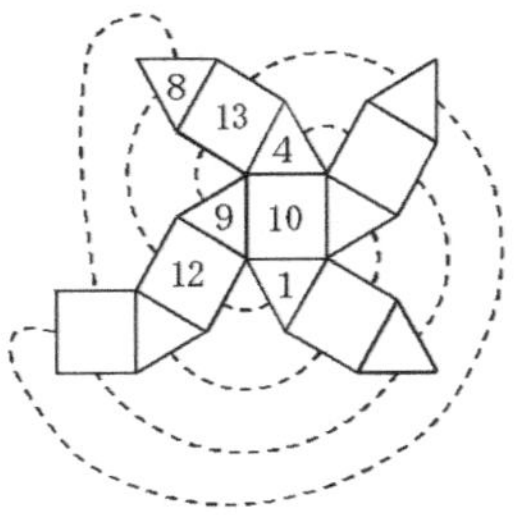

図Ⅱ

図Ⅲ

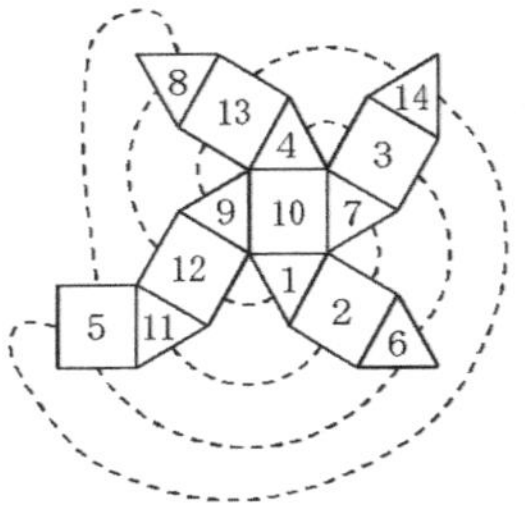

図Ⅳ

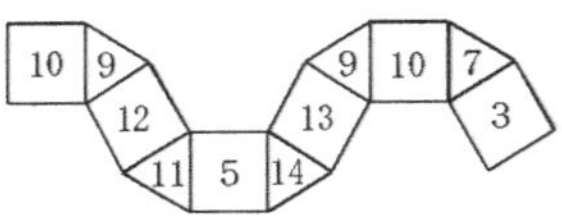

(3)　Ｃに入る数は３～８のいずれかである。すべての数を足すと，Ｃ＋47となる。Ｃが３～８なので，Ｃ＋47は50～55のいずれかである。１か所だけかけ算にして

残りを足した結果はC＋47の2倍なのだから，かけ算にした2数の積は，和よりもC＋47だけ大きいことになる。

まず，数字がわかっていてとなりあっている2数のうち条件にあう数を探す。例えば11と13だと，積から和を引くと，11×13－11－13＝119となり，C＋47の範囲《はんい》である50～55に収まらない。同様にして条件に合う数を探しても，わかっている数だけでは見つからない。

したがって，かけ算にした2数は，2とCか，Cと9のどちらかである。2とCだとCに8を入れても2×8－2－8＝6にしかならないので条件に合わない。つまり，かけ算にした2数はCと9である。

これらの積から和を引くと，C×9－C－9＝(9－1)×C－9＝8×C－9となる。これが50～55の範囲内にあるので，8×Cは59～64の範囲内にある。この範囲内で8の倍数は64だけだから，Cは64÷8＝8とわかる。

3 **問題1**　表1の特徴《とくちょう》を左から順にあてはめていけばよい。土壌《どじょう》動物Xは，足が6本で，はねがなく，尾《お》(図では下側)の先に突起《とっき》が2本あるので，ナガコムシである。土壌動物Yは，足が8本で，むねとはらの間が細くなっていない。また，はらの節についてはよくわからないが，体長は2㎜以上で，足は体長より長いことははっきりわかるので，ザトウムシである。

問題2　合計点が高いほど，その場所の「自然の豊かさ」が高いということになるので，1種類ごとの得点が高いAグループは自然の環境が良好に保たれているところにいる土壌動物だと考えられる。つまり，自然の環境が悪化すると，すぐにいなくなってしまうと考えられる。したがって，［あ］にはオ，［い］にはウがあてはまる。

問題3　土壌動物の種類によって生息する場所が異なると考えられるので，ア，ウ，エのように，いろいろな地点の地面から，土や落ち葉をとって調査すれば，多くの種類の土壌動物を見つけられると考えられる。ただし，先生の発言に，「ほとんどの土壌動物は，地面の浅いところにいます。地面を深く掘《ほ》らずに，…」とあるので，土壌動物の調査の方法としてウはふさわしくない。アとエのうち，エのように，同じ量の土や落ち葉をとって調査する方法は，いくつかの地点で土壌動物の数を比較《ひかく》する方法としてふさわしいので，調査の目的Ⅰはア，調査の目的Ⅱはエが適切である。

問題4　雑木林ⅠのAグループについて考えると，土壌動物の数は1＋3＋1＋2＋1＝8，種類は5，得点は5×5＝25になる。このように考えて，土壌動物の数，種類，得点をまとめると，右表のようになる。

	雑木林Ⅰ			雑木林Ⅱ			雑木林Ⅲ		
	数	種類	得点	数	種類	得点	数	種類	得点
A	8	5	25	11	4	20	9	4	20
B	17	6	18	12	5	15	19	9	27
C	66	8	8	105	6	6	79	5	5
計	91	19	51	128	15	41	107	18	52

①雑木林Ⅱ(128)＞雑木林Ⅲ(107)＞雑木林Ⅰ(91)　②雑木林Ⅰは$\frac{8}{91}\times100=8.79\cdots\rightarrow8.8\%$，雑木林Ⅱは$\frac{11}{128}\times100=8.59\cdots\rightarrow8.6\%$，雑木林Ⅲは$\frac{9}{107}\times100=8.41\cdots\rightarrow8.4\%$となるので，雑木林Ⅰ＞雑木林Ⅱ＞雑木林Ⅲである。　③雑木林Ⅰは$\frac{5}{19}\times100=26.31\cdots\rightarrow26.3\%$，雑木林Ⅱは$\frac{4}{15}\times100=26.66\cdots\rightarrow26.7\%$，雑木林Ⅲは$\frac{4}{18}\times100=22.22\cdots\rightarrow22.2\%$となるので，雑木林Ⅱ＞雑木林Ⅰ＞雑木林Ⅲである。　④雑木林Ⅲ(52)＞雑木林Ⅰ(51)＞雑木林Ⅱ(41)

■ ご使用にあたってのお願い・ご注意

（1）問題文等の非掲載

著作権上の都合により，問題文や図表などの一部を掲載できない場合があります。

誠に申し訳ございませんが，ご了承くださいますようお願いいたします。

（2）過去問における時事性

過去問題集は，学習指導要領の改訂や社会状況の変化，新たな発見などにより，現在とは異なる表記や解説になっている場合があります。過去問の特性上，出題当時のままで出版していますので，あらかじめご了承ください。

（3）配点

学校等から配点が公表されている場合は，記載しています。公表されていない場合は，記載していません。

独自の予想配点は，出題者の意図と異なる場合があり，お客様が学習するうえで誤った判断をしてしまう恐れがあるため記載していません。

（4）無断複製等の禁止

購入された個人のお客様が，ご家庭でご自身またはご家族の学習のためにコピーをすることは可能ですが，それ以外の目的でコピー，スキャン，転載（ブログ，ＳＮＳなどでの公開を含みます）などをすることは法律により禁止されています。学校や学習塾などで，児童生徒のためにコピーをして使用することも法律により禁止されています。

ご不明な点や，違法な疑いのある行為を確認された場合は，弊社までご連絡ください。

（5）けがに注意

この問題集は針を外して使用します。針を外すときは，けがをしないように注意してください。また，表紙カバーや問題用紙の端で手指を傷つけないように十分注意してください。

（6）正誤

制作には万全を期しておりますが，万が一誤りなどがございましたら，弊社までご連絡ください。

なお，誤りが判明した場合は，弊社ウェブサイトの「ご購入者様のページ」に掲載しておりますので，そちらもご確認ください。

■ お問い合わせ

解答例，解説，印刷，製本など，問題集発行におけるすべての責任は弊社にあります。

ご不明な点がございましたら，弊社ウェブサイトの「お問い合わせ」フォームよりご連絡ください。迅速に対応いたしますが，営業日の都合で回答に数日を要する場合があります。

ご入力いただいたメールアドレス宛に自動返信メールをお送りしています。自動返信メールが届かない場合は，「よくある質問」の「メールの問い合わせに対し返信がありません。」の項目をご確認ください。

また弊社営業日（平日）は，午前９時から午後５時まで，電話でのお問い合わせも受け付けています。

2025 春

株式会社教英出版
〒422-8054　静岡県静岡市駿河区南安倍３丁目 12-28
TEL　054-288-2131　　FAX　054-288-2133
URL　https://kyoei-syuppan.net/
MAIL siteform@kyoei-syuppan.net

教英出版　2025年春受験用　中学入試問題集

学校別問題集

✿はカラー問題対応

北海道

①[市立]札幌開成中等教育学校
②藤女子中学校
③北嶺中学校
④北星学園女子中学校
⑤札幌大谷中学校
⑥札幌光星中学校
⑦立命館慶祥中学校
⑧函館ラ・サール中学校

青森県

①[県立]三本木高等学校附属中学校

岩手県

①[県立]一関第一高等学校附属中学校

宮城県

①[県立]宮城県古川黎明中学校
②[県立]宮城県仙台二華中学校
③[市立]仙台青陵中等教育学校
④東北学院中学校
⑤仙台白百合学園中学校
⑥聖ウルスラ学院英智中学校
⑦宮城学院中学校
⑧秀光中学校
⑨古川学園中学校

秋田県

①[県立]
大館国際情報学院中学校
秋田南高等学校中等部
横手清陵学院中学校

山形県

①[県立]
東桜学館中学校
致道館中学校

福島県

①[県立]
会津学鳳中学校
ふたば未来学園中学校

茨城県

①[県立]
日立第一高等学校附属中学校
太田第一高等学校附属中学校
水戸第一高等学校附属中学校
鉾田第一高等学校附属中学校
鹿島高等学校附属中学校
土浦第一高等学校附属中学校
竜ヶ崎第一高等学校附属中学校
下館第一高等学校附属中学校
下妻第一高等学校附属中学校
水海道第一高等学校附属中学校
勝田中等教育学校
並木中等教育学校
古河中等教育学校

栃木県

①[県立]
宇都宮東高等学校附属中学校
佐野高等学校附属中学校
矢板東高等学校附属中学校

群馬県

①
[県立]中央中等教育学校
[市立]四ツ葉学園中等教育学校
[市立]太田中学校

埼玉県

①[県立]伊奈学園中学校
②[市立]浦和中学校
③[市立]大宮国際中等教育学校
④[市立]川口市立高等学校附属中学校

千葉県

①[県立]
千葉中学校
東葛飾中学校
②[市立]稲毛国際中等教育学校

東京都

①[国立]筑波大学附属駒場中学校
②[都立]白鷗高等学校附属中学校
③[都立]桜修館中等教育学校
④[都立]小石川中等教育学校
⑤[都立]両国高等学校附属中学校
⑥[都立]立川国際中等教育学校
⑦[都立]武蔵高等学校附属中学校
⑧[都立]大泉高等学校附属中学校
⑨[都立]富士高等学校附属中学校
⑩[都立]三鷹中等教育学校
⑪[都立]南多摩中等教育学校
⑫[区立]九段中等教育学校
⑬開成中学校
⑭麻布中学校
⑮桜蔭中学校
⑯女子学院中学校
✿⑰豊島岡女子学園中学校
⑱東京都市大学等々力中学校
⑲世田谷学園中学校
✿⑳広尾学園中学校(第2回)
✿㉑広尾学園中学校(医進・サイエンス回)
㉒渋谷教育学園渋谷中学校(第1回)
㉓渋谷教育学園渋谷中学校(第2回)
㉔東京農業大学第一高等学校中等部
(2月1日 午後)
㉕東京農業大学第一高等学校中等部
(2月2日 午後)

神奈川県

①[県立]
相模原中等教育学校
平塚中等教育学校
②[市立]南高等学校附属中学校
③[市立]横浜サイエンスフロンティア高等学校附属中学校
④[市立]川崎高等学校附属中学校
✿⑤聖光学院中学校
✿⑥浅野中学校
⑦洗足学園中学校
⑧法政大学第二中学校
⑨逗子開成中学校(1次)
⑩逗子開成中学校(2·3次)
⑪神奈川大学附属中学校(第1回)
⑫神奈川大学附属中学校(第2·3回)
⑬栄光学園中学校
⑭フェリス女学院中学校

新潟県

①[県立]
村上中等教育学校
柏崎翔洋中等教育学校
燕中等教育学校
津南中等教育学校
直江津中等教育学校
佐渡中等教育学校
②[市立]高志中等教育学校
③新潟第一中学校
④新潟明訓中学校

石川県

①[県立]金沢錦丘中学校
②星稜中学校

福井県

①[県立]高志中学校

山梨県

①山梨英和中学校
②山梨学院中学校
③駿台甲府中学校

長野県

①[県立]
屋代高等学校附属中学校
諏訪清陵高等学校附属中学校
②[市立]長野中学校

岐阜県

①岐阜東中学校
②鶯谷中学校
③岐阜聖徳学園大学附属中学校

静岡県

①[国立]静岡大学教育学部附属中学校
(静岡·島田·浜松)
②
[県立]清水南高等学校中等部
[県立]浜松西高等学校中等部
[市立]沼津高等学校中等部
③不二聖心女子学院中学校
④日本大学三島中学校
⑤加藤学園暁秀中学校
⑥星陵中学校
⑦東海大学付属静岡翔洋高等学校中等部
⑧静岡サレジオ中学校
⑨静岡英和女学院中学校
⑩静岡雙葉中学校
⑪静岡聖光学院中学校
⑫静岡学園中学校
⑬静岡大成中学校
⑭城南静岡中学校
⑮静岡北中学校
⑯
常葉大学附属常葉中学校
常葉大学附属橘中学校
常葉大学附属菊川中学校
⑰藤枝明誠中学校
⑱浜松開誠館中学校
⑲静岡県西遠女子学園中学校
⑳浜松日体中学校
㉑浜松学芸中学校

愛知県

①[国立]愛知教育大学附属名古屋中学校
②愛知淑徳中学校
③
名古屋経済大学市邨中学校
名古屋経済大学高蔵中学校
④金城学院中学校
⑤椙山女学園中学校
⑥東海中学校
⑦南山中学校男子部
⑧南山中学校女子部
⑨聖霊中学校
⑩滝中学校
⑪名古屋中学校
⑫大成中学校
⑬愛知中学校
⑭星城中学校
⑮名古屋葵大学中学校
(名古屋女子大学中学校)
⑯愛知工業大学名電中学校
⑰海陽中等教育学校(特別給費生)
⑱海陽中等教育学校(I·II)
⑲中部大学春日丘中学校
新刊⑳名古屋国際中学校

三重県

①[国立]三重大学教育学部附属中学校
②暁中学校
③海星中学校
④四日市メリノール学院中学校
⑤高田中学校
⑥セントヨゼフ女子学園中学校
⑦三重中学校
⑧皇學館中学校
⑨鈴鹿中等教育学校
⑩津田学園中学校

滋賀県

①[国立]滋賀大学教育学部附属中学校
②[県立]
河瀬中学校
守山中学校
水口東中学校

京都府

①[国立]京都教育大学附属桃山中学校
②[府立]洛北高等学校附属中学校
③[府立]園部高等学校附属中学校
④[府立]福知山高等学校附属中学校
⑤[府立]南陽高等学校附属中学校
⑥[市立]西京高等学校附属中学校
⑦同志社中学校
⑧洛星中学校
⑨洛南高等学校附属中学校
⑩立命館中学校
⑪同志社国際中学校
⑫同志社女子中学校(前期日程)
⑬同志社女子中学校(後期日程)

大阪府

①[国立]大阪教育大学附属天王寺中学校
②[国立]大阪教育大学附属平野中学校
③[国立]大阪教育大学附属池田中学校

④[府立]富田林中学校
⑤[府立]咲くやこの花中学校
⑥[府立]水都国際中学校
⑦清風中学校
⑧高槻中学校（A日程）
⑨高槻中学校（B日程）
⑩明星中学校
⑪大阪女学院中学校
⑫大谷中学校
⑬四天王寺中学校
⑭帝塚山学院中学校
⑮大阪国際中学校
⑯大阪桐蔭中学校
⑰開明中学校
⑱関西大学第一中学校
⑲近畿大学附属中学校
⑳金蘭千里中学校
㉑金光八尾中学校
㉒清風南海中学校
㉓帝塚山学院泉ヶ丘中学校
㉔同志社香里中学校
㉕初芝立命館中学校
㉖関西大学中等部
㉗大阪星光学院中学校

兵庫県

①[国立]神戸大学附属中等教育学校
②[県立]兵庫県立大学附属中学校
③雲雀丘学園中学校
④関西学院中学部
⑤神戸女学院中学部
⑥甲陽学院中学校
⑦甲南中学校
⑧甲南女子中学校
⑨灘中学校
⑩親和中学校
⑪神戸海星女子学院中学校
⑫滝川中学校
⑬啓明学院中学校
⑭三田学園中学校
⑮淳心学院中学校
⑯仁川学院中学校
⑰六甲学院中学校
⑱須磨学園中学校（第1回入試）
⑲須磨学園中学校（第2回入試）
⑳須磨学園中学校（第3回入試）
㉑白陵中学校
㉒夙川中学校

奈良県

①[国立]奈良女子大学附属中等教育学校
②[国立]奈良教育大学附属中学校
③[県立]
- 国際中学校
- 青翔中学校

④[市立]一条高等学校附属中学校
⑤帝塚山中学校
⑥東大寺学園中学校
⑦奈良学園中学校
⑧西大和学園中学校

和歌山県

①[県立]
- 古佐田丘中学校
- 向陽中学校
- 桐蔭中学校
- 日高高等学校附属中学校
- 田辺中学校

②智辯学園和歌山中学校
③近畿大学附属和歌山中学校
④開智中学校

岡山県

①[県立]岡山操山中学校
②[県立]倉敷天城中学校
③[県立]岡山大安寺中等教育学校
④[県立]津山中学校
⑤岡山中学校
⑥清心中学校
⑦岡山白陵中学校
⑧金光学園中学校
⑨就実中学校
⑩岡山理科大学附属中学校
⑪山陽学園中学校

広島県

①[国立]広島大学附属中学校
②[国立]広島大学附属福山中学校
③[県立]広島中学校
④[県立]三次中学校
⑤[県立]広島叡智学園中学校
⑥[市立]広島中等教育学校
⑦[市立]福山中学校
⑧広島学院中学校
⑨広島女学院中学校
⑩修道中学校
⑪崇徳中学校
⑫比治山女子中学校
⑬福山暁の星女子中学校
⑭安田女子中学校
⑮広島なぎさ中学校
⑯広島城北中学校
⑰近畿大学附属広島中学校福山校
⑱盈進中学校
⑲如水館中学校
⑳ノートルダム清心中学校
㉑銀河学院中学校
㉒近畿大学附属広島中学校東広島校
㉓AICJ中学校
㉔広島国際学院中学校
㉕広島修道大学ひろしま協創中学校

山口県

①[県立]
- 下関中等教育学校
- 高森みどり中学校

②野田学園中学校

徳島県

①[県立]
- 富岡東中学校
- 川島中学校
- 城ノ内中等教育学校

②徳島文理中学校

香川県

①大手前丸亀中学校
②香川誠陵中学校

愛媛県

①[県立]
- 今治東中等教育学校
- 松山西中等教育学校

②愛光中学校
③済美平成中等教育学校
④新田青雲中等教育学校

高知県

①[県立]
- 安芸中学校
- 高知国際中学校
- 中村中学校

福　岡　県

- ①[国立]福岡教育大学附属中学校（福岡·小倉·久留米）
- ②[県立]
  - 育徳館中学校
  - 門司学園中学校
  - 宗像中学校
  - 嘉穂高等学校附属中学校
  - 輝翔館中等教育学校
- ③西南学院中学校
- ④上智福岡中学校
- ⑤福岡女学院中学校
- ⑥福岡雙葉中学校
- ⑦照曜館中学校
- ⑧筑紫女学園中学校
- ⑨敬愛中学校
- ⑩久留米大学附設中学校
- ⑪飯塚日新館中学校
- ⑫明治学園中学校
- ⑬小倉日新館中学校
- ⑭久留米信愛中学校
- ⑮中村学園女子中学校
- ⑯福岡大学附属大濠中学校
- ⑰筑陽学園中学校
- ⑱九州国際大学付属中学校
- ⑲博多女子中学校
- ⑳東福岡自彊館中学校
- ㉑八女学院中学校

佐　賀　県

- ①[県立]
  - 香楠中学校
  - 致遠館中学校
  - 唐津東中学校
  - 武雄青陵中学校
- ②弘学館中学校
- ③東明館中学校
- ④佐賀清和中学校
- ⑤成穎中学校
- ⑥早稲田佐賀中学校

長　崎　県

- ①[県立]
  - 長崎東中学校
  - 佐世保北中学校
  - 諫早高等学校附属中学校
- ②青雲中学校
- ③長崎南山中学校
- ④長崎日本大学中学校
- ⑤海星中学校

熊　本　県

- ①[県立]
  - 玉名高等学校附属中学校
  - 宇土中学校
  - 八代中学校
- ②真和中学校
- ③九州学院中学校
- ④ルーテル学院中学校
- ⑤熊本信愛女学院中学校
- ⑥熊本マリスト学園中学校
- ⑦熊本学園大学付属中学校

大　分　県

- ①[県立]大分豊府中学校
- ②岩田中学校

宮　崎　県

- ①[県立]五ヶ瀬中等教育学校
- ②[県立]
  - 宮崎西高等学校附属中学校
  - 都城泉ヶ丘高等学校附属中学校
- ③宮崎日本大学中学校
- ④日向学院中学校
- ⑤宮崎第一中学校

鹿　児　島　県

- ①[県立]楠隼中学校
- ②[市立]鹿児島玉龍中学校
- ③鹿児島修学館中学校
- ④ラ・サール中学校
- ⑤志學館中等部

沖　縄　県

- ①[県立]
  - 与勝緑が丘中学校
  - 開邦中学校
  - 球陽中学校
  - 名護高等学校附属桜中学校

もっと過去問シリーズ

北　海　道

北嶺中学校
7年分（算数・理科・社会）

静　岡　県

静岡大学教育学部附属中学校
（静岡·島田·浜松）
10年分（算数）

愛　知　県

愛知淑徳中学校
7年分（算数・理科・社会）
東海中学校
7年分（算数・理科・社会）
南山中学校男子部
7年分（算数・理科・社会）
南山中学校女子部
7年分（算数・理科・社会）
滝中学校
7年分（算数・理科・社会）
名古屋中学校
7年分（算数・理科・社会）

岡　山　県

岡山白陵中学校
7年分（算数・理科）

広　島　県

広島大学附属中学校
7年分（算数・理科・社会）
広島大学附属福山中学校
7年分（算数・理科・社会）
広島学院中学校
7年分（算数・理科・社会）
広島女学院中学校
7年分（算数・理科・社会）
修道中学校
7年分（算数・理科・社会）
ノートルダム清心中学校
7年分（算数・理科・社会）

愛　媛　県

愛光中学校
7年分（算数・理科・社会）

福　岡　県

福岡教育大学附属中学校
（福岡·小倉·久留米）
7年分（算数・理科・社会）
西南学院中学校
7年分（算数・理科・社会）
久留米大学附設中学校
7年分（算数・理科・社会）
福岡大学附属大濠中学校
7年分（算数・理科・社会）

佐　賀　県

早稲田佐賀中学校
7年分（算数・理科・社会）

長　崎　県

青雲中学校
7年分（算数・理科・社会）

鹿　児　島　県

ラ·サール中学校
7年分（算数・理科・社会）

※もっと過去問シリーズは
国語の収録はありません。

教英出版

〒422-8054
静岡県静岡市駿河区南安倍3丁目12−28
TEL 054-288-2131
FAX 054-288-2133
詳しくは教英出版で検索
教英出版　検索
URL https://kyoei-syuppan.net/

令和六年度

適性検査Ⅰ

9：15
〜
10：00

［注意］

1　この問題冊子《さっし》は一ページから二十一ページにわたって印刷してあります。ページの抜《ぬ》け、白紙、印刷の重なりや不《ふ》鮮明《せんめい》な部分などがないかを確認《かくにん》してください。あった場合は手をあげて監督《かんとく》の先生の指示にしたがってください。

2　解答用紙は二枚《まい》あります。**受検番号と氏名**をそれぞれの決められた場所に記入してください。

3　声を出して読んではいけません。

4　答えはすべて解答用紙に記入し、**解答用紙を二枚とも提出してください。**

5　解答用紙のマス目は、**句読点などもそれぞれ一字と数え、一マスに一字ずつ書いてください。**

6　字ははっきりと書き、答えを直すときは、きれいに消してから新しい答えを書いてください。

7　文章で答えるときは、漢字を適切に使い、丁寧《ていねい》に書いてください。

＃教英出版　注
編集の都合上、解答用紙は表裏一体となっております。

横浜市立南高等学校附属中学校

このページには問題は印刷されていません。

1　りかさんとみなみさんが図書館で社会の授業の話をしています。りかさんとみなみさんの【会話】や【資料】を読み、あとの問題に答えなさい。

【会話１】

りかさん：今日の社会の授業で、ヨーロッパの国の学習をしましたね。

みなみさん：はい。スペインには【SIESTA（シエスタ・昼の休憩《きゅうけい》）】という文化があるのですね。

りかさん：スペインといえば、【SOBREMESA（ソブレメサ）】というスペイン語を知っていますか。

みなみさん：いいえ、知りません。それはどういう意味なのですか。

りかさん：「食後に食卓《しょくたく》を囲んで、くつろいでおしゃべりをする」という習慣を指す言葉です。

みなみさん：スペインでは、午後２時ごろに昼食をとり、【SIESTA】や【SOBREMESA】をはさみ、また仕事にもどるのですね。

りかさん：はい。その国の言葉にはその国の文化が反映《はんえい》されているのですね。

みなみさん：外国の言葉について興味が出てきました。少し調べてみませんか。

りかさん：そうですね。調べてみましょう。

みなみさん：わたしはこのような言葉を調べてきました。【資料１】を見てください。

【資料１】みなみさんが見つけてきた言葉

SKÁBMA（スカーマ）
太陽の出ない季節

（吉岡《よしおか》　乾《のぼる》「なくなりそうな世界のことば」をもとに作成）

りかさん：【SKÁBMA】で「太陽の出ない季節」を表すのですね。

みなみさん：はい。日本語にはない表現で、特に気になりました。

りかさん：確かに、日本にはない季節ですね。これはどこで使われている言葉なのですか。

みなみさん：これは【資料２】を参考に考えてみると、わかりやすいです。【資料２】は地球儀《ちきゅうぎ》に、太陽の光に見立てた光を当てているところを表したものです。

りかさん：地球儀を、【資料２】中の「地球儀を固定している軸《じく》」を中心に回すと、一周しても太陽の光が当たらない地域《ちいき》がありますね。

みなみさん：はい。そこが①「太陽の出ない季節」という言葉が使われている地域です。

【資料２】地球儀に太陽の光に見立てた光を当てている図

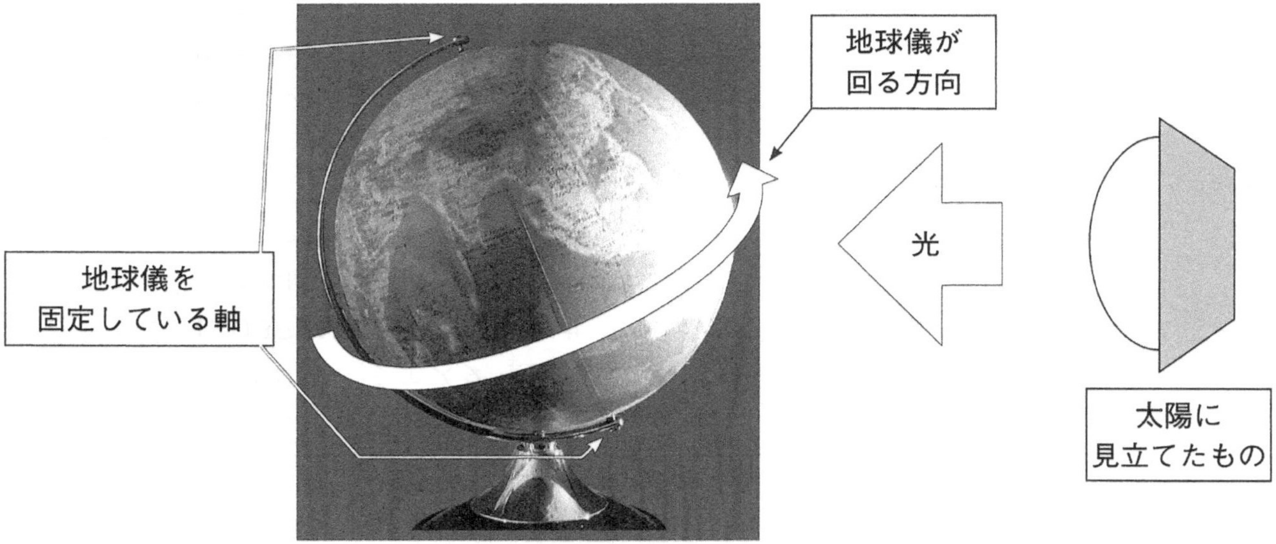

問題１　【会話１】中の①「太陽の出ない季節」という言葉が使われている地域として最も適切な地域を次の【地図】中の１～４から一つ選び、番号を書きなさい。

【地図】

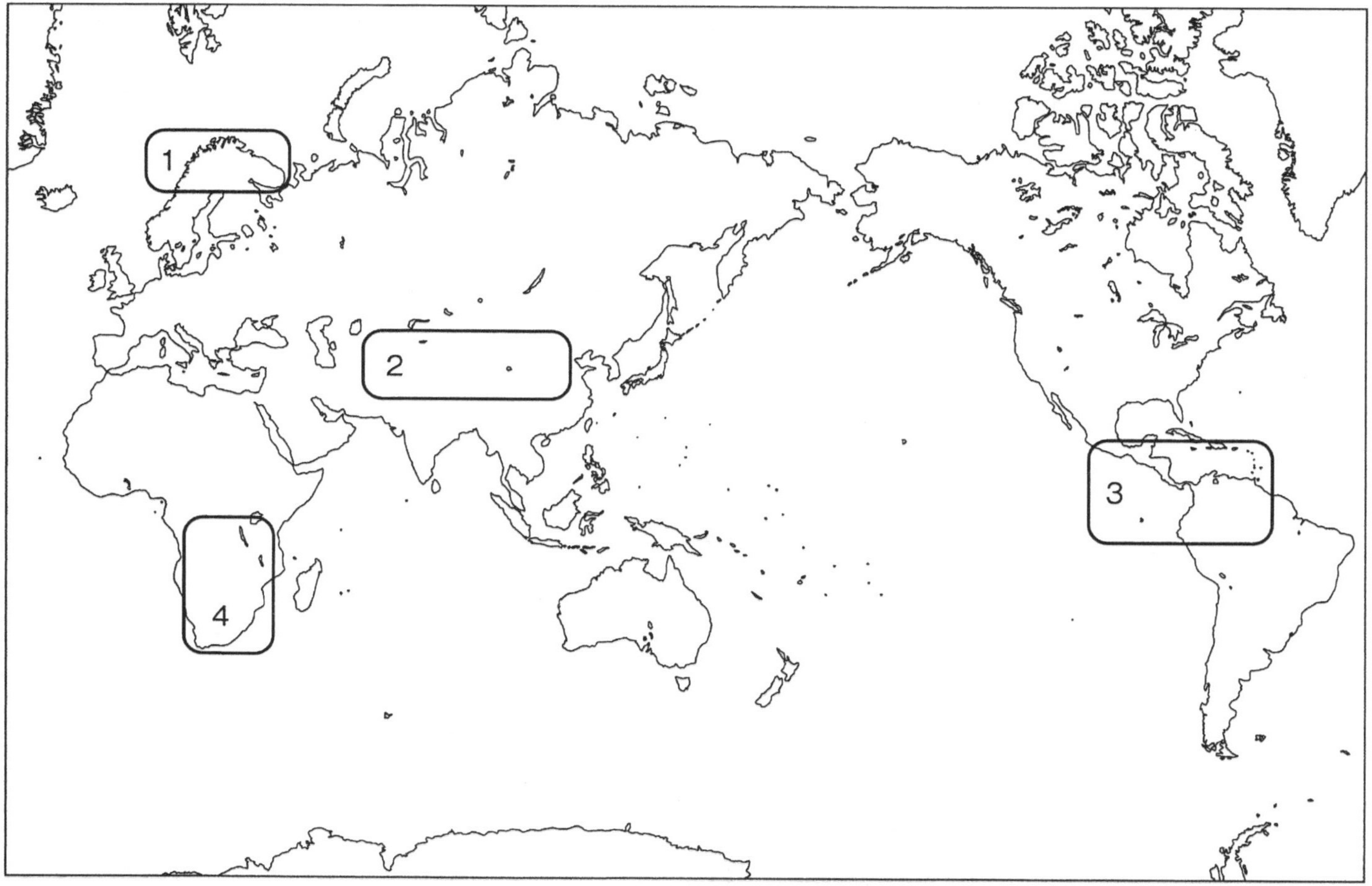

【会話２】

りかさん：わたしは少し変わった言葉を見つけました。【資料３】の言葉を見てください。

【資料３】りかさんが見つけてきた言葉

PISAN ZAPRA（ピサンザプラ） バナナを食べるときの所要時間

（エラ・フランシス・サンダース「翻訳《ほんやく》できない世界のことば」をもとに作成）

みなみさん：「バナナを食べるときの所要時間」を表す言葉があるのですね。３０秒くらいですか。

りかさん：人やバナナによりますが、約２分らしいです。どこで使われている言葉だと思いますか。

みなみさん：バナナが栽培《さいばい》されている地域で使われていると思うのですが…。

りかさん：はい。バナナの栽培条件について調べた【資料４】を見てください。

【資料４】りかさんが調べたバナナの栽培条件

- 高温多湿《たしつ》な土地に育つ
- 気温２７～３１℃くらいがいちばん元気に育つ
- 暑い季節は毎日しっかり水やりをする

（農山漁村文化協会「知りたい　食べたい　熱帯の作物　バナナ」をもとに作成）

みなみさん：条件に当てはめると、【PISAN ZAPRA】が使われている地域の気温と降水《こうすい》量を表しているグラフは［　②　］ですね。

りかさん：はい。【PISAN ZAPRA】は、マレーシアやシンガポールなどで話されているマレー語の言葉です。同じ気候の地域で【資料５】の ③ が育てられていますね。

【資料５】コーヒー、オリーブ、小麦の生産量の上位５か国（２０２０年　単位：千ｔ）

コーヒー		オリーブ		小麦	
ブラジル	３７００	スペイン	８１３８	中国	１３４２５０
ベトナム	１７６３	イタリア	２２０７	インド	１０７５９０
コロンビア	８３３	チュニジア	２０００	ロシア	８５８９６
インドネシア	７７３	モロッコ	１４０９	アメリカ	４９６９１
エチオピア	５８５	トルコ	１３１７	カナダ	３５１８３

（「世界国勢図会　２０２２／２３」をもとに作成）

【資料６】世界の気候について表した地図

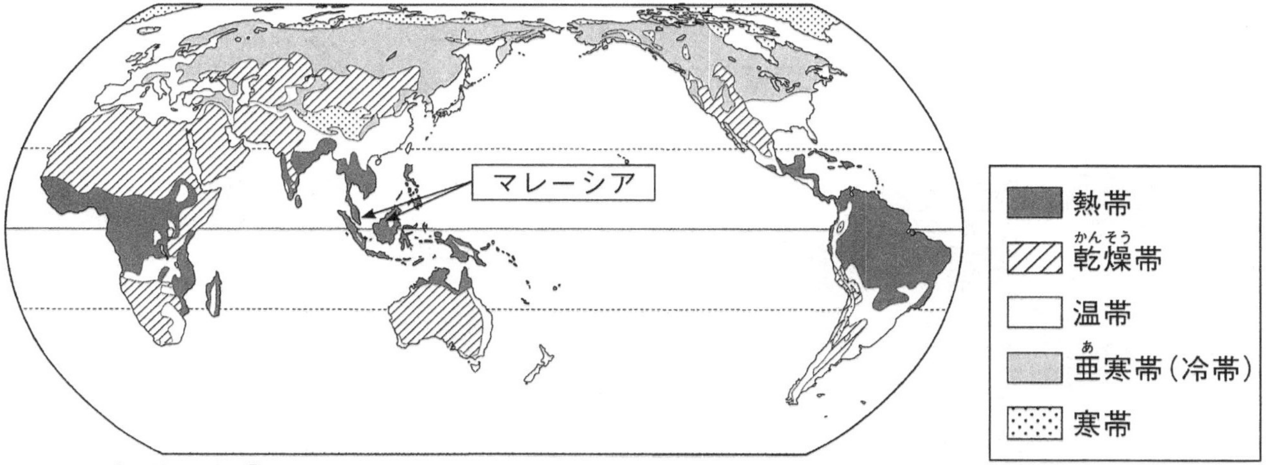

（明治図書「よくわかる社会の学習　地理Ⅰ」をもとに作成）

【資料7】【資料5】中のコーヒー、オリーブ、小麦がつくられている国々

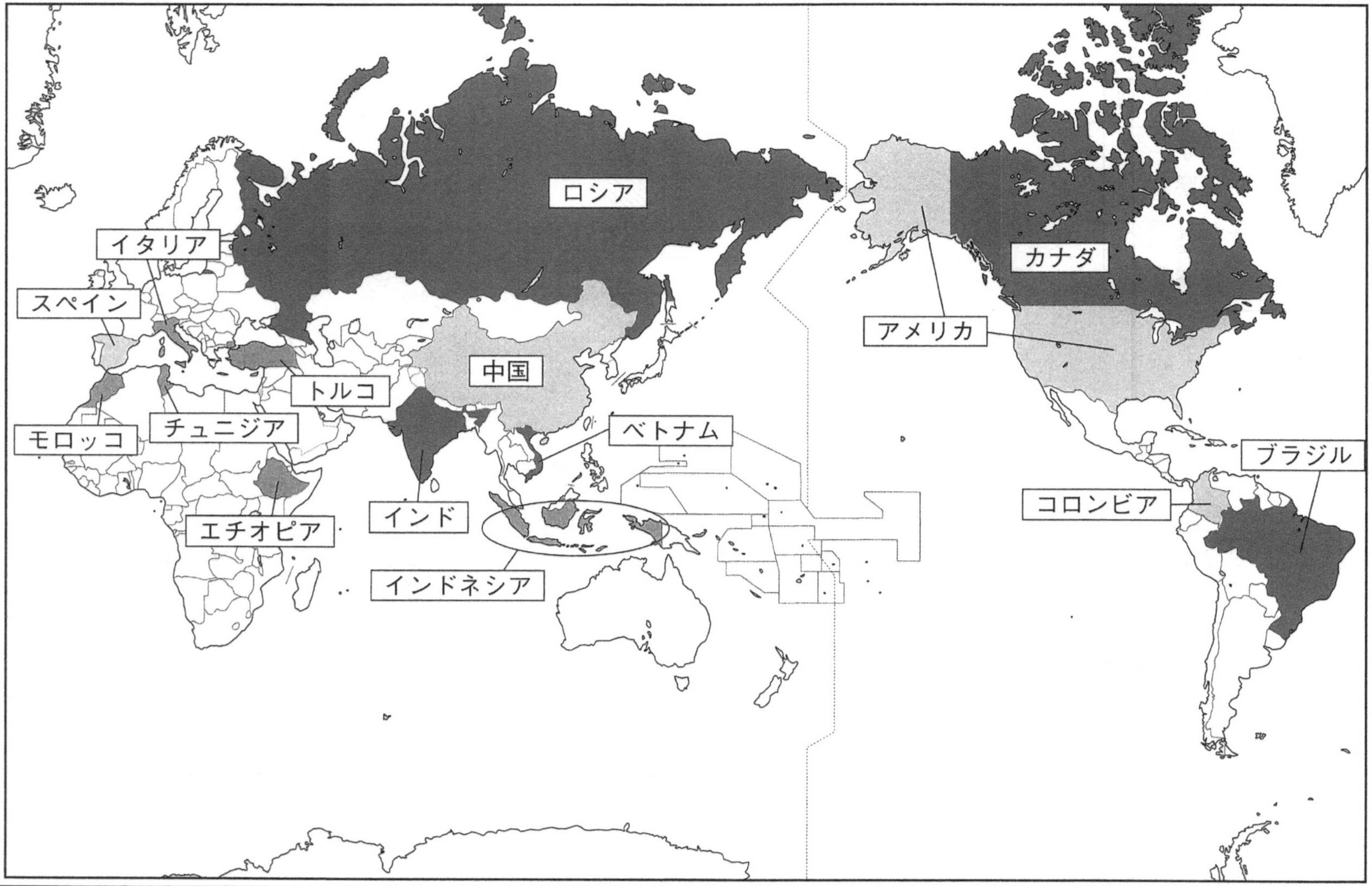

問題２　【会話２】中の ② にあてはまる気温と降水《こうすい》量のグラフを次のＡとＢから選び、【会話２】中の ③ にあてはまる作物との組み合わせとして最も適切なものを、【資料５】～【資料７】を参考にしてあとの１～６から一つ選び、番号を書きなさい。

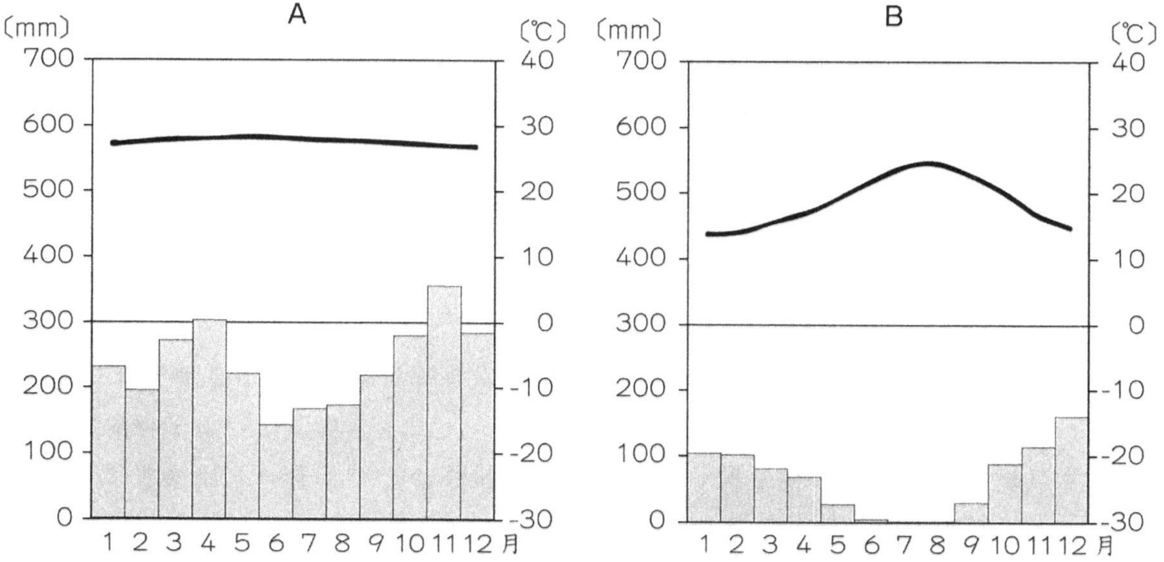

（国立天文台編「理科年表２０２３」をもとに作成）

１　Ａとコーヒー　　２　Ｂとコーヒー　　３　Ａとオリーブ

４　Ｂとオリーブ　　５　Ａと小麦　　６　Ｂと小麦

【会話３】

みなみさん：日本にバナナが広まったのは１９００年ごろに行われた台湾《たいわん》からの輸入がきっかけです。

りかさん：そうなのですね。台湾は日清《にっしん》戦争の結果、④下関《しものせき》条約によって、日本の領土になっていましたね。

みなみさん：日清戦争は甲午《こうご》農民戦争という争いがきっかけで起こったと本で読んだことがあります。

りかさん：はい。この「甲午」というのは、十干《じっかん》十二支からきています。**【資料８】**を見てください。

みなみさん：これで歴史上のできごとが起こった年を算出することもできますね。

りかさん：この時期に台湾からバナナが輸入されていた主要な港はどこだったのですか。

みなみさん：⑤門司港《もじこう》だと言われています。この当時、同じ県内に八幡《やはた》製鉄所もでき、台湾にも地理的に近いことで、ずいぶんにぎわっていたようです。

りかさん：**【資料９】**にある県ですね。筑豊炭田《ちくほうたんでん》などの地理的な条件を生かして、のちに工業地帯ができていきますね。

【資料８】十干十二支と西暦《せいれき》を利用して十干十二支を算出するときの手順

十干

	甲	乙	丙	丁	戊	己	庚	辛	壬	癸
読み方	こう	おつ	へい	てい	ぼ	き	こう	しん	じん	き
	きのえ	きのと	ひのえ	ひのと	つちのえ	つちのと	かのえ	かのと	みずのえ	みずのと
	4	5	6	7	8	9	0	1	2	3

十二支

	子	丑	寅	卯	辰	巳	午	未	申	酉	戌	亥
読み方	ね	うし	とら	う	たつ	み	うま	ひつじ	さる	とり	いぬ	い
	し	ちゅう	いん	ぼう	しん	し	ご	び	しん	ゆう	じゅつ	がい
	4	5	6	7	8	9	10	11	0	1	2	3

計算したときのあまりの数

手順１　西暦年を１０でわる。そのあまりの数から十干を特定する。

手順２　西暦年を１２でわる。そのあまりの数から十二支を特定する。

例）甲子園《こうしえん》球場の建設（１９２４年）

１９２４÷１０＝１９２あまり４（十干　甲）

１９２４÷１２＝１６０あまり４（十二支　子）

【資料９】【会話３】中の④下関《しものせき》条約が結ばれたところがある県、⑤門司港《もじこう》がある県

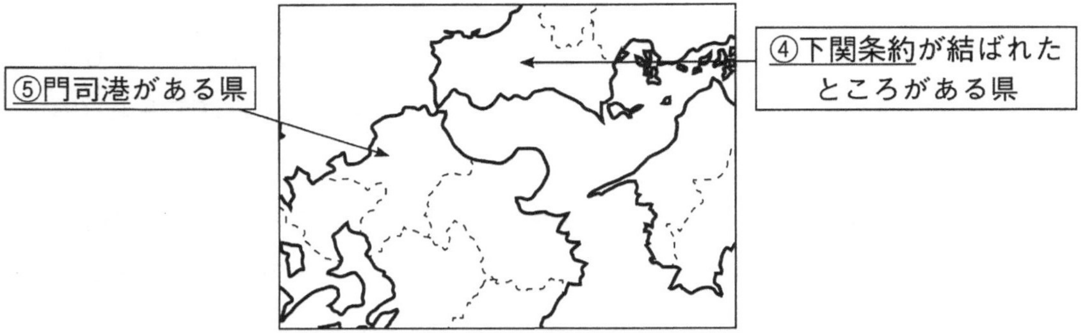

問題３　【資料８】を参考にして、６７２年と１８６８年に起こったできごとを次の１～６からそれぞれ一つずつ選び、番号を書きなさい。

1　高野長英《たかのちょうえい》が幕府《ばくふ》の外国船への対応について「戊戌夢物語《ぼじゅつゆめものがたり》」を書いた。
2　豊臣秀吉《とよとみひでよし》が朝鮮《ちょうせん》への出兵を命じ、文禄《ぶんろく》の役《えき》（壬辰倭乱《じんしんわらん》）が起こった。
3　中大兄皇子《なかのおおえのおうじ》と中臣鎌足《なかとみのかまたり》が蘇我氏《そがし》をほろぼした乙巳《いっし》の変が起こった。
4　新政府軍と旧幕府軍が戦った戊辰《ぼしん》戦争が起こった。
5　大海人皇子《おおあまのおうじ》と大友皇子《おおとものおうじ》が次の天皇《てんのう》の位をめぐって争った壬申《じんしん》の乱が起こった。
6　清《しん》をたおし、近代国家をつくろうとした辛亥革命《しんがいかくめい》が起こった。

問題４　【資料９】中の④下関条約が結ばれたところがある県と⑤門司港がある県の２つの県以外で起こったことを次の１～４から一つ選び、番号を書きなさい。

1　中国（漢）の皇帝《こうてい》から与《あた》えられた金印が発見された。
2　源氏《げんじ》が壇ノ浦《だんのうら》の戦いで平氏《へいし》をほろぼした。
3　元《げん》との戦いに備えて防塁《ぼうるい》がつくられた。
4　ポルトガル人が漂着《ひょうちゃく》し、鉄砲《てっぽう》が伝わった。

【会話４】

みなみさん：１９００年といえば、明治時代ですね。この時代にはいろいろな改革《かいかく》が行われました。

りかさん：はい。**【資料１０】**はこの時代の改革についての資料です。これは［　⑥　］を表しています。

【資料１０】ある改革についての資料

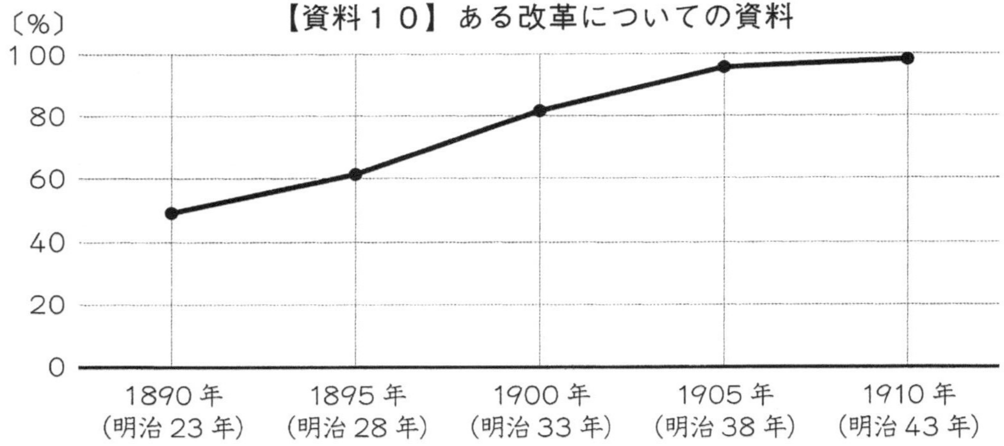

（文部科学省のホームページをもとに作成）

みなみさん：今では当たり前のように思えることも、昔はちがったのですね。

りかさん：わたしたちが何気なく食べているものも、歴史的な背景《はいけい》があるのですね。

みなみさん：言葉の話から始まり、ずいぶんと大きなスケールの話になりましたね。

りかさん：これからは知らない言葉や外国の言葉を聞いたらいろいろ考えてみたいと思います。

みなみさん：そうですね。探究《たんきゅう》に終わりはありませんね。

問題５　**【会話４】**中の［　⑥　］にあてはまる言葉として最も適切なものを次の**１～４**から一つ選び、番号を書きなさい。

1　徴兵《ちょうへい》制にもとづいて兵役《へいえき》についた人の割合《わりあい》の変化

2　学制にもとづいて小学校に通った子どもの割合の変化

3　殖産興業《しょくさんこうぎょう》の政策《せいさく》にもとづいて工場で働いた人の割合の変化

4　古い身分制度の廃止《はいし》にもとづいて平民とされた人の割合の変化

問題６　りかさんは日本や外国の言葉に興味をもち、さらにくわしく調べることにしました。その際に大切だと考えられることはどのようなことですか。次の**【条件】**にしたがって書きなさい。

【条件】

1　本文中の**【会話１】**～**【会話４】**の内容をふまえて書きなさい。

2　「その国の言葉を調べるときには」に続けて「が大切です。」へつながる一文になるように書きなさい。

3　１０字以上、２０字以内で書きなさい。（読点も字数に数えます。）

2 りかさんは、キリンの研究をしている郡司《ぐんじ》さんの本を見つけました。【資料1】はその本の一部です。【資料1】を読んで、あとの問題に答えなさい。

【資料1】

お詫び

著作権上の都合により、文章は掲載しておりません。
ご不便をおかけし、誠に申し訳ございません。

教英出版

お詫び

著作権上の都合により、文章は掲載しておりません。
ご不便をおかけし、誠に申し訳ございません。

教英出版

お詫び

著作権上の都合により、文章は掲載しておりません。
ご不便をおかけし、誠に申し訳ございません。

教英出版

（郡司《ぐんじ》　芽久《めぐ》「キリン解剖記」より。一部省略やふりがなをつけるなどの変更《へんこう》があります。）

※1　シロ……筆者が解剖した2体目のキリン。

※2　ニーナ……筆者が数日前に初めて解剖したキリン。

※3　研究室……東京大学の遠藤秀紀《えんどうひでき》研究室。
遠藤秀紀（一九六五年―）は動物の解剖研究で有名な研究者。

※4　院生……この場合は大学院生の略称《りゃくしょう》。

※5　腱《けん》……筋肉と骨をつないでいる繊維《せんい》状の丈夫《じょうぶ》な組織。

※6　筋膜《きんまく》……筋肉を包む伸縮《しんしゅく》性のある薄《うす》い膜。

※7　埒《らち》があかない……ものごとのきまりがつかなくて、先へすすまない。

※8　科博……国立科学博物館の略称。

※9　心底……心のそこから。

※10　チャールズ・ダーウィン
……一八〇九―八二年。イギリスの博物学者。
「種《しゅ》の起源《きげん》」で進化論を説いた。

※11　走行……筋肉の連なりやその向き。

問題1　「科博の研究員」が――線「筋肉《きんにく》の名前は、とりあえずそんなに気にしなくてもいいんじゃない？」と言ったことをきっかけに、**筆者が気づいたこと**として最も適切なものを、次の1～4から一つ選び、番号を書きなさい。

1　生き物の解剖《かいぼう》では、体の構造を理解することを通して、神経の名前を特定することが重要だということ。

2　科博の研究員にとってキリンは専門外《せんもんがい》の分野であるので、体の構造の観察は重要ではないということ。

3　生き物の体の構造を理解するには、目の前にあるものをありのままに観察することが重要だということ。

4　「名は体を表す」というように、筋肉の名前は体の構造を表していると理解することが重要だということ。

りかさんが見つけた【資料1】を読んだみなみさんは共通する考えがあると思い【資料2】を持ってきました。【資料2】を読んで、あとの問題に答えなさい。

【資料2】

お詫び

著作権上の都合により、文章は掲載しておりません。
ご不便をおかけし、誠に申し訳ございません。

教英出版

(鈴木《すずき》　有紀《ゆき》「教えない授業　美術館発、「正解のない問い」に挑《いど》む力の育て方」より。一部省略やふりがなをつけるなどの変更《へんこう》があります。)

※1 学芸員……博物館資料の収集、保管、展示《てんじ》、調査研究を行う博物館職員。
※2 MoMA……ニューヨーク近代美術館のこと。マンハッタンにある。
※3 エドヴァルド・ムンク
……十九世紀―二十世紀のノルウェー出身の画家。
※4 《叫び》……エドヴァルド・ムンクが制作した油彩《ゆさい》絵画作品。

問題2 【資料1】【資料2】に共通する考えを、次の【条件】【書き方の注意】にしたがって説明しなさい。

【条件】
1 三つの段落《だんらく》で構成し、三百四十字以上四百字以内で書くこと。
2 三つの段落それぞれの内容は次のようにすること。

第一段落	【資料1】【資料2】に共通する考え
第二段落	共通する考えが【資料1】では具体的にどのように述べられているか
第三段落	共通する考えが【資料2】では具体的にどのように述べられているか

【書き方の注意】
1 題名、名前は書かずに一行目、一マス下げたところから、書くこと。
2 段落を作るときは改行し、一マス下げたところから、書くこと。

令和６年度

適性検査Ⅱ

１０：４０～１１：２５

注　意

1　問題は[1]から[4]まであり、この問題冊子《さっし》は１ページから２６ページにわたって印刷してあります。**ページの抜《ぬ》け、白紙、印刷の重なりや不鮮明《ふせんめい》な部分などがないかを確認《かくにん》してください。あった場合は手をあげて監督《かんとく》の先生の指示にしたがってください。**

2　**受検番号**と**氏名**を解答用紙の決められた場所に記入してください。

3　声を出して読んではいけません。

4　計算が必要なときは、この問題用紙の余白を利用してください。

5　問題用紙や解答用紙を切ったり折ったりしてはいけません。

6　答えはすべて解答用紙に記入し、**解答用紙だけを提出してください。**

7　字ははっきりと書き、答えを直すときは、きれいに消してから新しい答えを書いてください。

横浜市立南高等学校附属中学校

1　みなみさんは、歯車を使ったおもちゃについて先生と話しています。次の【会話文１】を読んで、あとの問題に答えなさい。

【会話文１】

みなみさん：幼《おさな》い頃《ころ》に遊んだおもちゃの中に【図１】のようなものを見つけました。

【図１】

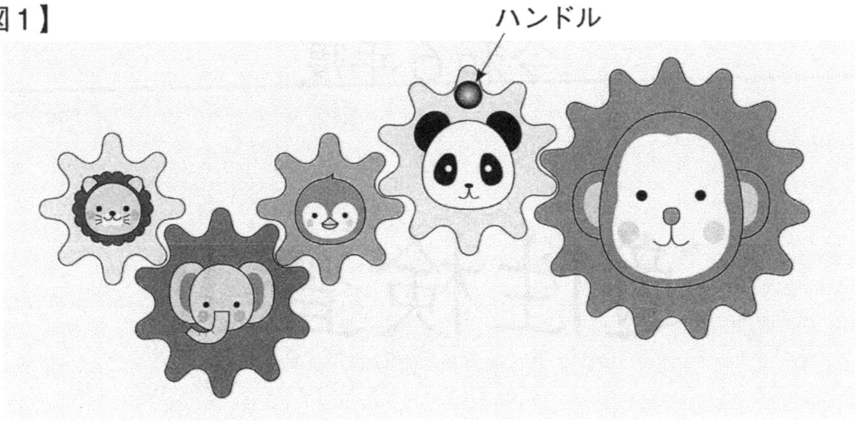

先　　　生：いくつかの歯車がかみ合っていて、ハンドルがついた歯車を回すと、歯車に描《か》いてある動物がぐるぐる回るおもちゃですね。

みなみさん：【図２】のように２つの歯車に注目して、ハンドルがついた歯車を時計回りに少し回してみると、【図３】のように２匹《ひき》の動物の顔の向きが変わってしまいました。【図２】の状態からハンドルを時計回りに回して、再び【図２】の状態に戻《もど》るにはハンドルを何回転すればいいのでしょうか。

【図２】

【図３】

先　　　生：まずは、それぞれの歯車の歯数に注目してみましょう。

みなみさん：ハンドルがついている歯車の歯数が１０個で、ハンドルがついていない歯車の歯数が８個になっています。

先　　　生：ハンドルがついている歯車が1回転するとき、１０個分の歯数が動くことになります。そのとき、２つの歯車はかみ合って動いているので、ハンドルがついていない歯車も１０個分の歯数が動くということになります。

みなみさん：なるほど。【図２】の状態からハンドルを時計回りに回して、再び【図２】の状態に戻るにはハンドルがついている歯車を［　あ　］回転させればいいということですね。

先　　生：よくできました。２つの歯車がかみ合って動くしくみについて理解できましたね。

みなみさん：はい。２つの歯車がかみ合って動くしくみについては理解できたので、【図４】のように、歯数がそれぞれ８個、１０個、１５個の３つの歯車の場合はどうなるのか考えてみようと思います。

【図４】

先　　生：さらに発展的《はってんてき》に考える姿勢《しせい》が素晴らしいですね。３つの歯車の場合がどうなるのか、実際に回してみたらヒントが見つかるかもしれませんよ。

みなみさん：はい。さっきと同じようにハンドルがついた歯車を時計回りに回してみたら・・・。２つの歯車のときと同じように、３つの歯車が動いた歯数は同じになっています。つまり、【図４】の状態からハンドルを時計回りに回して、再び【図４】の状態に戻るには［　い　］個分の歯数が動けばいいということですね。歯車のしくみは、なんだかおもしろいですね。

問題１　下線部について、ハンドルがついた歯車を【図２】の状態から時計回りに１回転したときの図を、次のア～エから１つ選び、記号を書きなさい。

ア

イ

ウ

エ

問題２　［　あ　］、［　い　］にあてはまる最も小さい整数をそれぞれ答えなさい。

みなみさんは、他にも歯車を使った道具を見つけました。次の【会話文２】を読んで、あとの問題に答えなさい。

【会話文２】

みなみさん：他にも歯車を使った道具を見つけましたが、使い方がわかりません。これはどのような道具ですか。

先　　生：この道具は、様々な模様《もよう》を描《か》くことができる道具です。次の【資料１】を見てください。

【資料１】

模様を描くことのできるこの道具は大きく分けると、円形のわくと歯車の２つの道具があります。どちらも等間隔《とうかんかく》で同じ大きさの歯がついており、歯車には穴《あな》があいています。

A：内側に９６個の歯がついたわく

B：６０個の歯がついた歯車

C：４０個の歯がついた歯車

D：３０個の歯がついた歯車

【写真１】

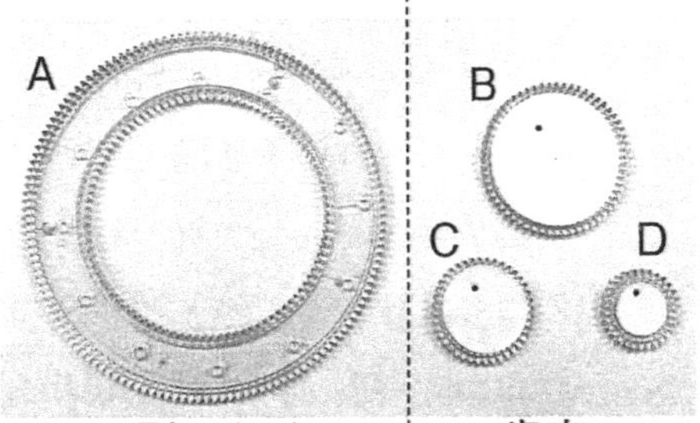

円形のわく　　歯車

【写真２】～【写真５】のように、歯車の穴にボールペンを差《さ》し込《こ》んで、円形のわくの内側と歯車をかみ合わせながら回転させることで模様を描くことができます。このとき、模様のふくらんでいる部分を花びらと呼《よ》ぶことにします。

【写真２】

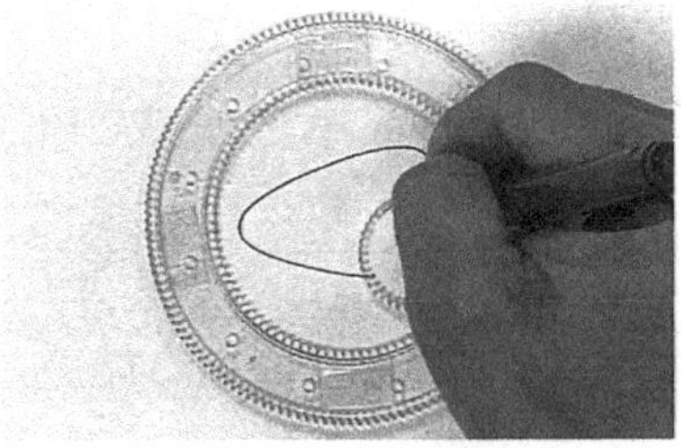

【写真３】

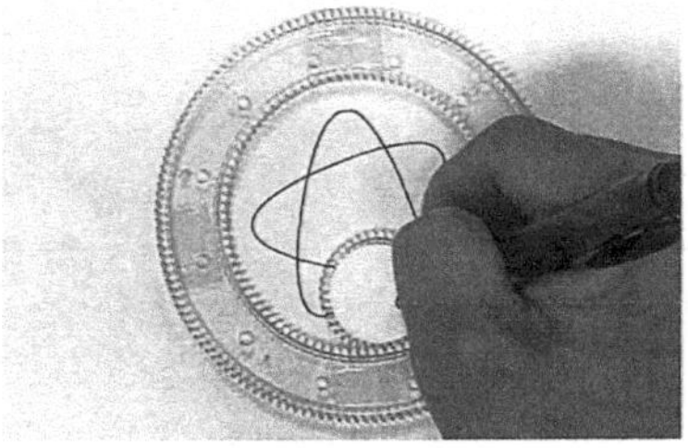

【写真４】

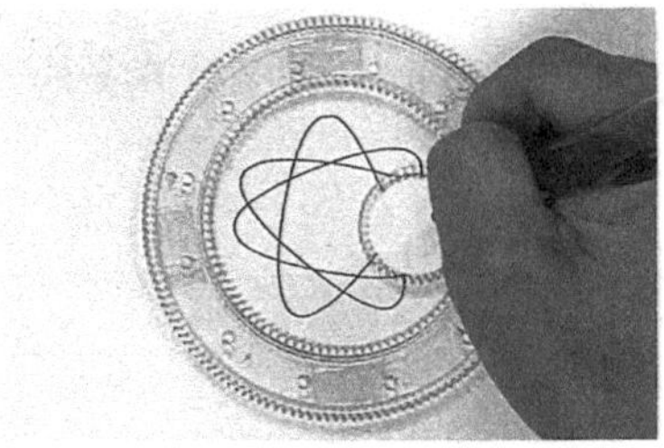

【写真５】

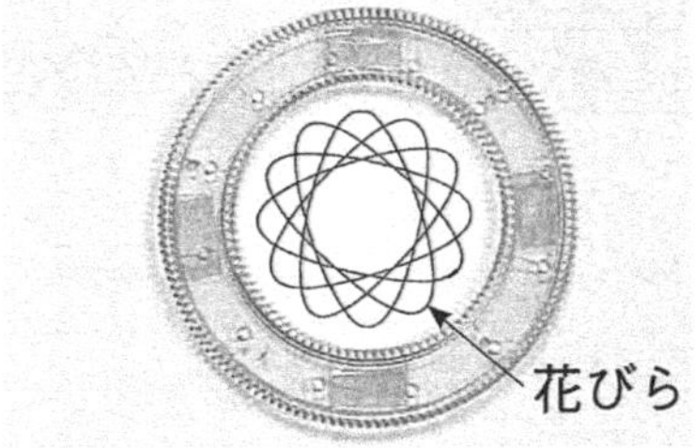

先　　　生：このように、円形のわくと歯車を組み合わせることによって、模様を描くことができます。

みなみさん：歯車を使ったおもちゃと同じように、歯車がかみ合って動くことで、模様を描くことができるのですね。**【写真２】**～**【写真５】**で、模様ができるまでの様子を教えてください。

先　　　生：この模様を描くときは、Ａのわくと Ｃの歯車を使っています。
【写真２】は、模様を右下の辺りから描き始めて、およそ１周したころの様子です。

みなみさん：１周したころには、花びらが２つできていますね。

先　　　生：はい。**【写真２】**の後、そのまま歯車を回転していき、歯車がＡのわくを２周を少し過ぎたころの様子が**【写真３】**です。そのまま続けて描いていった様子が**【写真４】**で、完成した様子が**【写真５】**です。

みなみさん：とてもきれいな花の形になりました。花びらの数を数えてみると、１２になっています。この花びらの数や形は、歯車の歯数を変えてみたら何か変わるのでしょうか。

先　　　生：いい疑問《ぎもん》ですね。歯数のちがう他の２つの歯車でも同じようにして、模様を描くことができるので、ぜひやってみてください。そうしたら、何かきまりが見つかるかもしれませんよ。

みなみさん：はい。どんな模様ができるのか、なんだかワクワクします。

問題３　みなみさんは、次の条件で模様《もよう》を描《か》きました。**条件１**で描いた模様と、**条件２**で描いた模様として最も適切なものを、次の**ア～カ**から１つずつ選び、それぞれ記号を書きなさい。

> **条件１：Ａのわくと Ｂの歯車を使って、模様を描く。**
> **条件２：Ａのわくと Ｄの歯車を使って、模様を描く。**

ア

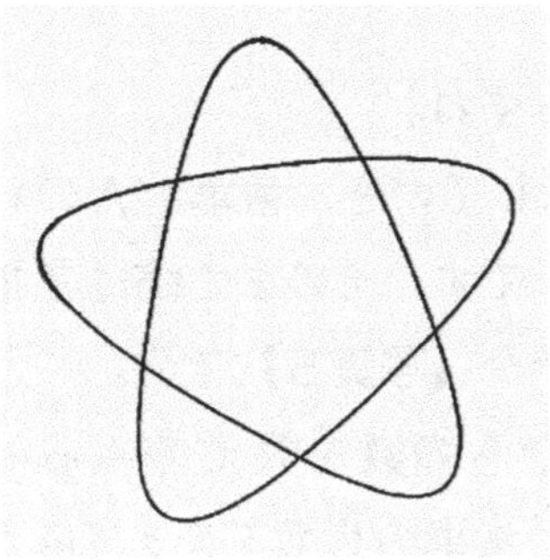

イ

ウ

エ

オ

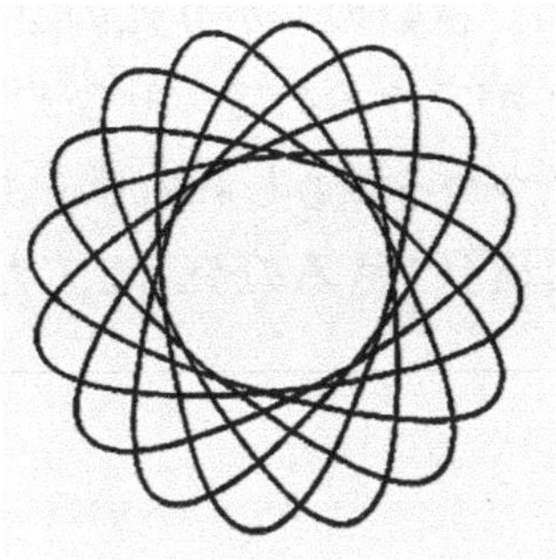

カ

問題４　みなみさんは模様を描いていくうちに、円形のわくと歯車の組み合わせによって花びらの数が変化していることに気づき、花びらの数の求め方を言葉の式で次のように考えました。［　う　］、［　え　］にあてはまる言葉を答えなさい。

ただし、「わくの歯数」と「歯車の歯数」という言葉を使うこと。同じ言葉は何回使ってもよいものとする。

> 花びらの数　＝　［　う　］　÷　［　え　］

2　みなみさんは、ペットボトルのまわりに水滴《すいてき》がつくことについて先生と話しています。次の【会話文1】～【会話文3】を読んで、あとの問題に答えなさい。

【会話文1】

みなみさん：ペットボトルのまわりに水滴がついています。理科で「空気中には、水蒸気《すいじょうき》がふくまれていて、冷やすと水になること」を学習しましたが、水滴ができるしくみについて、もっとくわしく知りたいです。

先　　　生：「もののとけ方」の単元で、水溶液《すいようえき》を冷やして、とけているものをとり出すことを学びましたね。水滴ができるしくみは、それと同じように考えることができます。どのような実験をしたか覚えていますか。

みなみさん：ミョウバンを水にとかす実験をしました。

先　　　生：水の温度を上げたとき、水にとかすことのできるミョウバンの量はどのようになりましたか。

みなみさん：水の温度を上げるにつれて増えていきました。

先　　　生：そうでしたね。その後、水を冷やしていくとどうなりましたか。

みなみさん：とけて見えなくなったミョウバンがつぶになってでてきました。

先　　　生：「水の温度が下がって、ミョウバンがつぶになってでてくること」と「ペットボトルのまわりに水滴がつくこと」は同じような考え方で説明することができるのです。それでは、実験をして考えていきましょう。

〈実験の方法〉

1　気温を測定した後、【図1】のように金属製のコップに※1くみ置きの水を入れる。

2　氷を入れた試験管をコップの中に入れて水の温度を下げ、コップの外側の表面に水滴がつきはじめたときの水の温度を測定する。

【図1】

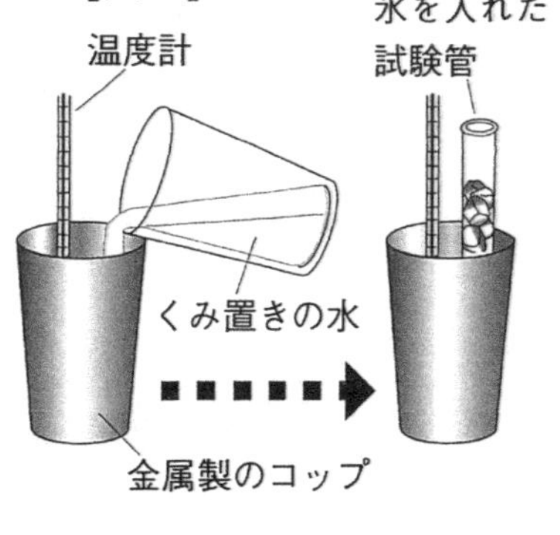

〈実験の結果〉

・気温は２０℃だった。また、水の温度と気温は同じだった。

・水の温度を下げていき、水の温度が１５℃になったときに、コップの外側の表面に水滴がつきはじめた。

※1　くみ置きの水：気温と水の温度を同じにするために、くんでから一定時間放置した水

みなみさん：水の温度が１５℃になったときに、水滴《すいてき》がつきはじめたのはなぜなのでしょう。

先　　　生：ミョウバンは、水の温度を上げるととける量が増えることを学習しましたね。ミョウバンが水にとける量が水の温度によって変わったように、空気中にふくむことのできる水蒸気《すいじょうき》の量も気温によって変わります。【表１】をみてください。

【表１】

気温〔℃〕	空気１m^3中にふくむことのできる水蒸気の最大量〔g〕
０	４.８
５	６.８
１０	９.４
１５	１２.８
２０	１７.３

みなみさん：空気中にふくむことのできる水蒸気の最大量は、気温が上がるにつれて増えています。

先　　　生：ここから、水滴ができるしくみについて考えてみましょう。

問題１　**【会話文１】**をもとに「ペットボトルのまわりに水滴がつく理由」や「冬に吐《は》く息が白くなる理由」などについて、次のようにまとめました。①～③にあてはまる言葉を、次の**ア**、**イ**から１つずつ選び、それぞれ記号を書きなさい。

「ペットボトルのまわりに水滴がつく理由」は、ペットボトルの中の冷たい液体によって、ペットボトルのまわりの空気が（　①　）、ペットボトルのまわりの空気にふくむことのできる水蒸気の量が（　②　）ためである。また、「冬に吐く息が白くなる理由」は、息にふくまれていた水蒸気が、まわりの（　③　）空気に触《ふ》れて水滴となったためである。

①　**ア**　あたためられて　　**イ**　冷やされて

②　**ア**　減った　　**イ**　増えた

③　**ア**　あたたかい　　**イ**　冷たい

【会話文２】

みなみさん：ペットボトルのまわりに水滴がつく理由がわかりました。空気中には、たくさんの水が水蒸気としてふくまれているのですね。今、この教室の空気にはどれくらいの水が水蒸気としてふくまれているのでしょうか。

先　　生：【図２】をみてください。これはデジタル温《おん》湿《しつ》度《ど》計《けい》というものです。これには、気温と湿度が表示されています。湿度とは、空気中にふくまれている水蒸気の割合《わりあい》です。

みなみさん：「２０℃、６５％」と表示されています。気温が２０℃で、湿度が６５％ということですね。

【図２】

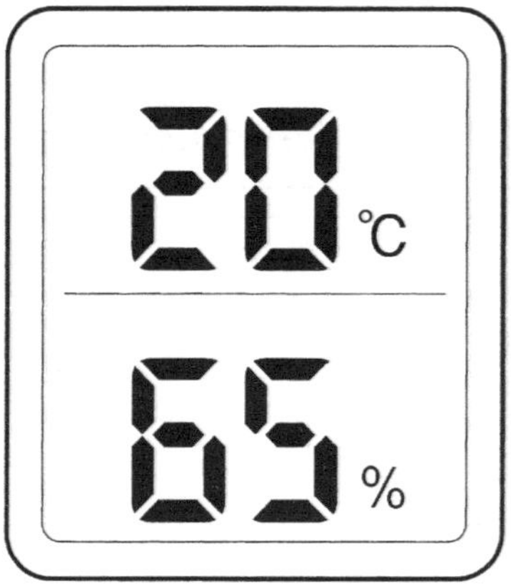

先　　生：その通りです。【表１】をみてください。２０℃のときは、空気１m^3中にふくむことのできる水蒸気の最大量は１７.３ｇとなっています。

みなみさん：気温が２０℃で、体積が1m^3の空気は最大で１７.３ｇの水蒸気をふくむことができるのですね。ちなみに、この教室の体積はどれくらいでしょうか。

先　　生：１７０m^3として考えてみましょう。

みなみさん：この教室の気温は２０℃で、体積は１７０m^3なので、最大で［あ］ｇの水蒸気をふくむことができるのですね。

先　　生：その通りです。ちなみに、みなみさんが今もとめたものは、湿度が１００％であったときの水蒸気の量です。今、この教室の湿度は６５％です。

みなみさん：ということは、今、この教室の空気中にふくまれている水蒸気の量は［い］ｇとなりますね。気温と湿度から、教室の空気中にふくまれている水蒸気の量をもとめることができました。

問題２　［あ］、［い］にあてはまる数をそれぞれ答えなさい。［い］については、小数第一位を四捨五入して、整数で答えなさい。

【会話文３】

みなみさん：ペットボトルのまわりにつく水滴《すいてき》と、冬に室内の壁《かべ》につく水滴は同じものなのですか。

先　　　生：その通りです。空気中の水蒸気《すいじょうき》が冷やされて水滴がつくことを結露《けつろ》といいます。冬に室内の壁にできる結露は、あたたかい空気が冷えた室内の壁にふれて起こります。結露を防ぐ対策《たいさく》の１つとして、断熱材を使用して、室外の気温を室内に伝わりにくくする工夫が考えられます。

みなみさん：もう少し断熱材のことをくわしく知りたいです。

先　　　生：次の**【資料１】**をみてください。

【資料１】断熱材の特徴《とくちょう》について

断熱材	熱伝導率	主な特徴
Ａ：グラスウール	０.０３８	・原料は、石灰石《せっかいせき》などである。 ・価格が安く、日本で最も多く使われている断熱材である。
Ｂ：フェノールフォーム	０.０１９	・原料は、プラスチックの一種であるフェノール樹脂《じゅし》などである。 ・燃えにくい。
Ｃ：ビーズ法ポリスチレンフォーム	０.０３４	・原料は、プラスチックの一種であるポリスチレン樹脂などである。 ・※2耐水性《たいすいせい》があり、軽くて※3緩衝性《かんしょうせい》も高い。
Ｄ：セルロースファイバー	０.０３９	・原料は、新聞古紙などである。 ・防音性が高い。

・熱伝導率は、熱の伝わりやすさを表す数値《すうち》である。
・断熱材がもつ性質を断熱性という。
・断熱材の断熱性は「熱伝導率」と断熱材の「厚さ」で決まる。
　同じ「厚さ」であれば、「熱伝導率」が小さいほど、断熱性が高くなる。
　同じ「熱伝導率」であれば、厚みがあるほど、断熱性が高くなる。
　したがって「厚さ÷熱伝導率」の値《あたい》によって、断熱性の高さを表すことができる。

※２　耐水性：水にぬれても水分がしみ通らないなど、水に強い性質。
※３　緩衝性：物の間で起こる衝突《しょうとつ》や衝撃《しょうげき》をやわらげる性質。

（西方里見《にしかたさとみ》「最高の断熱・エコハウスをつくる方法」をもとに作成）

みなみさん：断熱材のちがいによって、熱の伝わりやすさが異《こと》なり、特徴が色々あるのですね。断熱材の利用以外にも、結露を防ぐために、私《わたし》たちが生活の中でできることはありますか。

先　　生：特に効果があるのは、換気《かんき》を十分にすることです。お風呂場《ふろば》やキッチンなどは、使用する際に多くの水蒸気を発生させるので、換気扇《せん》を回すなど、水蒸気を外へ逃《に》がすことにより、結露を防ぐことができます。

問題３　【会話文３】と【資料１】からいえることとして適切なものを、次のア～エからすべて選び、記号を書きなさい。

ア　断熱材は、室外の気温を室内に伝わりにくくするためのものである。

イ　結露を防ぐためには、換気を十分にして、室内の水蒸気の量を増やしていくことが大切である。

ウ　フェノールフォームとセルロースファイバーでは、同じ厚さであった場合には、セルロースファイバーの方が断熱性は高くなる。

エ　ビーズ法ポリスチレンフォームは、水に強い性質がある。

問題４　【資料１】の断熱材Ａ～Ｄの厚さが、Ａが０．０５ｍ、Ｂが０．０１５ｍ、Ｃが０．０２５ｍ、Ｄが０．１ｍであったとき、断熱材Ａ～Ｄの断熱性の高さはどのようになりますか。断熱性が高い順番に、Ａ～Ｄを並《なら》びかえてその順番を答えなさい。

このページには問題は印刷されていません。

3　みなみさんは、身の回りで使われている数について興味をもち、そのしくみについて調べています。次の【会話文1】を読み、あとの問題に答えなさい。

【会話文１】

みなみさん：図書館である本を読んでいて、身の回りで使われている数が十進位《じっしんくらい》取《ど》り記数法《きすうほう》（以下、「十進法《じっしんほう》」という）という考え方で表された数であることを知り、もっとくわしく調べたいと思いました。

先　　　生：おもしろいことに気づきましたね。たしかに私《わたし》たちの身の回りで使われている数の多くは、十進法という考えを使って表された１０進数です。

みなみさん：もう少ししくみについて知りたいです。

先　　　生：はい。では、十進法の考え方、しくみについて説明します。次の【資料1】を見てください。

【資料１】

十進法とは、「０，１，２，３，４，５，６，７，８，９，１０，…」と数えていく考え方です。「０，１，２，３，４，５，６，７，８，９」までの１０種類の数字を使い、それらを組み合わせて数を表現します。

一の位の数は、０，１，２，３，４，５，６，７，８，９で表され、９の次の数は１０と表されています。一の位だけでは表すことができず、十の位を使って表しているということです。さらに大きな数でも、同じしくみで表されています。

【図１】のように、９９の次の数は１００で、位が１つ上がります。

【図１】

9	9	次	1	0	0
十の位	一の位	➡	百の位	十の位	一の位

十進法で表された９９は、一の位の数が1大きくなると、百の位の数を1にして、１００とします。このように、十進法で表された数を、「１０進数」といいます。

また、１０進数は次のように表すこともできます。

例　　１２３＝１００×１＋１０×２＋１×３

みなみさん：十進法について、よくわかりました。

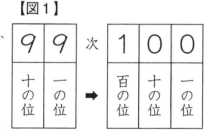

問題１　十進法《じっしんほう》の考え方、しくみとして正しいものを、次の**ア～エ**から**すべて**選び、記号を書きなさい。

ア　９９９の次の数は、１つ上の位の数を１にして、他の位の数を０にする。

イ　最初の数は０であり、１００番目の数は１００である。

ウ　一番大きな位の数が9より大きくなったら、位が１つ上がる。例えば、１２３の場合は、一番大きな位の数が9より大きくなったら、位が１つ上がり、１０２３になる。

エ　一の位、十の位、百の位、…のように、位が１つ上がるごとに１つ上の位は１０倍になっている。

問題6

その国の言葉を調べるときには

									10
									20

が大切です。

※	※
※ 4	
6 点	

受検番号	氏　　名

※
40点

横浜市立南高等学校附属中学校

400

340

※5

50点

※4

※3

①

②

③

3

問題1		※ 3点

問題2		※ 4点

問題3	（　　　，　　　，　　　）	※ 5点

問題4	（1）	あ		い	
		う			
	（2）	え			

※ 18点

4

問題1	あ		い		※ 4点

問題2		※ 5点

問題3		※ 5点

問題4		※ 6点

受検番号	氏　　名

※100点満点

横浜市立南高等学校附属中学校

適性検査Ⅱ　解答用紙

※には何も記入しないこと

1

問題1					※ 3点
問題2	あ		い		※ 8点
問題3	条件1		条件2		※ 10点
問題4	う				
	え				※ 7点

2

問題1	①		②		③		※ 5点
問題2	あ		い				※ 6点
問題3							※ 5点
問題4	高い	→　→　→	低い				※ 6点

適性検査Ⅰ　解答用紙

受検番号

氏　　名

※には何も記入しないこと。

※

60点

2

問題1

※1

10点

問題2

※2

①

②

③

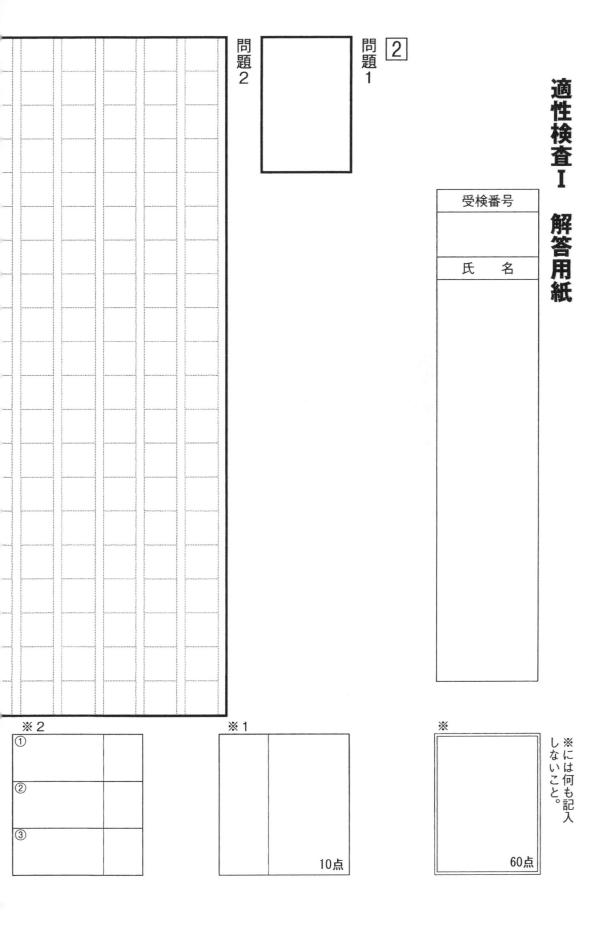

適性検査Ⅰ　解答用紙

※100点満点

1

※には何も記入しないこと。

問題1

問題2

※1
12点

問題3	
672年	1868年

※2
10点

問題4

問題5

※3

みなみさんは、コンピュータに表示される色について興味をもち、そのしくみについて調べています。次の**【会話文２】**を読み、あとの問題に答えなさい。

【会話文２】

みなみさん：身の回りで十進法を使って表されている数について調べていると、コンピュータに表示される色に利用されていることがわかりました。その色をデジタル色といい、※光の三原色である赤（R）、緑（G）、青（B）を、それぞれ数値《すうち》として組み合わせたＲＧＢ値《ち》という値《あたい》によって決まることがわかりました。どのようなしくみになっているのでしょうか。

先　　　生：コンピュータの画面上で色を選択《せんたく》するとき、次の**【図２】**のような表示を見たことはありますか。ＲＧＢ値は、**【図２】**のアのように０～２５５までの２５６段階《だんかい》でそれぞれ表されるのです。右側の代表的な色のＲＧＢ値を見てみましょう。

※光の三原色：赤、緑、青の光を適当な強さで混合すると、あらゆる光の色をつくりだすことができるので、この３色を光の三原色という。

【資料２】

【図２】

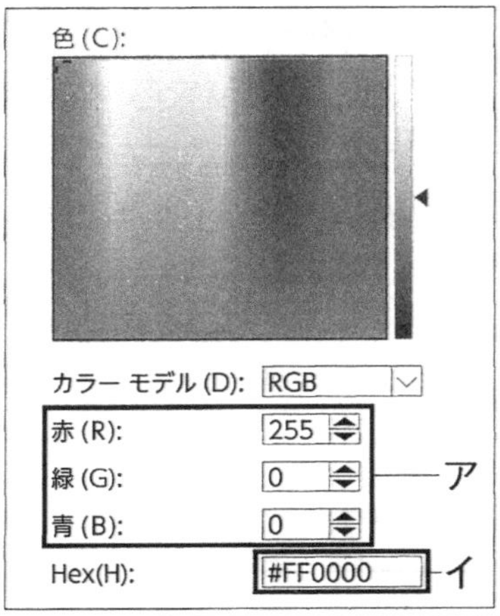

■代表的な色のＲＧＢ値

黒のRGB値	(0,	0,	0)
赤のRGB値	(255,	0,	0)
緑のRGB値	(0,	255,	0)
青のRGB値	(0,	0,	255)
黄のRGB値	(255,	255,	0)
白のRGB値	(255,	255,	255)

Ｒは、Ｒｅｄ（赤）
Ｇは、Ｇｒｅｅｎ（緑）
Ｂは、Ｂｌｕｅ（青）の頭文字

先　　　生：黒のＲＧＢ値は（０，０，０）です。そして、赤（R）、緑（G）、青（B）の値をそれぞれ大きくしていくと、他の色を表すことができるのです。赤（R）、緑（G）、青（B）の値をそれぞれ最大の値である255にした（255，255，255）が白のＲＧＢ値を表しています。

みなみさん：赤（R）、緑（G）、青（B）の値を0から大きくしていくと、他の色に変化していくのですね。では、**【図２】**のイの＃ＦＦ００００は、何を表しているのですか。

先　　　生：デジタル色はＲＧＢ値《ち》だけではなく、十六進法《じゅうろくしんほう》の考えを使って表すことができます。【図２】のイは、ＲＧＢ値（255，０，０）の各値を、十六進法の考えを使って変換《へんかん》したものです。十六進法で表された数を、１６進数といいます。【表１】は、１０進数と１６進数を対応させたものです。

【表１】

10進数	0	1	2	3	4	5	6	7	8	9	10	11	12	13	14	15	16	17	…
16進数	0	1	2	3	4	5	6	7	8	9	A	B	C	D	E	F	10	11	…

みなみさん：【表1】を見ると10進数の10は、１６進数ではAになっています。また、１６進数の１０は、位が１つ上がってＦから１０になっています。１６進数では、位の数がＦより大きくなると、位が１つ上がるので、１０と表されるのですね。

先　　　生：はい。１６進数の１０の１は、十六の位の数が１であることを表しています。このように、１６進数を使ってデジタル色を表します。

みなみさん：だんだんとわかってきました。次に、１６進数から１０進数への変換について考えたいです。例えば、１６進数で表された５４は、１０進数に変換すると、１６×５＋１×４＝８４となり、１０進数では８４を表しているということですか。

先　　　生：その通りです。しくみがわかってきましたね。ＲＧＢ値を１６進数に変換したものは、下のようにつなげて計6桁《けた》で表され、これをカラーコードといいます。また、カラーコードであることを示すために、先頭に記号＃を用います。では、カラーコード＃6Ｃ２７３５ を例にして、確認《かくにん》してみましょう。赤（R）の値《あたい》を表す６Ｃは、一の位の数がＣ、十六の位の数が6になります。

カラーコード

＃ ６Ｃ ２７ ３５

赤(R)　緑(G)　青(B)

みなみさん：０からＦまでを使ってカラーコードを表すことで、０から２５５の数を使ったＲＧＢ値よりデジタル色の表し方が簡潔《かんけつ》になりました。１６進数のしくみがよくわかりました。ここでは出てきませんでしたが、十六の位の１つ上の位は、［　★　］の位ということでしょうか。

先　　　生：その通りです。では、１６進数で表された ＃6Ｃ２７３５ を、１０進数で表されるＲＧＢ値に変換してみましょう。

問題２　|　★　|にあてはまる数を漢数字で答えなさい。

問題３　カラーコード＃６Ｃ２７３５をＲＧＢ値（　，　，　）で表しなさい。

　みなみさんは、色どうしの関係について興味を持ち、その求め方について調べています。次の**【会話文３】**を読み、あとの問題に答えなさい。

【会話文３】

みなみさん：夜空に浮《う》かぶ月は、どうしてあんなにきれいに見えるのか気になり調べてみたところ、先ほどの本に色には補色《ほしょく》という効果があることが書かれていました。もっとくわしく知りたいです。

先　　　生：いい疑問《ぎもん》ですね。ロマンがあって素敵です。補色とは、互《たが》いの色を引き立てたり色の特色を高めたりする色のことです。例えば、赤い肉の横に緑の野菜を添《そ》えると、よりお肉の赤色が際立ちますよね。

みなみさん：なるほど。補色は身の回りで効果的に利用されているのですね。デジタル色のＲＧＢ値《ち》を使って、補色のＲＧＢ値を求めることはできないのでしょうか。

先　　　生：よく気がつきましたね。実はＲＧＢ値を使って、その色の補色のＲＧＢ値を求めることができます。補色のＲＧＢ値の求め方は、次のようになります。

【補色のＲＧＢ値の求め方】

　ＲＧＢ値のうち、最大値と最小値の和を合計値とする。その合計値から、それぞれのＲＧＢ値を引いて出た値《あたい》が補色のＲＧＢ値となる。

例　ＲＧＢ値（２５５，２１６，３１）の補色のＲＧＢ値を求めるとき、
最大値は２５５、最小値は３１、合計値は２５５＋３１＝２８６

（Ｒ，Ｇ，Ｂ）＝（２８６−２５５，２８６−２１６，２８６−３１）
＝（３１，７０，２５５）

よって、補色のＲＧＢ値は、（３１，７０，２５５）となる。

みなみさん：なるほど。補色のＲＧＢ値（３１，７０，２５５）を見てみると青（Ｂ）の値が他の値に比べて大きいので、どんな色なのかイメージもできそうです。デジタル色に隠《かく》された秘密《ひみつ》を知ることができた気がします。白には２００色を超《こ》えるバリエーションがあると聞きますし、色って本当に奥《おく》が深いと思いました。１０進数で表されたＲＧＢ値を使わずに、１６進数で表されたカラーコードを使って補色のカラーコードを求めることもできそうですね。

問題４　下線部のように、**みなみさん**は、＃Ａ５８９Ｃ７ の補色のカラーコードを、１６進数を使って次のように求めました。次の（**1**）、（**2**）に答えなさい。

> ＃Ａ５８９Ｃ７の補色のカラーコードを、１６進数を使って求めます。
>
> 最大値は[　あ　]、最小値は[　い　]だから、合計値は[　う　]
>
> 補色のカラーコードは、
>
> 　赤（R）の値は、[　う　]－Ａ５
>
> 　緑（G）の値は、[　う　]－８９
>
> 　青（B）の値は、[　う　]－Ｃ７　　で求めることができます。
>
> よって、補色のカラーコードは、＃[　え　]になります。

（1）[　あ　]、[　い　]、[　う　]にあてはまる値を、１６進数でそれぞれ答えなさい。

（2）[　え　]にあてはまるカラーコードを答えなさい。

4　みなみさんは、夏休みの自由研究のテーマを決めるために様々な資料を読みました。次の【資料1】は、みなみさんが自由研究のテーマを発見するきっかけとなったものです。【資料1】を読んで、あとの問題に答えなさい。

【資料1】

≪乗りものの歴史≫

紀元前３０００年ごろから人は馬に乗り始めた。人力から動物へ。人が歩いて移動する速さをはるかにこえる馬に乗ることで、より速く、より遠くへ移動することができるようになった。時代が進むと道を整備して、馬やロバなどが引く車輪付き車などを使うようになった。

さらに人の移動を便利にしたのは１８００年代に発明された「蒸気《じょうき》機関」である。水を温めて発生させた水蒸気《すいじょうき》によって動く蒸気機関車は、登場した１８００年代始めごろは速さこそ時速１３ｋｍ程度だったが、多くの荷物や人を運ぶことができた。①ガソリンエンジンで走る車がうまれたのは１８００年代後半だ。

こうして、「乗りもの」は多くの人々が自由に移動できる社会をつくったが、同時に、環境《かんきょう》問題や②エネルギー問題、安全性の問題など社会問題ももたらした。

≪これからの自動車の開発≫

現在、ガソリンなどの燃料にたよらない自動車の開発が進んでいる。代表的なものが電気自動車と水素自動車である。

一言で電気自動車、水素自動車といっても、車を動かす力を発生させる方法にはさまざまなものがある。

水素自動車は、水素をタンクにためておき、③空気中からとりこんだ酸素とタンクの中の水素がむすびつくときに発生する電気でモーターを回転させ、自動車を動かしている【図１】。

【図１】

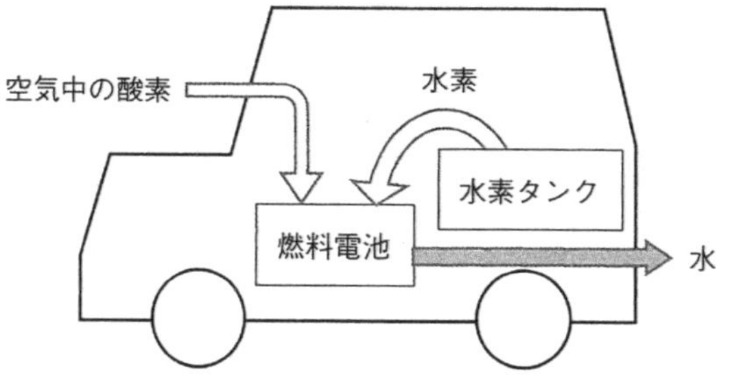

（科学技術振興機構「サイエンスポータル」をもとに作成）

問題１　①＿＿＿＿について、ガソリンなどの燃料を燃やしたときに、地球温暖化《おんだんか》の原因の１つとされる二酸化炭素が発生します。二酸化炭素が存在《そんざい》するかどうかを確かめるための実験方法とその結果を述べた次の文の［　あ　］、［　い　］にあてはまる言葉を答えなさい。

> 燃料を燃やしたときに発生した気体が入った試験管に［　あ　］を入れてふると、［　あ　］が［　い　］。このことから二酸化炭素が存在することがわかる。

問題２　②＿＿＿＿について、次のグラフは２０１０年度、２０２１年度の１年間の日本の発電量について発電方法ごとの割合《わりあい》を示したものです。

　このグラフについて述べた文章として適切なものを、次の**ア**～**エ**から１つ選び、記号を書きなさい。

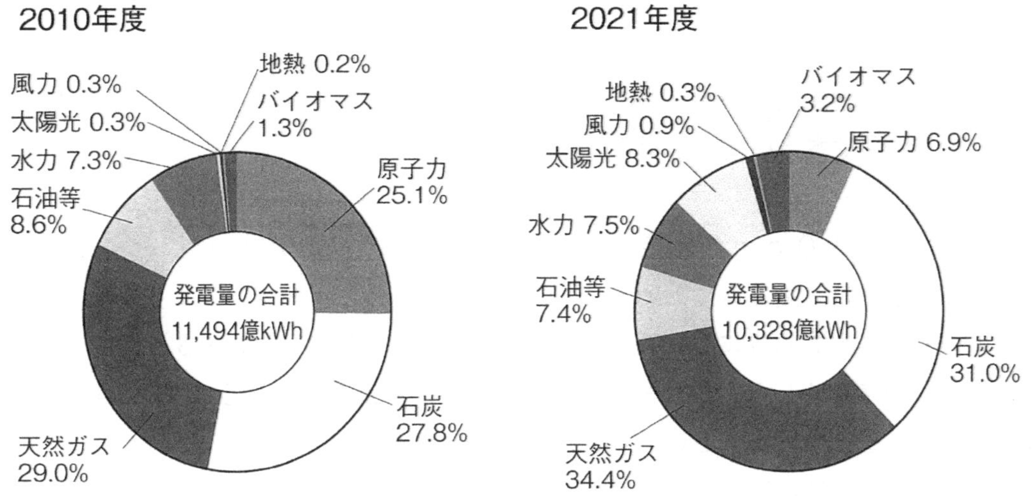

（経済《けいざい》産業省　資源《しげん》エネルギー庁《ちょう》のデータをもとに作成）

ア　２０２１年度には、２０１０年度よりも発電量の合計が増えている。

イ　２０２１年度の水力発電による発電量は、２０１０年度の水力発電による発電量よりも大きい。

ウ　２０２１年度は、「石炭」、「天然ガス」、「石油等」による発電以外の発電方法の割合が全体の４分の１をこえている。

エ　２０２１年度の太陽光、風力、地熱、バイオマスによる発電量の合計は１０００億kWhより少ない。

みなみさんは、③空気中からとりこんだ酸素とタンクの中の水素がむすびつくときに発生する電気に注目し、「様々な装置《そうち》で電流を発生させ、より大きな電流を流せるようにする方法を考える」ことを自由研究のテーマにしました。次の**【レポート1】**は、みなみさんが自由研究についてまとめたものです。あとの問題に答えなさい。

【レポート1】

研究テーマ　様々な装置で電流を発生させ、より大きな電流を流せるようにする方法を考える。

研究の動機　水素自動車が走るしくみについて調べ、電流を発生させる方法にはどのようなものがあるのか気になったから。

研究の方法　電流を発生させる様々な装置をつくり、電流が大きくなる条件を調べる。

実験1　木炭と食塩水とアルミホイルを使った装置で電流が発生することを確かめる。

目的　以前読んだ、科学の本にのっていた、木炭と食塩水とアルミホイルを使った装置で本当に電流が発生するかを確かめる。

方法

(1) 長さ１０ｃｍの木炭に、幅《はば》を８ｃｍに切ったティッシュペーパーをまいて、輪ゴムでとめる。

(2) 食塩水を木炭にまいたティッシュペーパーにしみこませる。

(3) 食塩水をしみこませたティッシュペーパーの上から、幅６ｃｍのアルミホイルをまきつける。このとき、アルミホイルが木炭に直接ふれないようにする。

(4) (3)で完成した装置を**【図2】**のように３つならべて、木炭とアルミホイルを導線でつなぎ、プロペラ付きモーターをつなぐ。

【図2】

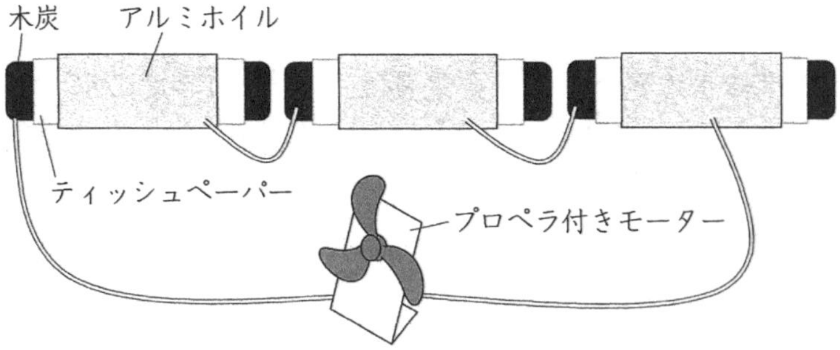

結果　プロペラが回った。

考察　木炭と食塩水とアルミホイルで電流が発生することがわかった。

実験１の結果をもとに、実験１でつくった装置で発生する電流を大きくする条件を調べるため、次の実験２を行った。

実験２　アルミホイルの幅を変えて、発生する電流の大きさを調べる。

仮説　［　　　　　　　　　　］

方法

（1）　幅が２ｃｍ、４ｃｍ、６ｃｍのアルミホイルを用意する。

（2）　(1)のアルミホイルをそれぞれ使って装置をつくる。

（3）　電流計を使って、発生する電流の大きさを計測する。

結果　次の【表１】のようになった。

【表１】

アルミホイルの幅（ｃｍ）	２	４	６
流れた電流の大きさ(ｍＡ)	７０２	７０１	７０３

考察　アルミホイルの幅が大きくなっても、電流の大きさはほぼ変化していないことから、アルミホイルの大きさと発生する電流の大きさには関係がないことがわかった。

問題３　実験２の［　　　　　　　］にあてはまる仮説として適切なものを、次の**ア**～**エ**から１つ選び、記号を書きなさい。

ア　ティッシュペーパーと接するアルミホイルの面積が大きいほど、発生する電流は大きくなるのではないか。

イ　木炭とティッシュペーパーとアルミホイルでつくった装置の数が多いほど、発生する電流は大きくなるのではないか。

ウ　ティッシュペーパーと接するアルミホイルの枚数《まいすう》が多いほど、発生する電流は大きくなるのではないか。

エ　アルミホイルを木炭にまく回数が多いほど、発生する電流は大きくなるのではないか。

みなみさんは、木炭と食塩水とアルミホイルを使った装置《そうち》の実験を生かして、燃料電池についても研究をすることにしました。次の【レポート2】は、燃料電池についての研究を記録したものです。あとの問題に答えなさい。

【レポート2】

実験3　燃料電池で電流を発生させる。

目的　燃料電池のしくみを簡単《かんたん》な装置を使って確かめる。

方法

（1）【図3】のような装置をつくる。

（2）手回し発電機のハンドルを回して、水に電流を流す。

（3）手回し発電機を素早くプロペラ付きモーターにつけかえる。

【図3】

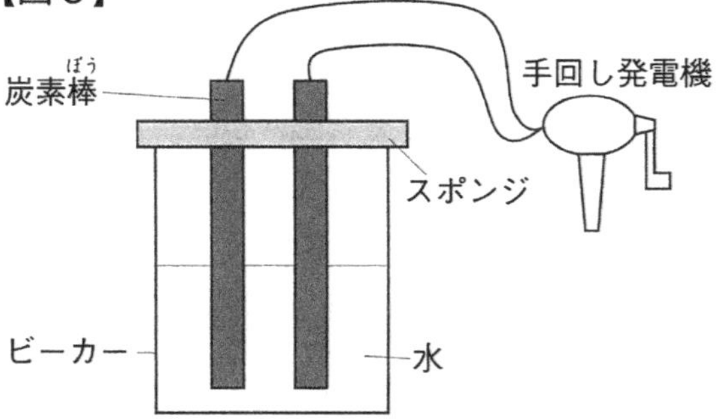

結果　（2）では、炭素棒のまわりから泡《あわ》が発生し、（3）ではプロペラが回った。

考察　水に電流を流すことによって気体が発生し、電流を発生させる装置になることがわかった。

実験4　ビーカーに入れた水の量を変化させて、発生する電流の大きさを調べる。

仮説　ビーカーに入れる水が多いほど、発生する電流が大きくなるのではないか。

方法

（1）実験3の【図3】のような装置をつくる。

（2）手回し発電機のハンドルを回して、水に電流を流す。

（3）手回し発電機を素早くプロペラ付きモーターにつけかえ、電流計も同時につなぎ、電流の大きさをはかる。

（4）水かさが１ｃｍ高くなるようにビーカーに入れる水を増やして（１）～（３）の操作《そうさ》をくりかえす。

（5）水かさが元の状態から３ｃｍ高くなるまで実験をくりかえし行う。

結果　次の【表2】のようになった。

【表2】

水かさの変化量(cm)	0	1	2	3
流れた電流の大きさ(mA)	50	55	60	65

考察　水かさが高いほど、発生する電流が大きくなったことから、燃料電池が発生させる電流は、水の量が多いほど大きくなることがわかった。

問題4　次の**【会話文1】**は、実験4の実験方法について**先生**と**みなみさん**が会話した内容です。[　う　]にあてはまるものとして、適切な言葉を答えなさい。

【会話文1】

先　　生：実験4の方法について、もう少しくわしく教えてほしいのですが、炭素棒はスポンジで固定して動かさずに、水かさだけを変化させて、水の量と発生する電流の大きさの関係を調べたのでしょうか。

みなみさん：はい、そうです。

先　　生：水かさが増えることによって変化したのは、水の量だけですか。

みなみさん：水の量だけでなく[　う　]も増えています。

先　　生：そうですね。[　う　]は変えずに、水の量だけを変える方法を考えてもう一度実験をしてみましょう。

このページには問題は印刷されていません。

このページには問題は印刷されていません。

令和五年度

適性検査Ⅰ

9：00
～
9：45

［注意］

1　この問題冊子《さっし》は一ページから十四ページにわたって印刷してあります。**ページの抜《ぬ》け、白紙、印刷の重なりや不鮮明《ふせんめい》な部分などがないかを確認《かくにん》してください。あった場合は手をあげて監督《かんとく》の先生の指示にしたがってください。**

2　解答用紙は二枚《まい》あります。**受検番号と氏名**をそれぞれの決められた場所に記入してください。

3　声を出して読んではいけません。

4　答えはすべて解答用紙に記入し、**解答用紙を二枚とも提出してください。**

5　解答用紙のマス目は、**句読点などもそれぞれ一字と数え、一マスに一字ずつ書いてください。**

6　字ははっきりと書き、答えを直すときは、きれいに消してから新しい答えを書いてください。

7　文章で答えるときは、漢字を適切に使い、丁寧《ていねい》に書いてください。

＃教英出版　注
編集の都合上、解答用紙は表裏一体となっております。

横浜市立南高等学校附属中学校

1 【資料1】は、みなみさんが図書館で見つけた本の一部分です。【資料1】を読んで、あとの問題に答えなさい。

【資料1】

都市がどういうものかをごく図式的に書いてみますと、大陸はどこでも同じですが、四角の中に人が住むところです。日本ですとご存《ぞん》じのように最も古い形で都市ができてくるのは吉野ヶ里《よしのがり》のような堀《ほり》で囲まれた空間ですが、それがきちんと成立いたしますのは平城京、平安京です。日本は不思議なことに城郭《じょうかく》※1を置いていませんが、大陸諸国《しょこく》では必ず周辺を城郭で囲う。その内部が都市です。

ヨーロッパの中世ですと、典型的な城郭都市になりまして、現在でもこれはたくさん残っています。ヨーロッパへ行かれますと、こういう町を訪問《ほうもん》される方が非常に多い。そこへ行かれた方が、非常に古い、中世にできた町であるのに、道路が全部舗装《ほそう》してあると言って感心しておられる。コンクリートで舗装しているわけじゃないんで、敷石《しきいし》です。これはじつは都市のルールであると私《わたし》は考えています。一体どういうルールかというと、都市という四角の中には自然のものは置かないというルールです。自然はいわば排除《はいじょ》※2されます。たとえ木が植わっていてもそれは人が植えたものである、そこにしつらえて置いたものです。都市という空間をそういうふうに考えますと非常によく理解できるような気がします。

日本の場合には城郭を置きませんので、はっきりわからないんですが、近代日本の場合はおそらくこの島全体を都市と見なすような傾向《けいこう》になってきたんじゃないかという気がいたします。それを中央集権化《しゅうけんか》とか、近代化とか、さまざまに表現をいたしますが、要するにこういった四角で囲まれた空間の中に人が住むようになる。

この中では自然が排除されると申し上げたわけですが、それじゃあ代わりに何があるかというと、この中に置かれるものは基本的に人工物です。人工物とは何かといえば、それは私どもが考えたもの、意識的に、あるいは意図的に置いたものである。そういう世界です。ですから、都市化が進行すると何が起こるかというのは、そういう原理で比較的簡単《ひかくてきかんたん》に読めるわけでして、意識されないものはそこには置いてはいけないということです。

それを端的《たんてき》※3に示していますのが現在私どものいますこの空間です。横浜《よこはま》も大きな都市でして、そしてこの空間がそうである。この建物がそうでして、ここは人が完全に意識的につくり上げたものです。本来こんな空間はなかったわけで、設計してつくられたものですから、もともとの段階《だんかい》では設計者の頭の中にあって、設計図としてそれが表現されます。

その設計図に従《したが》ってつくられたものですから、皆《みな》さん方がお座《すわ》りの場所は、じつは建築家《けんちくか》と※4内装《ないそう》をやった方の脳《のう》の中、頭の中です。頭の中ですから、そこではすべてが意識化されていますので、一般《いっぱん》に※5予期せざる出来事は起こらないことになっています。

そういうことが起これば、それは※6不祥事《ふしょうじ》と見なされます。先日、私は九州にまいりまして、こういうホールでお話をしていましたら、足元をゴキブリがはっていました。これは典型的な不祥事です。つまりゴキブリはこういう空間には出てきてはいけないのであって、なぜいけないかというとそれは自然のものだからです。

つまり設計者、内装者はそこにゴキブリが出てくるということを全然計算に入れていません。したがってそれはあってはならないものです。ですから、そういうものが出てきますと大の男が目をつり上げて追いかけていって踏《ふ》みつぶしていますが、それはこういった自然の排除という原則がいかに強く都市空間では※7貫徹《かんてつ》されているかということを示すように私には見えるわけです。

こうやってつくり出された人工空間は世界中どこでもまったく同じ性質を持っています。そういったものを城壁《じょうへき》で囲うというのは案外利口な知恵《ちえ》でして、この中だけだよ、という約束事が成り立ちます。ですから、ちょっとでもここから外へ出れば、再び自然の※8浸透《しんとう》が始まる。そしてそこから離《はな》れるほど自然が強くなってくる。

つまりこの中はすべてが人の意識でコントロールしうるという世界ですが、この外に行きますと次第《しだい》に意識でコントロールできない部分がふえてまいりまして、最終的には完全に我々《われわれ》がコントロールできない世界、すなわち自然がそこに出現してまいります。

（養老《ようろう》　孟司《たけし》『ヒトはなぜ、ゴキブリを嫌《きら》うのか？』より。一部省略やふりがなをつけるなどの変更《へんこう》があります。）

［注］

※1　城郭・・・・・城《しろ》のまわりの囲い。また、城の全体。

※2　しつらえる・・・用意する、準備すること。

※3　端的・・・・・てっとりばやくはっきりと示すさま。

※4　内装・・・・・建物や車などの内部の設備やかざりつけ。

※5　予期せざる・・・前もって起こるだろうと予想することができないさま。

※6　不祥事・・・・好ましくない、困《こま》った事件。

※7　貫徹・・・・・考えや行動を最後までつらぬき通すこと。

※8　浸透・・・・・しだいに広くいきわたること。

問題1　次のア～オは、**【資料1】**のなかの言葉です。ア～オから**「人が意識的につくり上げたもの」**に**分類されるもの**をすべて選び、記号を書きなさい。

ア　ホール
イ　ゴキブリ
ウ　都市
エ　自然
オ　敷石《しきいし》

問題2　**【資料1】に書かれていることを、「意識」「自然」**という言葉を用いて、あとの**【条件】**にしたがって、まとめなさい。

【条件】
○　**複数の段落《だんらく》**をつくり、**二百六十字以上三百字以内**で書くこと。
○　題名は書かずに、**一行目、一マス下げたところから**、書くこと。

このページに問題は印刷されていません。

2　**りかさん**は、夏休みの出来事について、**みなみさん**と話をしています。次の**【会話】**や**【資料】**を読んで、あとの問題に答えなさい。

【会話１】

り か さ ん：この前、キャンプに行ってきました。そこは、横浜《よこはま》の私《わたし》が住んでいる場所と違《ちが》い、夜は明かりが少なくて、真っ暗でした。
みなみさん：そうなんですね。
り か さ ん：懐中電灯《かいちゅうでんとう》を持って歩いていたら、「懐中電灯をつけると迷惑《めいわく》になることもあるよ。」と、地元の方に言われました。
みなみさん：えっ。どうしてですか？
り か さ ん：「すみません。」と言って、その場を去ってしまったからわからなくて…。
みなみさん：どうしてなのでしょう。一緒《いっしょ》に調べてみましょう。

【資料１】神津島村《こうづしまむら》（東京都）の美しい星空を守る光害防止条例（令和元年12月４日）の一部

（目的）

第１条　この条例は、光害の防止及《およ》び適正な照明に関し、村、村民等及び事業者それぞれの責務《せきむ》を明らかにするとともに必要な事項《じこう》を定めることにより、村民等の生活及び事業者の事業に必要な夜間照明を確保しつつ、光害から美しい星空を守ることを目的とする。

（適用範囲《はんい》）

第２条　この条例は、神津島村の全区域内《ぜんくいきない》に適用する。

（定義）

第３条　この条例において、光害とは屋外照明の使用が引き起こす以下の事項を指す。

（１）　夜空が照らされることにより星が見えにくくなること。

（２）　動植物への悪影響《えいきょう》

（３）　人間生活への支障《ししょう》

（４）　エネルギーの浪費《ろうひ》

２　この条例において、次の各号にあげる用語の意味は、当該《とうがい》各号に定めるところによる。

（１）　屋内照明とは、屋根及び壁面《へきめん》によって囲まれた建物の内部の照明をいう。

（２）　屋外照明とは、屋内照明以外のすべての照明をいい、照明そのものを目的とするもののほか、広告、装飾《そうしょく》等を目的とする発光物を含《ふく》むものとする。

（３）　上方光束《じょうほうこうそく》とは、屋外照明から発光する光のうち水平より上方向に向かう光をいう。ただし、近接する地面や壁面等による反射光《はんしゃこう》は含まない。

（４）　村民等とは、村民、旅行者及び滞在《たいざい》者をいう。

（５）　事業者とは、神津島村の区域内で公共事業又《また》は営利事業を行っている者をいう。

【資料２】美しい星空を守る井原《いばら》市（岡山県）光害防止条例（平成 16 年 12 月 17 日）の一部

（前文）

井原市美《び》星町《せいちょう》には、流れ星の伝説と、その名にふさわしい美しい星空がある。天球には星座《せいざ》が雄大《ゆうだい》な象形文字を描《えが》き、その中を天の川が流れている。更《さら》に、地平線から天の川と競うように黄道光が伸《の》び、頻繁《ひんぱん》に流れ星がみられる。また、夜空の宝石《ほうせき》ともいえる星雲や星団は、何千年、何万年以上もかかってその姿を地上に届けている。これら宇宙《うちゅう》の神秘《しんぴ》をかいま見ることができる環境《かんきょう》は、井原市民のみならず全人類にとってかけがえのない財産となっている。

しかし、宇宙は今、光害によってさえぎられ、視界《しかい》から遠ざかって行こうとしている。人工光による光害の影響《えいきょう》は、半径１００キロメートル以上にも及《およ》び、人々から星空の美と神秘に触《ふ》れる機会を奪《うば》うだけでなく、過剰《かじょう》な照明は資源《しげん》エネルギーの浪費《ろうひ》を伴《ともな》い、そのことが地球をとりまく環境にも影響を与えている。また、過剰な照明により、夜の安全を守るという照明本来の目的に反するのみならず、動植物の生態系《けい》にも悪影響を与《あた》えることも指摘《してき》されている。

近隣《きんりん》には主要な天文台が設置されているとおり、井原市美星町の周辺は天体観測に最も適した環境にあり、これまで『星の郷《さと》づくり』に取り組み、天文台も建設してきた。そして、今後も多くの人々がそれぞれに感動をもって遥《はる》かなる星空に親しむよう宇宙探索《たんさく》の機会と交流の場を提供《ていきょう》することが井原市及び井原市民へ与えられた使命と考える。

このため、我《わ》が井原市民は、井原市美星町の名に象徴《しょうちょう》される美しい星空を誇《ほこ》りとして、これを守る権利《けんり》を有し、義務を負うことをここに宣言《せんげん》し、この条例を制定する。

【資料３】高山村《たかやまむら》（群馬県）の美しい星空を守る光環境条例（平成10年３月20日）の一部

（目的）

第１条　この条例は、高山村における夜間照明等の光環境に関し、村民の夜間の安全性や生産活動等の社会的活動に必要な照明を確保しつつ、人工光の増加を抑制《よくせい》することによって、高山村の美しい星空と光環境を維持《いじ》することを目的に、必要な事項《じこう》を定めるものとする。

（村の責務《せきむ》）

第２条　村は、夜間照明等の人工光による夜空の明るさの増加を抑制し、光環境の維持を図ることを目的に、これに必要な施策《しさく》の策定《さくてい》及び実施《じっし》を行うものとする。

２　村は、前項《ぜんこう》に定める施策の実施に関し、村民及び事業者等に対し普及啓発《ふきゅうけいはつ》活動や技術的支援《しえん》等を行うものとする。

（村民及び事業者等の責務）

第３条　村民及び事業者等は、夜間照明等の人工光による夜空の明るさの増加抑制に努めるとともに、村の施策に協力するものとする。

【資料４】鳥取県星空保全条例（平成 29 年 12 月 26 日）の一部

（前文）

鳥取県は、鳥取市さじアストロパークなどの観測拠点《きょてん》が星空の美しさで我《わ》が国随一《ずいいち》とされており、全ての市町村で天の川を観測できるなど、後世まで永く伝えるべき「星空」という大切な誇《ほこ》るべき「宝《たから》」を有している。

しかしながら、美しい星空が見える環境《かんきょう》は、清浄《せいじょう》な大気と人工光の放出の少なさによってもたらされているが、全国各地で過剰《かじょう》な人工光により星空が失われつつあるとされている。

私《わたし》たち鳥取県民は、豊かで美しい自然の象徴《しょうちょう》である星空を守る行動に立ち上がり、私たちの星空を、ふるさとの重要な景観と位置付けるとともに、観光や地域経済《ちいきけいざい》の振興《しんこう》、そして環境教育等に生かしていくこととし、鳥取県の美しい星空が見える環境を県民の貴重《きちょう》な財産として保全し、次世代に引き継《つ》いでいくため、この条例を制定する。

問題１　【資料１】～【資料４】のどの条例からも読み取れないものを次の１～６からすべて選び、番号を書きなさい。

1　過剰な照明は、資源《しげん》エネルギーの浪費《ろうひ》があることで、資源価格の上昇《じょうしょう》を引き起こし、すべての人に資源が均等に配分されなくなる。

2　過剰な照明は、夜の安全を守るという照明本来の目的に反するのみならず、動植物の生態系《けい》にも悪影響《えいきょう》を与《あた》えることも指摘《してき》されている。

3　星空を、ふるさとの重要な景観と位置付けるとともに、観光や地域経済の振興、そして環境教育等に生かしていく。

4　全国的に夜間照明を増やすことで、地域の安全性を高めるとともに、経済活動を活発にして、地域の活力を高めていく。

5　星空を見ることのできる環境は、全人類にとってかけがえのない財産である。

6　光害の防止に関して、特定の事業者のみの責務《せきむ》を明らかにし、村民や旅行者の生活を安全なものにする。

問題２　次の【資料５】は【資料２】～【資料４】の条例が施行《しこう》されている地方公共団体がある県と**りかさん**が住む神奈川県のデータです。【資料５】に示された４つの県の人口密度《みつど》を求め、その人口密度をあとの【記入例】に従《したが》って、解答用紙の白地図にかきあらわしなさい。

【資料５】

	群馬県	鳥取県	岡山県	神奈川県
人口（万人）	１９８	５６	１９１	９１８
面積（km²）	６３６２	３５０７	７１１４	２４１６

【記入例】
３００１～４０００人／km²…
２００１～３０００人／km²…
１００１～２０００人／km²…
１～１０００人／km²…

問題３　次の図１～図３は夜間の街灯の様子を表しています。**りかさん**の訪《おとず》れた町は、**図１**の街灯を**図２**のように消すのではなく、図３の街灯のように変えました。街灯を消すのではなく、**街灯を変えた理由**として考えられることを、**【資料１】～【資料４】**の条例の内容をふまえて、「～ため。」とつながるように**１０字以上２０字以内**で書きなさい。なお、一マス目から書き始めること。

図１

図３

図２

問題４　次の【会話２】を読んで、（　ア　）、（　イ　）に入る語句の組み合わせとして適切なものを、あとの１～４から一つ選び、番号を書きなさい。

【会話２】

りかさん：「光害」のように「光」にもよくない点があるのですね。

みなみさん：でも、「光」をうまく活用した例もあります。例えば、秋菊《あきぎく》は、秋になって日照時間が短くなると花芽が付き、つぼみがふくらんで開花する性質があります。【資料６】は、その性質を利用して、秋菊を栽培《さいばい》している様子です。ビニルハウス内を明るくすることによって、人工的に日照時間を（　ア　）し、開花時期を（　イ　）いるのです。

りかさん：菊の開花時期を調節して、菊の出荷《しゅっか》数が少ない時期に出荷できるということですね。他の分野でも「光」の活用があるか、調べてみましょう。

【資料６】

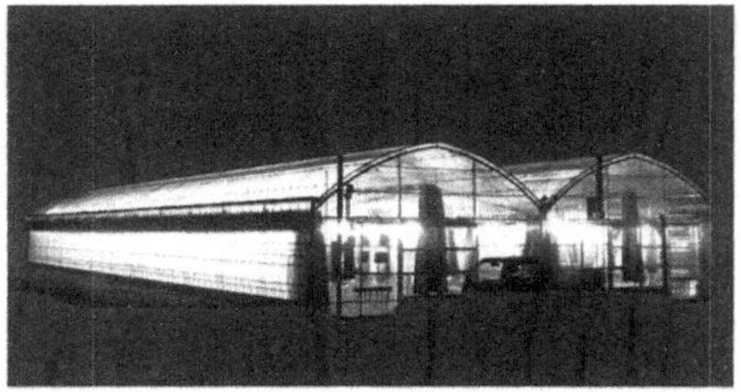

【資料７】菊のイラスト

１（　ア　）長く　（　イ　）遅《おく》らせて
２（　ア　）長く　（　イ　）早めて
３（　ア　）短く　（　イ　）遅らせて
４（　ア　）短く　（　イ　）早めて

問題５　みなみさんとりかさんは、次の【文章】と【資料８】を見つけました。あとの１～４が【文章】と【資料８】の内容に合っていれば○、合っていなければ×を、解答欄《らん》に書きなさい。

【文章】

大分県の養殖《ようしょく》ヒラメの生産量は、令和元年は６４３トンで全国トップと、魚の養殖が盛《さか》んに行われています。とある養殖業者では、ヒラメを飼育している水槽《すいそう》全体が緑色に見えます。天井《てんじょう》からつるされた緑色のＬＥＤライトが日中の１２時間点灯され、ヒラメを照らしていました。一般的《いっぱんてき》には水槽の底にへばりつくようにじっとしていることが多いヒラメですが、緑色の光で養殖したヒラメは、ぐるぐると水槽の中を泳ぎまわっています。

活発にえさを食べて栄養の吸収《きゅうしゅう》と成長が早くなることから、この技術を使って１年間養殖すると、通常の養殖と比べて重さが平均で1.6倍になり、これまで１年近くかかっていた出荷までの期間を９か月に短縮《たんしゅく》できたといいます。味や食感などの試験も行われ、従来《じゅうらい》のものと遜色《そんしょく》[※1]がないことも確認《かくにん》されました。ＬＥＤライトの設置費用は数十万円とそれほど高額ではなく、ＬＥＤライトの電気代も安いため、設備のための費用負担《ふたん》は大きくないといいます。一方で、出荷までの期間が短くなるため、その分の人件費[※2]や燃料代が抑《おさ》えられ、総合すると、平均して年間３００万円以上のコストの削減《さくげん》が見込《こ》まれるとしています。

「NHKサイカルjournal 「『光』で魚を育てる養殖新技術」(2021年6月9日掲載)を再編集して作成」

※１　遜色がない・・・見劣《みおと》りしない　　※２　人件費・・・働いている人に払《はら》う費用

【資料８】点灯されたＬＥＤライトの色とヒラメの体重増加の関係（６３日間）

色	緑	青	白	赤
体重増加	７３.３ｇ	６３.９ｇ	５６.６ｇ	５２.０ｇ

１　赤色のＬＥＤライトの光を当てると青色のＬＥＤライトの光を当てるよりもヒラメが興奮《こうふん》状態になり、成長が早くなる。

２　白熱電球よりＬＥＤライトの費用は高額であるため、電球を換《か》えることにより、ヒラメの出荷までにかかる総費用が増えてしまう。

３　緑色のＬＥＤライトの光を当てるとヒラメの成長が早くなり、出荷までの期間が短縮され、生産費用が抑えられる。

４　光の魚への成長効果は、他の魚にも同じ傾向《けいこう》がみられるので、全国でこの養殖方法が取り入れられている。

令和５年度

適性検査Ⅱ

１０：２５～１１：１０

注　意

1　問題は[1]から[4]まであり、この問題冊子《さっし》は１ページから２２ページにわたって印刷してあります。**ページの抜《ぬ》け、白紙、印刷の重なりや不鮮明《ふせんめい》な部分などがないかを確認《かくにん》してください。あった場合は手をあげて監督《かんとく》の先生の指示にしたがってください。**
2　**受検番号**と**氏名**を解答用紙の決められた場所に記入してください。
3　声を出して読んではいけません。
4　計算が必要なときは、この問題用紙の余白を利用してください。
5　問題用紙や解答用紙を切ったり折ったりしてはいけません。
6　答えはすべて解答用紙に記入し、**解答用紙だけを提出してください。**
7　字ははっきりと書き、答えを直すときは、きれいに消してから新しい答えを書いてください。

横浜市立南高等学校附属中学校

1　みなみさんは、特徴《とくちょう》のある分数の式について先生と話しています。次の**【会話文１】**、**【会話文２】**を読んで、あとの問題に答えなさい。

【会話文１】

みなみさん：今日の授業でといた $\frac{1}{2}+\frac{1}{5}+\frac{1}{10}=\frac{4}{5}$ という分数の式は、分子がすべて１の分数の和になっていますね。

先　　　生：そうですね。$\frac{4}{5}$ は他にも ①$\underline{\frac{1}{2}+\frac{1}{4}+\frac{1}{\boxed{ア}}}$ という計算でも表せます。$\frac{1}{2}$ や $\frac{1}{3}$ のように分子が１の真分数のことを、「単位分数」とよんでいます。古代エジプトでは、すべての分数を異《こと》なる単位分数の和で表していたそうです。

みなみさん：すべての分数が異なる単位分数の和で表せるのですか。

先　　　生：はい、どんな分数でも可能です。ためしに、$\frac{3}{5}$ という分数について考えてみましょう。$\frac{3}{5}$ は３÷５、つまり３を５等分することを意味しますね。

古代エジプトでは、$\frac{3}{5}=\frac{1}{2}+\frac{1}{10}$ のように表しています。３枚《まい》のピザを５人で分けることを例にして説明しましょう。

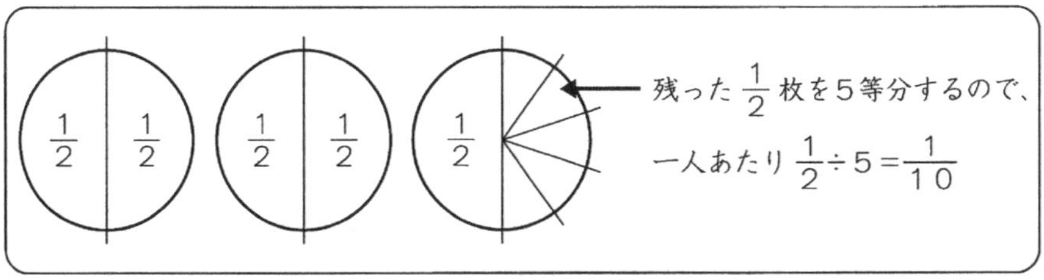

まず３枚のピザをそれぞれ２等分して、５人がそれぞれ１つずつとります。そして残った $\frac{1}{2}$ 枚のピザを５人で分けると、５人全員が同じ形で、同じ量のピザをもらったことになります。したがって、$\frac{3}{5}=\frac{1}{2}+\frac{1}{10}$ と考えることができます。

みなみさん：なるほど。はじめの３枚では５人に分配することができないけれど、それぞれを２等分することで $\frac{1}{2}$ 枚ずつ分配することができています。こうすることによって、できるだけ大きい一切れを最初に配り、残りのピザもさらに均等に分けることができるのですね。

先　　生：そうですね、では同じようにして $\frac{7}{8}$ という分数を考えてみましょう。

みなみさん：ピザ７枚を８人で分けるということですね。最初にできるだけ大きい一切れで８人に同じ形で、同じ量だけ配ると、②ピザが［ イ ］枚分残ります。次に残ったピザを３等分にして８人に同じ量だけ配ると、また少し残ります。最後に残ったピザを８等分すれば、異なる単位分数の和で表せます。

先　　生：よくできましたね。ところで、途《と》中《ちゅう》の３等分のところを、４等分に変えるとどうなるでしょう。

みなみさん：すごい、③４等分に変えても異なる単位分数の和で表せました。３等分したときの式とは別の式になっています。式の表し方は一通りではないのですね。

問題１　①＿＿＿＿＿について、［ ア ］にあてはまる数を答えなさい。

問題２　②＿＿＿＿＿について、［ イ ］にあてはまる数を答えなさい。

問題３　③＿＿＿＿＿について、どのような単位分数の和で表せますか。式を答えなさい。

【会話文２】

先　　生：古代エジプトの分数の表し方には慣れてきましたか。では最後にもう１つといてみましょう。$\frac{3}{7}$がどのような異《こと》なる単位分数の和で表せるか考えてみてください。

みなみさん：わかりました。まずできるだけ大きい数で分けます。あれ、余りが$\frac{2}{3}$になってしまいます。これを７等分しても単位分数にはなりません。すべての分数を異なる単位分数の和で本当に表すことができるのですか。

先　　生：はい、こういった場合には少し工夫が必要です。$\frac{2}{3}$という分数は、分母を１２にすると、どう表せますか。

みなみさん：$\frac{8}{12}$と表すことができます。あっ、こうすると$\frac{8}{12}$から$\frac{1}{12}$を７つとることができます。さらに余りが$\frac{1}{12}$になるから、この余りを７等分して$\frac{1}{84}$ずつ分けきることができました。

先　　生：そのとおりです。$\frac{3}{7}=\frac{1}{3}+\frac{1}{12}+\frac{1}{84}$となり、異なる単位分数の和で表せましたね。

問題４　先生との会話の後、みなみさんは$\frac{3}{7}$について、３つの異なる単位分数の和で表す方法が他にないか考えることにしました。すると、最初にそれぞれを３等分した場合、$\frac{1}{3}+\frac{1}{12}+\frac{1}{84}$以外で新たに３つの式を発見することができました。３つの式をそれぞれ答えなさい。ただし、並《なら》びかえて同じ式になる場合は、同じものとします。

このページに問題は印刷されていません。

2 みなみさんは、次の**【レシピ】**をもとに、うどんを作ることにしました。

あとの問題に答えなさい。

【レシピ】

《材料（一人分）》

・中力粉《※ちゅうりきこ》（または薄力粉《※はくりきこ》と強力粉《※きょうりきこ》を１：１で混ぜたもの）…１００ｇ

・水…４５ｇ

・塩…中力粉の重さの５％

《作り方》

① 水と塩を混ぜて、食塩水をつくる。

② 小麦粉をボウルに入れ、①の食塩水を入れて混ぜ合わせる。

③ 粉がひとかたまりの生地《きじ》になるまで、こねる。

④ 生地をビニル袋《ぶくろ》に入れ、足でふむ。

⑤ 丸くまとめた生地をビニル袋に入れ、常温で３０分ねかせる（置いておく）。

⑥ 生地をこねなおしてから、再び１０分ねかせる。

⑦ 麺棒《めんぼう》で生地の厚さが３ｍｍになるまでのばす。

⑧ のばした生地を三つ折りにして、折り目と垂直《すいちょく》に包丁で５ｍｍ幅《はば》に切る。

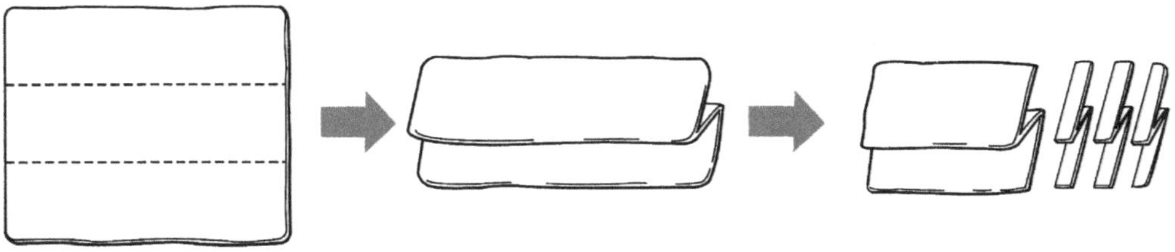

⑨ 大きめの鍋《なべ》にたっぷりの湯をわかし、麺を入れて約１０分ゆでる。

⑩ ゆで上がった麺をザルにあげ、流水で洗《あら》う。

※中力粉、薄力粉、強力粉・・・小麦粉の種類

問題１　みなみさんの家には中力粉がなく、薄力粉２００ｇと強力粉３００ｇがありました。これらを使って、【レシピ】のとおりに、できるだけ多くのうどんを作るとき、必要な水と塩の重さはそれぞれ何ｇですか。整数で答えなさい。

問題２　中力粉１００ｇを使って、【レシピ】のとおりに生地を作ると、《作り方》の⑦で、のばす前の生地は、直径６ｃｍの球になりました。この生地を厚さ３ｍｍにのばすと、のばした生地は縦《たて》の辺が２４ｃｍ、横の辺が［★］ｃｍの長方形になりました。その後、《作り方》の⑧のとおりに、横の辺と平行に三つ折りにして、生地を切ってうどんを作るとき、あとの問いに答えなさい。

なお、球の体積は下の公式で求められますが、円周率は3.１４とします。

球の体積 ＝ 半径 × 半径 × 半径 × ４ ÷ ３ × 円周率

（１）［★］にあてはまる数として最も適切なものを、次の**ア**～**オ**から１つ選び、記号を書きなさい。

ア　1.6

イ　5.2

ウ　１5.7

エ　３1.4

オ　１２5.6

（２）全部で何本のうどんの麺ができますか、整数で答えなさい。ただし、幅が足りないものは１本と数えないものとします。

　みなみさんが切ったうどんは太さがバラバラになってしまい、つゆを絡《から》ませて食べると、味が濃《こ》いものと薄《うす》いものがありました。麺《めん》の太さとつゆの絡み方に何か関係があるのではないかと疑問に思った**みなみさん**は、次の**【資料１】**～**【資料３】**を見つけました。**【資料１】**は麺１ｇあたりに絡むつゆの量の関係を表すグラフ、**【資料２】**は小麦粉でできた麺の太さ（直径）による分類、そして**【資料３】**はそうめんの種類についての文章です。

【資料１】

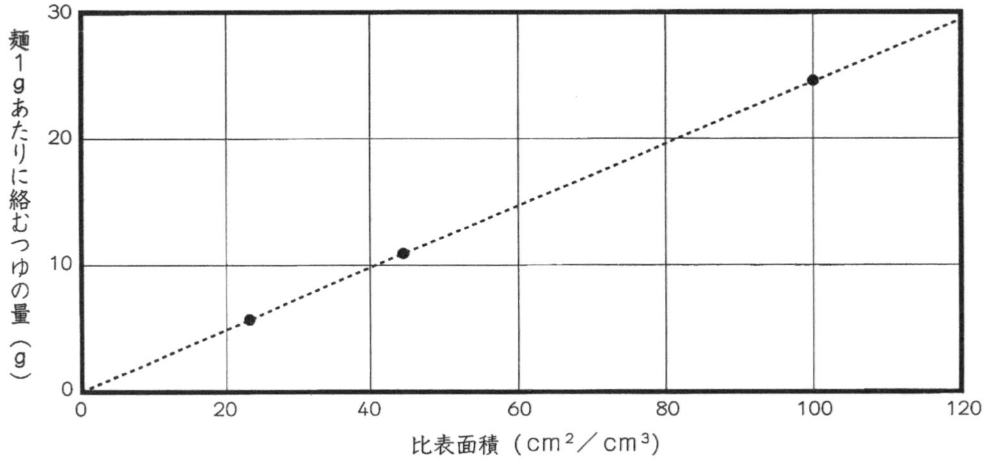

グラフの点は太さの異なる３種類の麺の結果を表す。

（「麺の科学」をもとに作成）

【資料２】

太さ（mm）	1.3未満	1.3以上1.7未満	1.7以上
種類	そうめん	冷や麦	うどん

（日本農林規格（ＪＡＳ）をもとに作成）

【資料３】

　そうめんの定義は太さ1.3mm未満となっていますが、一般的《いっぱんてき》なそうめんは0.9mm程度のものが多く、さらに細いものでは熊本県の「ゆきやぎ」が0.4mm、奈良県の「白龍《はくりゅう》」が0.6mm、同じく奈良県の「白髪《しらが》」が0.3mmと、いずれも芸術品のような細さです。

（「麺の科学」をもとに作成）

問題3　みなみさんは、【資料1】～【資料3】からわかることを次のようにまとめました。あとの問いに答えなさい。

> 比表面積は体積あたりの表面積の大きさのことで、表面積を体積でわって求める。麺の比表面積は、麺が太いほど（　あ　）なる。【資料1】の３つの点は、ゆきやぎ・一般的なそうめん・うどん（太さ1.7mm）のいずれかの結果を表していて、もっとも右側にあるものは（　い　）である。

（1）（　あ　）、（　い　）にあてはまるものとして最も適切なものを、次のア～オから１つずつ選び、記号を書きなさい。

ア　大きく　　**イ**　小さく
ウ　ゆきやぎ　　**エ**　一般的なそうめん　　**オ**　うどん（太さ1.7mm）

（2）冷や麦と白龍の、麺1gあたりに絡むつゆの量として最も適切なものを、次の**ア～カ**から1つずつ選び、記号を書きなさい。なお、次の**ア～カ**は、ゆきやぎ・一般的なそうめん・うどん（太さ1.7mm）・冷や麦・白龍・白髪の6種類の麺のいずれかの、麺1gあたりに絡むつゆの量を表しています。

ア　5.8g
イ　6.6g
ウ　11.4g
エ　16.4g
オ　24.5g
カ　32.7g

みなみさんは、うどんの材料である小麦粉について調べ、次の【資料４】～【資料６】を見つけました。

【資料４】

デンプンはグルコースという粒《つぶ》がつながってできている。１０００粒ほどのグルコースが一本につながったものをアミロース、２０～２５粒ごとに枝分かれしてつながったものをアミロペクチンとよぶ。アミロースやアミロペクチンは【図１】のようにあらわすことができる。

【図１】

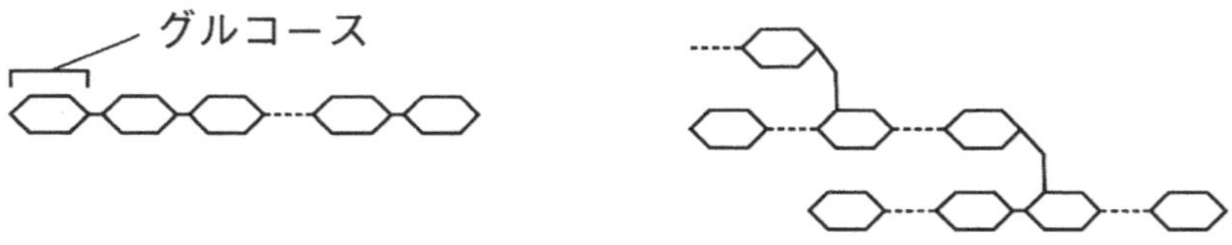

（A）　　　　（B）

小麦のデンプンではアミロースとアミロペクチンが層《そう》になっていて、水の中に入れて温めると、５０℃くらいからアミロースのみがとけ出してすき間ができ、【図２】のようになる。このすき間に水が浸入《しんにゅう》し、【図３】のようにアミロペクチンの枝の間にも浸入するとデンプンがふくらみ、糊《のり》のようになる。この現象を糊化《こか》という。アミロペクチンが多いデンプンが糊化すると、モチモチした食感になるため、うどんにはアミロペクチンを多く含《ふく》む小麦が使われる。

【図２】

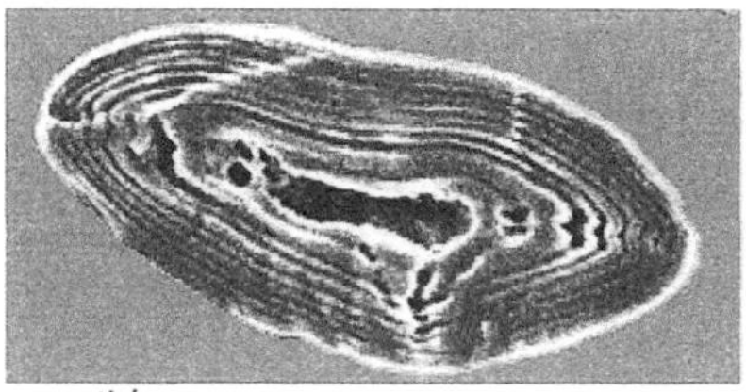

（「麺《めん》の科学」をもとに作成）

【図３】

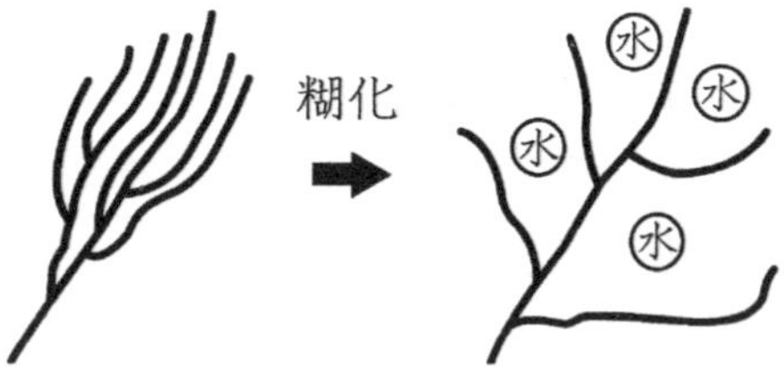

（「麺の科学」をもとに作成）

【資料５】

あるものが、別のものに変わることを化学反応とよぶ。化学反応の進み具合は様々な条件で変わる。一つ目は時間で、長い時間をかけるほど多くの化学反応が進む。二つ目は温度で、一般的《いっぱんてき》に温度が高いほど化学反応が進みやすい。三つ目は空間で、化学反応するもの同士が出合いやすいほど化学反応が進みやすい。これらを順に、時間効果、温度効果、空間効果とよぶ。

【資料６】

　小麦に含まれるタンパク質と水が結びついたものをグルテンとよぶ。グルテンに含まれているタンパク質はアルブミン、グロブリン、グルテニン、グリアジン、その他の５種類に分けられる。グルテニンの間に水が入り込《こ》むと※1弾性《だんせい》を示す。一方、グリアジンは粘《ねば》り気《け》のもととなる。グルテニンとグリアジンが結びついてできたもののはたらきにより、小麦の生地《きじ》は弾性と粘性《ねんせい》をもったものになる。

　これらのタンパク質は※2溶媒《ようばい》に対する溶《と》けやすさがことなる。タンパク質を１００ｇ含むグルテンを操作１から順に溶媒に溶かすと、【表１】のように分離《ぶんり》・※3抽出《ちゅうしゅつ》できる。

【表１】

操作	溶媒	タンパク質を溶かす性質	抽出されるタンパク質の種類	抽出されるタンパク質の量（g）
1	水	弱い	アルブミン	１５
2	食塩水	↓	グロブリン	３
3	アルコール水溶液	↓	グリアジン	３３
4	酢酸《さくさん》水溶液	強い	グルテニン	１６
			その他	３３

（「麺の科学」をもとに作成）

※１　弾性・・・ゴムやばねのように、おさえられたりのばされたりしても、もとの状態にもどろうとする性質。

※２　溶媒・・・水のように、物を溶かすための液体。

※３　抽出・・・たくさんの物の中から、いくつかの物をぬき出すこと。

問題４　【レシピ】と【資料４】～【資料６】からいえることとして正しいものを、次の**ア**～**カ**から３つ選び、記号を書きなさい。

ア　うどんに含まれるデンプンが糊化するため、ゆでるとモチモチした食感になる。

イ　グロブリンはアルコール水溶液でなければ抽出できない。

ウ　【図1】の（A）はアミロース、（B）はアミロペクチンの構造を表している。

エ　グリアジンが多いと弾性の強い生地ができる。

オ　生地をこねるのは温度効果を高めるためであり、生地をねかせるのは空間効果を高めるためである。

カ　１００ｇのタンパク質を含むグルテンを食塩水に入れると、タンパク質が１０ｇ以上溶け出す。

3　みなみさんは、くじ引きをつくり、当たりくじを引く人の組み合わせについて、**先生**と話しています。次の**【会話文１】**～**【会話文３】**を読んで、あとの問題に答えなさい。

【会話文１】

みなみさん：当たりくじを引く人は２人なので、当たりくじを２枚《まい》つくります。

先　　　生：くじは全部で何枚つくりますか。

みなみさん：希望者全員がくじを引けるようにしようと思います。くじの枚数は希望者数として、そのうちの２枚を当たりくじとします。

先　　　生：２人が当たりくじを引く組み合わせは、希望者の人数によって何通りあるのでしょうか。

みなみさん：樹形図《じゅけいず》を使って、次のように考えます。

希望者が２人（Ａさん、Ｂさん）だった場合

の１通りです。ＡさんとＢさん、ＢさんとＡさんが選ばれる組み合わせは同じと考えました。

希望者が３人（Ａさん、Ｂさん、Ｃさん）だった場合

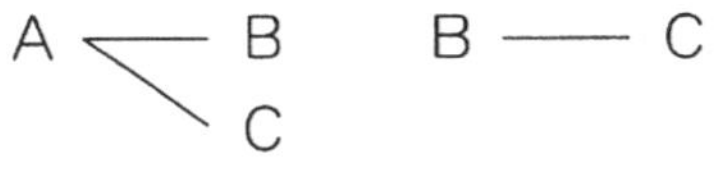

の３通りです。

希望者が４人（Ａさん、Ｂさん、Ｃさん、Ｄさん）だった場合

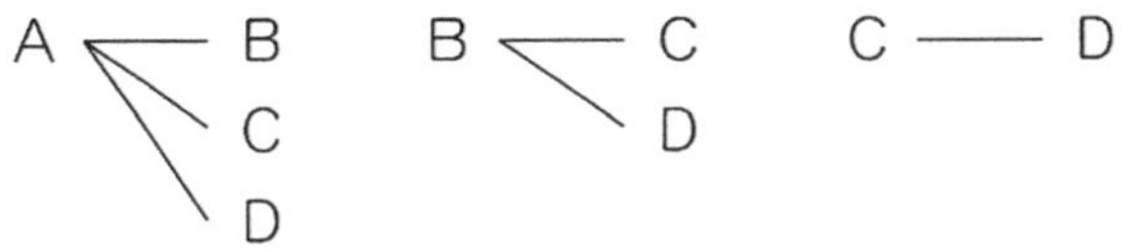

の６通りです。

先　　　生：そのとおりです。組み合わせの考え方も理解できていますね。

みなみさん：ありがとうございます。ただ、樹形図をかくのはたいへんでした。何か他の方法はありませんか。

先　　　生：そうですね。では、次の**【図１】**を見てください。どのような規則性が読み取れますか。

適性検査Ⅰ　解答用紙

※には何も記入しないこと。

受検番号

氏　名

※　120点

※200点満点

1

問題1

※1　15点

問題2

【解答

問題３

10	20

ため。

※	※

※３ 30点

問題４

問題５

1	2	3	4

※４ 10点	※５ 10点

受検番号	氏　　名

※ 80点

2023(R5) 横浜市立南高附属中
教英出版

3

問題１	通り	※　５点

問題２	あ		う		
	い				
	え		お		※　25点

問題３	あ	い	う	え	お	か	き	
	く							※　25点

4

問題１		※　５点

問題２	あ		い		※　12点

問題３	mA	※　18点

受検番号	氏　　名

※

※200点満点

横浜市立南高等学校附属中学校

適性検査Ⅱ　解答用紙

1

※には何も記入しないこと。

問題１		※　５点
問題２		※　５点
問題３	$\frac{7}{8} =$	※　10点
問題４	$\frac{3}{7} = \frac{1}{\square} + \frac{1}{\square} + \frac{1}{\square}$	
	$\frac{3}{7} = \frac{1}{\square} + \frac{1}{\square} + \frac{1}{\square}$	
	$\frac{3}{7} = \frac{1}{\square} + \frac{1}{\square} + \frac{1}{\square}$	※　30点

2

問題１	水	g	塩	g	※　10点
問題２	（１）				
	（２）	本			※　15点
問題３	（１）	あ		い	
	（２）	冷や麦		白龍《はくりゅう》	※　20点
問題４					※　15点

適性検査Ⅰ　解答用紙

2

※には何も記入しないこと。

問題1

問題2
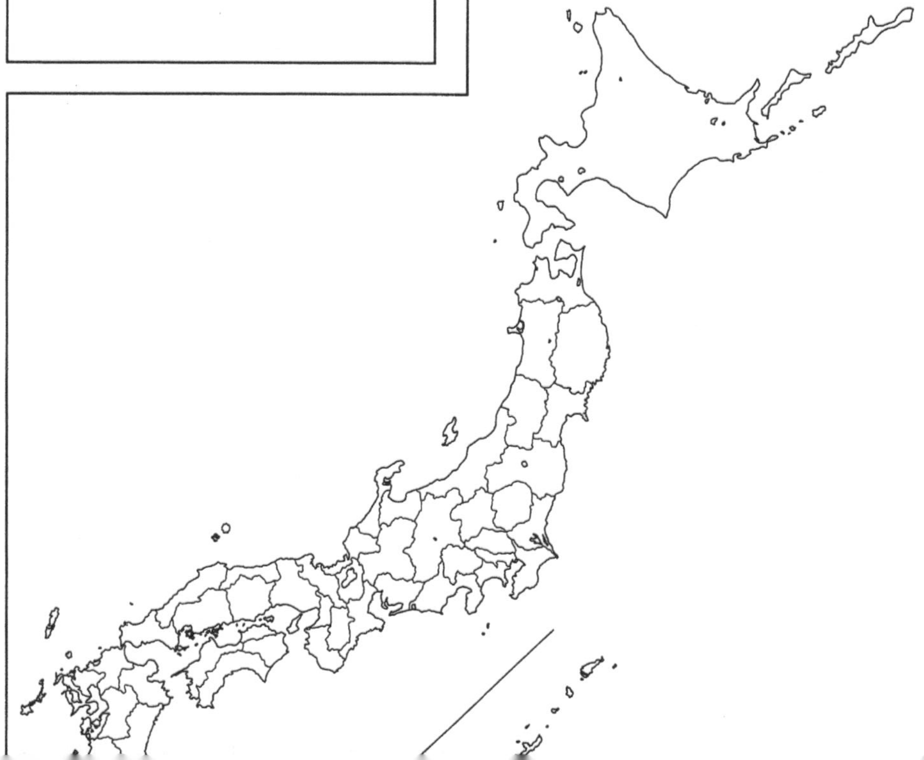

※1
10点

※2
20点

300

260

※5

105点

※4

※3

【図1】

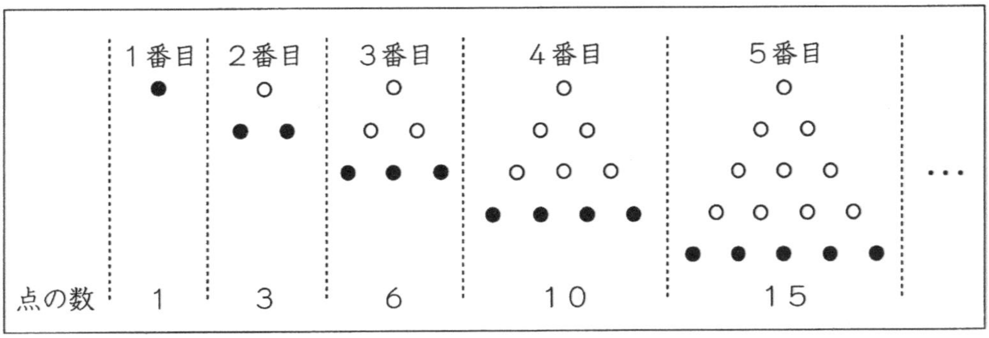

みなみさん：点の数が増えるにつれて三角形が大きくなっています。点の数の合計が左から１番目が１個、２番目が３個、３番目が６個となっていることがわかります。あっ、すごい。先ほど希望者が２人、３人、４人のときの組み合わせと、点の数が同じになっています。

先　　　生：よく気づきましたね。このように、当たりくじ２枚を引くときの組み合わせは、くじの枚数が増えるにつれて**【図１】**のような三角形の点の数で表すことができるのです。その点の数を「三角数」といいます。

三角数は、次のように「１から続いた整数の和」になっています。

２番目の三角数「３」→１＋２＝３　（１から２つ続いた整数の和）
３番目の三角数「６」→１＋２＋３＝６　（１から３つ続いた整数の和）
４番目の三角数「１０」→１＋２＋３＋４＝１０（１から４つ続いた整数の和）

みなみさん：本当だ。５番目の１５も、１＋２＋３＋４＋５＝１５となり、１から５つ続いた整数の和ですね。三角数について、もっと調べてみたくなりました。

問題１　くじを引く希望者が１０人のとき、くじ１０枚の中から当たりくじ２枚を引く２人の組み合わせは何通りか答えなさい。

このページに問題は印刷されていません。

【会話文２】

先　　　生：次は、四角形をつくる点の数について考えてみましょう。
【図２】、【図３】のように、１番目の点が１個の場合と、２個の場合について考えます。

【図２】

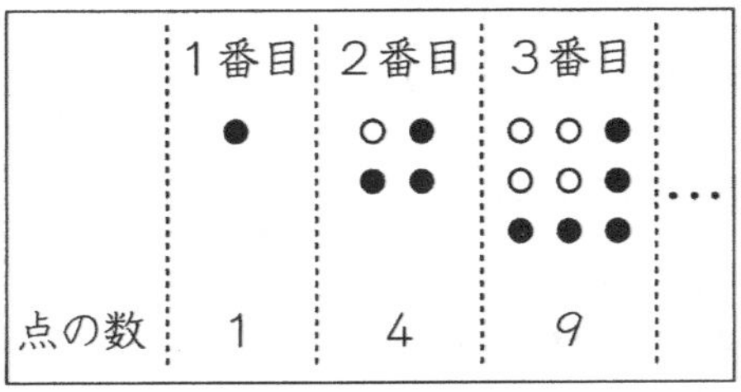

【図３】

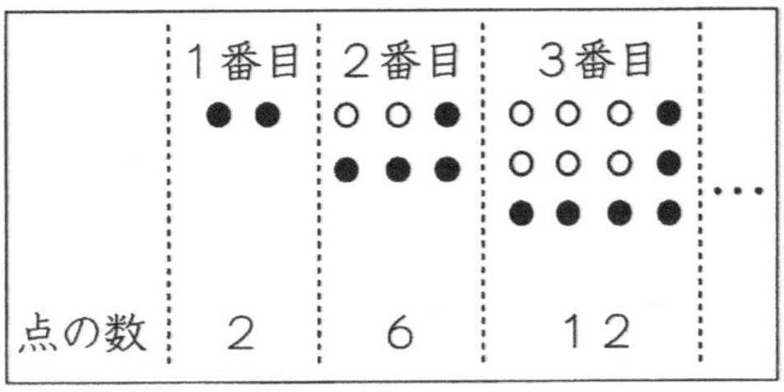

みなみさん：【図２】では、正方形ができています。【図３】では、横の長さが縦《たて》の長さより長い長方形ができています。【図２】では、正方形をつくることができたので、１、４、９、…という点の数を正方形数としていいですか。

先　　　生：そうですね。ここでは、正方形数と呼《よ》ぶことにしましょう。同じように、【図３】のような長方形をつくるときの２、６、１２、…の点の数を、長方形数としますね。

みなみさん：４番目までの三角数、正方形数、長方形数をまとめると、【表１】のようになりました。

【表１】

	１番目	２番目	３番目	４番目
三角数	１	３	６	１０
正方形数	１	４	９	１６
長方形数	２	６	１２	２０

先　　　生：【表１】から、何か気づいたことはありますか。

みなみさん：はい。「となり合う三角数の和は、正方形数になる」ということがいえそうです。具体的な数で確かめてみると、次のようになります。

１番目の三角数は「１」、２番目の三角数は「３」　その和は、１＋３＝４
２番目の三角数は「３」、３番目の三角数は「６」　その和は、３＋６＝９

先　　　生：そうですね。このことを、次の**【図4】**のように表すことができます。

【図4】

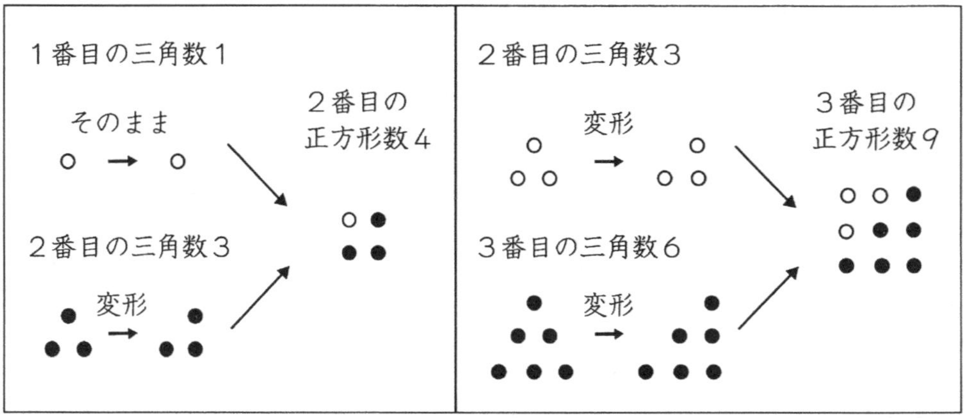

みなみさん：**【図4】**の「4」は2番目の正方形数、「9」は3番目の正方形数なので、次のことがいえそうです。

ａ番目と（ａ＋1）番目の三角数の和は、（ａ＋1）番目の正方形数になる。

先　　　生：そのとおりです。気づいたことを、数や文字、ことばを使ってまとめることができましたね。次は、「2番目の正方形数と2番目の長方形数」のように順番が同じ正方形数と長方形数の和について考えてみましょう。

みなみさん：2番目の正方形数「4」と2番目の長方形数「6」の場合、その和は「10」になります。3番目どうしの場合、和は「21」です。何もきまりがないように見えます。

先　　　生：では、**【表1】**の続きをまとめた**【表2】**を見てみましょう。**【表2】**の中に、「10」や「21」はありませんか。

【表2】

	1番目	2番目	3番目	4番目	5番目	6番目	…
三角数	1	3	6	10	15	21	…
正方形数	1	4	9	16	25	36	…
長方形数	2	6	12	20	30	42	…

みなみさん：4番目、6番目の三角数のところにあります。あっ。**【図4】**と同じように、図を使って表すことができそうです。

【みなみさんの考え】

２番目の正方形数「４」の正方形の点と、２番目の長方形数「６」の長方形の点を組み合わせて、４番目の三角数「１０」をつくります。

３番目、４番目、…でも成り立つように、次のように考えました。

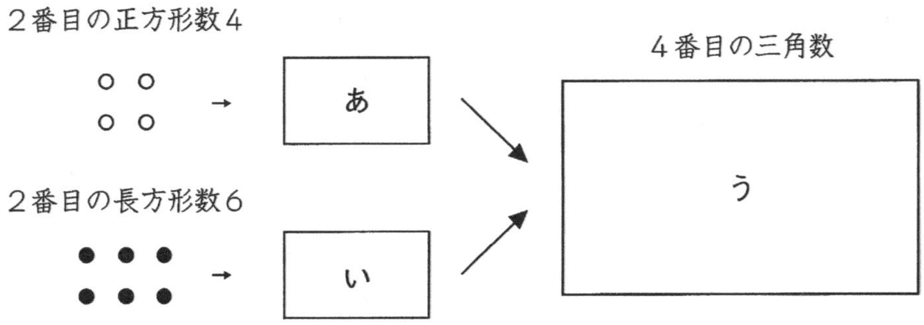

このように組み合わせることによって、４番目の三角数を表す三角形ができました。この考え方を使って、３番目、４番目も同じように組み合わせてできることから、次のことがわかりました。

【わかったこと】

a番目の正方形数とa番目の長方形数の和は、 え 番目の お になる。

先　　生：そのとおりです。気づいたことを、数や文字、ことばを使ってまとめることができましたね。

問題２　【みなみさんの考え】の あ ～ う にあてはまる図を、【図４】と同じように、○ と ● を使って解答欄《らん》にかきなさい。

また、【わかったこと】の え と お にあてはまるものを、数や文字、ことばを使って答えなさい。

【会話文３】

みなみさん：三角形や四角形のように平面の図形に関係する数があるということは、立体の図形でも同じような数があるのでしょうか。

先　　　生：いいところに気づきましたね。では、次の**【資料１】**を見てください。

【資料１】

右のような立体を、正四面体といいます。正四面体は、４つの合同な正三角形を組み合わせてできる立体です。

同じ正四面体を使って、次の図のように下に１段《だん》ずつ増やし、立体を順につくっていきます。

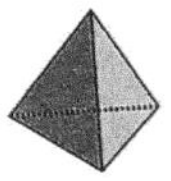

正四面体

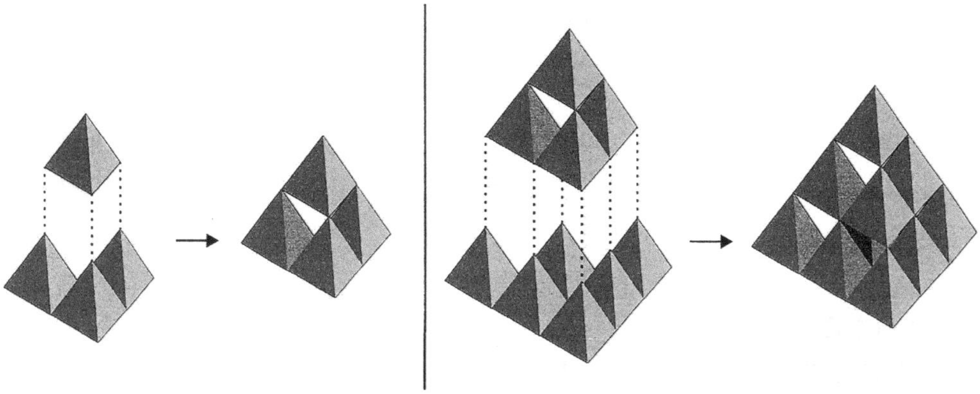

正四面体の頂点どうしが重なった点と、どこにも重ならない頂点をあわせて「立体の点」とします。

点が１つだけあるものを１番目、正四面体１つだけを２番目とし、１段ずつ増やしてできる立体を３番目、４番目、…とすると、「立体の点」とその数は次のようになります。

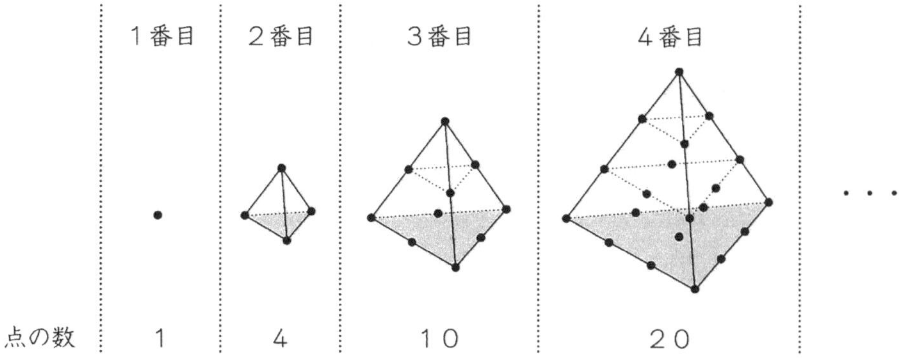

先　　　生：このような1、4、10、20、…という点の数を、正四面体数といいます。正四面体数はある数の和で表せるのですが、どんな数だと思いますか。

みなみさん：えっと。わかりました。
例えば、8番目の正四面体数は、次の式で求められますね。

1 + [あ] + [い] + [う] + [え] + [お] + [か] + [き] = [く]

先　　　生：よくわかりましたね。ところで、先ほどのくじ引きですが、当たりくじが3枚《まい》のときは、当たりくじを引く人の組み合わせはどのようになりますか。

みなみさん：希望者が3人のときは1通り、4人のときは…、あっ。組み合わせと図形の関係って面白いですね。

問題3　【会話文3】の [あ] ～ [き] にあてはまる数を、小さい順に答えなさい。また、8番目の正四面体数 [く] を答えなさい。

1 + [あ] + [い] + [う] + [え] + [お] + [か] + [き] = [く]

4 みなみさんは、ＣＤプレイヤーの音の大きさが変化するしくみについて**先生**と話しています。次の**【会話文１】**、**【会話文２】**を読んで、あとの問題に答えなさい。

【会話文１】

みなみさん：**【図１】**のようなＣＤプレイヤーは、なぜつまみを回しただけで音が大きくなったり小さくなったりするのでしょうか。どういうしくみなのか、気になりました。

【図１】

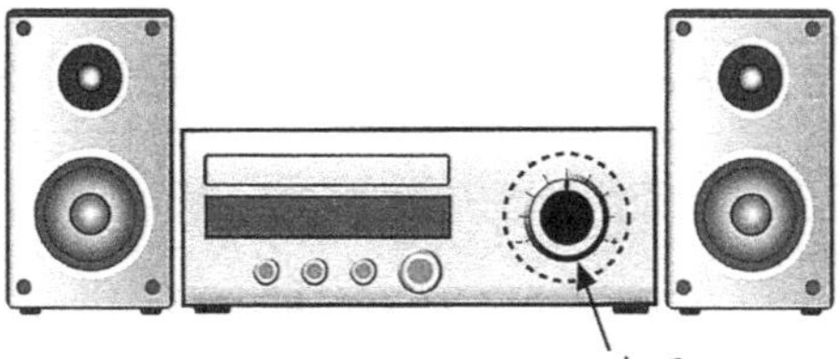

先　　　生：可《か》変《へん》抵《てい》抗《こう》器《き》という電子部品を使って、音の大きさを調節しています。抵抗器とは電流の大きさを変化させる部品のことで、多くの電子機器に使用されています。

みなみさん：そうなのですね。抵抗器のはたらきについて調べてみたいです。

先　　　生：それでは電池と抵抗器を用いて実験をしてみましょう。まずは**【回路図１】**のように電池を２個直列につなぎ、抵抗器を１個にしたときの電流計を流れる電流の大きさを調べてみましょう。

【回路図１】

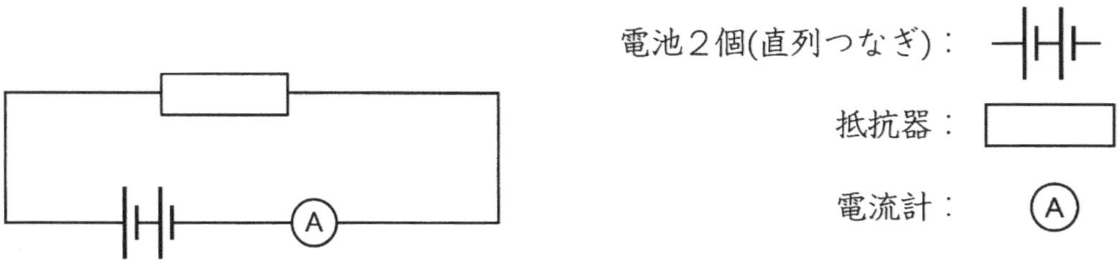

みなみさん：電流計は３００ｍＡ（ミリアンペア）を示しました。抵抗器の数を増やしたら、回路を流れる電流の大きさはどうなるのでしょうか。

先　　　生：それでは、同じ種類の抵抗器と電池を用いて、**【回路図２】**、**【回路図３】**のように、回路の中の抵抗器を直列つなぎで１つずつ増やして調べてみましょう。

【回路図２】

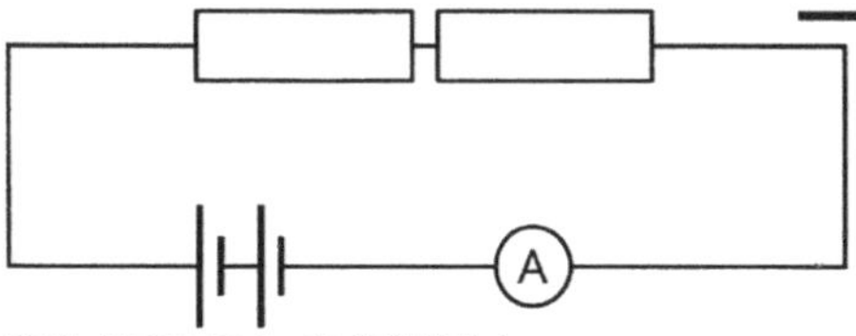

【回路図３】

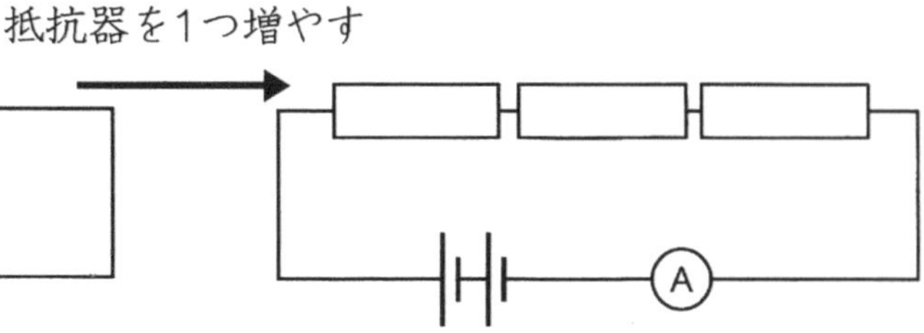

みなみさん：結果は【表１】のようになりました。

【表１】

抵抗器の数（個）	１	２	３
電流の大きさ（ｍＡ）	３００	１５０	１００

先　　生：電流の大きさと抵抗器の数について、何か気がつくことはありますか。

みなみさん：抵抗器の数が多いほど、電流の大きさが小さくなっています。

先　　生：そうですね。電流の流れにくさのことを電気抵抗といいます。電流が小さくなったということは、電気抵抗が大きくなったことを意味します。電流の大きさと抵抗器の数の関係を式で表すとどのようになりますか。

みなみさん：「電流の大きさ＝３００（ｍＡ）÷抵抗器の数」という式で表せそうです。

先　　生：そのとおりです。可変抵抗器は【図２】のようになっていて、Ｘの部分を回すと、Ｙ（【図２】の点線部分）の長さが変わります。Ｙは抵抗器にあたるので、Ｙの長さを長くすることは、抵抗器の数を直列つなぎで増やすことと同じはたらきがあります。

【図２】

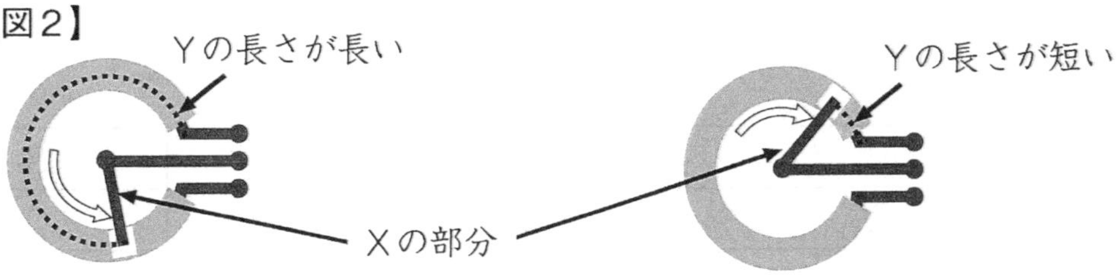

みなみさん：電流の大きさが小さくなると、音も小さくなるのですか。

先　　生：そのとおりです。【図１】のＣＤプレイヤーのつまみをまわすことで、【図２】の可変抵抗器のＸの部分が回転し、電流の大きさが変わって、音の大きさが変化するのです。

問題１　次の文章は、ＣＤプレイヤーの音を大きくするときのしくみについて説明したものです。（　①　）、（　②　）にあてはまることばの組み合わせとして最も適切なものを、次の**ア**～**エ**から１つ選び、記号を書きなさい。

【図２】のＹの長さを（　①　）して、電気抵抗を（　②　）することで、電流の大きさが変わり、音が大きくなる。

ア　①　短く　　②　小さく　　　**イ**　①　短く　　②　大きく

ウ　①　長く　　②　小さく　　　**エ**　①　長く　　②　大きく

【会話文２】

みなみさん：抵抗器《ていこうき》を直列つなぎにしたときの回路を調べたので、抵抗器を並列《へいれつ》つなぎにしたときについても調べてみたいです。

先　　　生：では、今度は【回路図１】と同じ種類の抵抗器と電池を用いて【回路図４】、【回路図５】のように回路の中の抵抗器を並列つなぎで１つずつ増やしていったときの電流の大きさを調べてみましょう。

【回路図４】

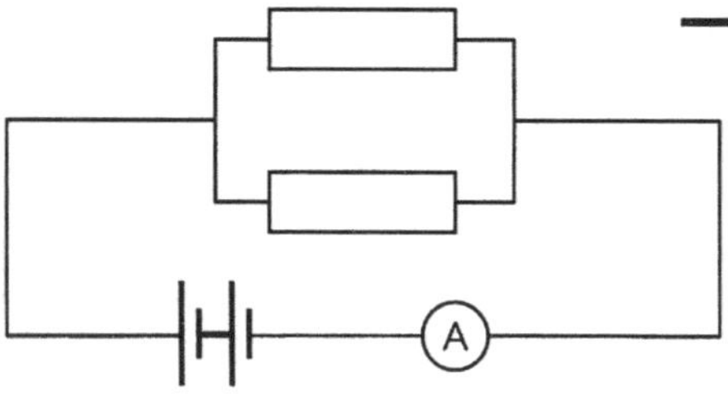

【回路図５】

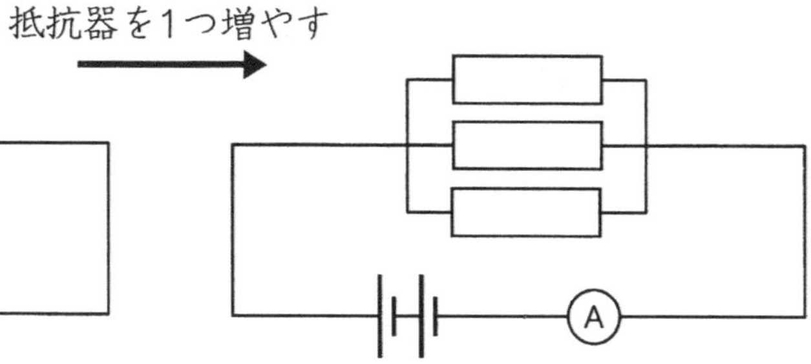

みなみさん：結果は【表２】のようになりました。

【表２】

抵抗器の数（個）	1	2	3
電流の大きさ（mA）	300	600	900

先　　　生：並列つなぎのときは、直列つなぎのときとは違《ちが》った結果になりましたね。並列つなぎの場合には、どのような関係があるか気がつきましたか。

みなみさん：はい、並列つなぎでは「電流の大きさ＝３００（mA）×抵抗器の数」という式が成り立ちそうです。ところで、抵抗器の直列つなぎと並列つなぎを合わせてみたら、どうなるのですか。

先　　　生：それでは、【回路図６】のように、直列つなぎと並列つなぎを組み合わせた回路について調べてみましょう。

【回路図６】

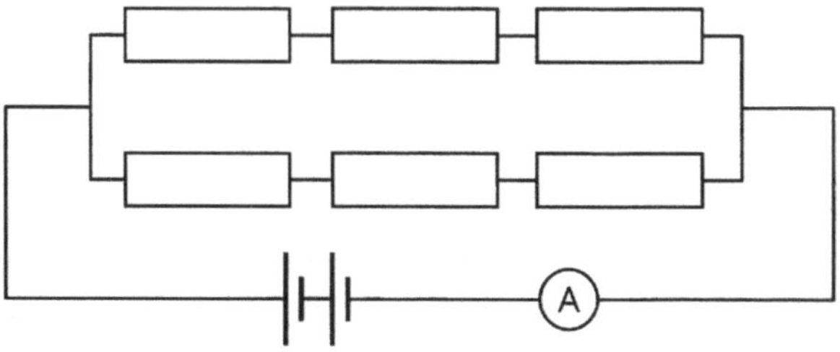

みなみさん：電流計は２００ｍＡを示しました。
先　　　生：なぜ２００ｍＡになったのか、**【表１】**、**【表２】**の結果を参考にして考えてみましょう。
みなみさん：「抵抗器３個を直列つなぎにしたものが、２つ並列つなぎになっている」と考えてみます。抵抗器３個を直列つなぎにした場合には、１００ｍＡの電流が流れることが分かっています。それらが２つ並列つなぎになっているので、[あ] の式で求められると思います。
先　　　生：そのとおりです。では、今度は「電流の通り道が２つに分かれていて、それぞれの通り道について抵抗器３個が直列つなぎになっている」と考えると、２００ｍＡはどのようにして求められますか。
みなみさん：その場合には、[い] の式で求められると思います。
先　　　生：そうですね。直列つなぎと並列つなぎを組み合わせた回路では、それぞれの性質を組み合わせて、電流の大きさを求めることができます。

問題２　**【会話文１】**、**【会話文２】**の内容をふまえて、[あ]、[い] にあてはまる式として最も適切なものを、次の**ア**～**カ**から１つずつ選び、記号で書きなさい。

ア　２００（ｍＡ）×１　　　**イ**　１００（ｍＡ）×２
ウ　　５０（ｍＡ）×４　　　**エ**　４００（ｍＡ）÷２
オ　６００（ｍＡ）÷３　　　**カ**　８００（ｍＡ）÷４

問題３　**【会話文１】**、**【会話文２】**で使用した抵抗器と電池を用いて、**【回路図７】**のような回路をつくったとき、電流計を流れる電流の大きさは何ｍＡになるか答えなさい。

【回路図７】

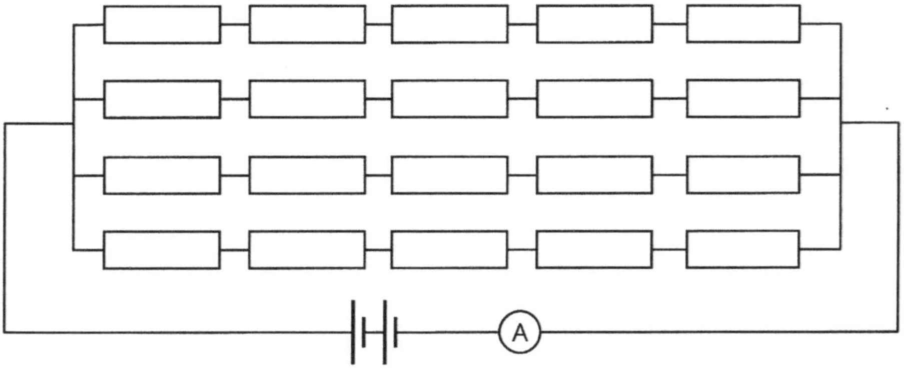

令和４年度

適性検査Ⅰ

９：００～９：４５

注　意

1　問題は**1ページから18ページ**にわたって印刷してあります。**ページの抜《ぬ》け、白紙、印刷の重なりや不《ふ》鮮明《せんめい》な部分などがないかを確認《かくにん》してください。あった場合は手をあげて監督《かんとく》の先生の指示にしたがってください。**

2　解答用紙は二枚《まい》あります。**受検番号**と**氏名**をそれぞれの決められた場所に記入してください。

3　声を出して読んではいけません。

4　答えはすべて解答用紙に記入し、**解答用紙を二枚とも提出してください。**

5　字ははっきりと書き、答えを直すときは、きれいに消してから新しい答えを書いてください。

6　文章で答えるときは、漢字を適切に使い、丁寧《ていねい》に書いてください。

横浜市立南高等学校附属中学校

＃教英出版　注
編集の都合上、解答用紙は表裏一体となっております。

みなみさんとりかさんは、調べ学習で横浜について書かれたある本を見つけました。次の【文章】やあとの【会話】を読み、問題に答えなさい。

【文章】

都市の一般的《いっぱんてき》な形成過程はなかなか複雑で、それぞれの地理的、歴史的な条件にも大きく左右されます。ここでちょっとおもしろいシミュレーションゲームソフト「シムシティ」というのを紹介《しょうかい》しましょう。これはバージョンアップされるに従《したが》って複雑になってきましたが、最初のバージョンは、自分が市長になったつもりで、何もない土地に都市を建設するというものなのです。市長にはわずかな資金が渡《わた》されますが、その資金でまず発電所をつくります。そして、道路と住宅《じゅうたく》、その次には働く場である工場や買い物のための商業施設《しせつ》をというように、つぎつぎと都市の生活に必要な施設をつくっていくのです。資金は税金で、工場や商業施設が増えると税収《ぜいしゅう》が増えていきます。

このソフトでおもしろいのは、都市が大きくなるにつれて都市生活に必要な機能《きのう》の種類や量が増え、それが相互《そうご》に影響《えいきょう》してさまざまな問題を引き起こして、解決を迫《せま》られていくことでした。たとえば、人口が増えると交通渋滞《じゅうたい》も増える、工場が多いと公害が発生する、大きな都市になると港湾《こうわん》、空港、レジャー施設が必要になる、というようにです。

横浜の場合には、日本経済《けいざい》の発展《はってん》によって大きな課題を背負うことになりました。それは、東京に政治、経済、文化の機能が急速に集中していったことでした。

じつは、横浜にとって、高度経済成長による東京一極集中は、関東大震災《だいしんさい》や災害に匹敵するほどの大きな試練だったのです。戦争直後に横浜の中心部は連合国軍に※1接収《せっしゅう》されたのですが、それが解除《かいじょ》されたのは１９５０年代に入ってからでした。１９５５年ごろから日本の経済成長は年間成長率１０パーセントを超《こ》えるときもあり、高度経済成長期に移行しましたが、その当時の横浜の中心部は接収解除がようやく行われたものの、「関内《かんない》牧場」といわれるほどに、何もない荒《あ》れた空地状態にあったのです。

都市機能として、道路や鉄道が十分に整備されていないところに、東京への機能集中がはじまり、横浜は、東京に通勤《つうきん》・通学する人たちのベッドタウンとしての役割《やくわり》が重くなりました。市内のいたるところに、虫食い的に宅地《たくち》造成が行われるスプロール現象といわれる開発が進み、人口は年間１０万人も増える時期もありました。人口が増えることは、都市にとっては活気をもたらし歓迎《かんげい》されることもありますが、当時の横浜市役所は人口増にともなう小中学校の整備、水道や下水の整備、消防やバス路線確保のための道路建設など、多忙《たぼう》をきわめていました。

仮設のプレハブ校舎で、午前と午後に分けた二部授業、雨が降《ふ》ればひざまでの水たまりができてしまう道路、１時間に１本しか来ないバスなど、当時は、市民にとって、あこがれのまち「ミナトヨコハマ」のイメージとはほど遠い生活環境《かんきょう》でした。人口急増にともなう都市基盤《きばん》の整備は緊急《きんきゅう》の課題だったのです。

横浜市役所では、このような状況《じょうきょう》への対処《たいしょ》をすすめる一方で、将来《しょうらい》に向けて、バランスのとれた都市の骨格《こっかく》をつくるために、１９６５年に「六大事業」と呼《よ》ばれる大改造計画を発表しました。

それは、横浜駅と関内地区に分断されている都市中心部機能の強化、良好な住宅環境を確保するニュータウン建設、工業団地と住宅を組み合わせた大規模《だいきぼ》な埋立《うめた》て、市内の高速道路網《もう》、地下鉄建設、ベイブリッジ建設の６つの事業でした。これらの事業は、横浜市全体の中で、住宅、工場、オフィスなどを適切に配置し、高速道路や地下鉄で効果的に結ぶという戦略性をもっていました。埋立てや交通網は３０年以上かけてほぼ計画どおりに実現しましたが、ニュータウンの形成は進行中ですし、都市部機能の強化はみなとみらい２１計画へと具体化し、計画から約４０年を経過した現在も進行中です。多くの人や企業《きぎょう》、組織が集まっている都市はそう簡単《かんたん》に計画し、短期間に計画を達成できるものではありません。それでも横浜は、港を軸《じく》として発展してきた歴史を大事にすること、無秩序《むちつじょ》な開発を規制して快適な住みやすい環境を確保すること、そして、時代の変化に対応できるように新しい機能を呼《よ》び込《こ》むこと、という基本的な戦略を生かしてまちづくりを進めているのです。

とくに、横浜都心を再生するみなとみらい２１計画は、大きな注目を集めながら着実に進行しています。この計画は、港の機能と※2官公庁《かんこうちょう》や企業などのビジネス機能が集まり、都市としての発展の基礎《きそ》となった関内地区と、東海道線をはじめ、いくつもの私鉄《してつ》やバス路線のターミナルとなり、交通や商業を中心にした機能が集まっている横浜駅地区の両方を、一体化しようとする計画です。みなとみらい地区には、かつて三菱《みつびし》重工の造船所や、旧国鉄（現在のＪＲ）の貨物ターミナルであった高島ヤードがあり、一般市民が立ち入ることはできませんでした。

関内地区と横浜駅地区が分断されたままでは、横浜市の中心部に、都市にふさわしい業務や商業などの機能を十分に※3誘致《ゆうち》することができません。働き、学び、買い物をする機能はますます東京に流出する可能性がありました。そこで、貨物ターミナルの廃止《はいし》と造船所の本牧《ほんもく》地区への移転を働きかけ、その跡地《あとち》を中心に大規模な埋立《うめた》てを行って、関内《かんない》地区と横浜駅地区を結びつける新しい都市中心部をつくることになりました。「みなとみらい」という名称《めいしょう》は、市民からの公募《こうぼ》で決まったものです。その名のとおり、港としての歴史を軸《じく》にして未来に向かって発展《はってん》するまちづくりをスタートさせたのです。

横浜ランドマークタワーの地下部分に、石造りのドックを残して活用したことも横浜としてのこだわりでした。みなとみらい地区という新しい都市計画のシンボルが横浜ランドマークタワーなのですが、建設の際にいったんは埋《う》められた石造りのドックを、横浜港の歴史財産として保存《ほぞん》するように、横浜市が、土地の所有者であり開発者でもある三菱《みつびし》地所を説得したのです。

この石造りのドックは日本で最初のものです。１号ドックは、日本丸を※4係留して公園の一部にそのままの形で保存し、２号ドックは、一度解体したあとに、中をレストランにして、再度大きな石を使って復元しました。そして全体をイベント広場「ドックヤードガーデン」として活用したのです。これによって、いつまでもこの場所が日本で最初に開かれた港であり、多くの船を建造した地であるという歴史の記憶《きおく》が残ることになりました。

みなとみらい地区の先端《せんたん》のパシフィコ横浜は、国際都市として必要な国際会議場、展示場《てんじじょう》、ホテルを一体化したものです。海に開かれた横浜の伝統を示す国際コンベンション施設《しせつ》として、設計にも大きな工夫をしました。ホテルは帆《ほ》を、国立横浜国際会議場は貝を、そして展示場は波をイメージしています。

また、前にお話ししたとおり、ランドマークタワーから海に向かって徐々《じょじょ》に低くなるように、ビルの高さを規制して美しいスカイラインをつくりあげています。双眼鏡《そうがんきょう》があったら、海に面して建てられている帆の形のホテルの最上部を見てください。女神像が海を見つめている姿《すがた》を見ることができます。

はじめは、企業《きぎょう》を集めることを基本に考えられたみなとみらい地区の建設計画でしたが、現在では、企業だけでなく、美術館やコンサートホールを軸に、シネマコンプレックス、映像《えいぞう》スタジオなどの文化芸術機能の誘致《ゆうち》も計画されています。ホテルやレストランなどの商業施設も集まり、今ではつぎつぎと新しい機能を生み出す横浜の、未来に向けた「顔」として、多くの観光客をも呼《よ》び、高層住宅《こうそうじゅうたく》に数千人が生活するまちとなっています。

２００４年２月に開通した地下鉄みなとみらい線は、東京の渋谷《しぶや》駅と横浜駅を結ぶ東急東横線と相互《そうご》乗り入れで、横浜駅から元町《もとまち》・中華街《ちゅうかがい》駅までの横浜都心部をつなぐ便利な路線となりました。各駅のデザインは、その地区の個性や歴史を反映《はんえい》させており、従来《じゅうらい》の地下鉄の駅のイメージを大幅《おおはば》に変えるユニークなものとなって注目を集めています。

パシフィコ横浜の横にある大観覧車《だいかんらんしゃ》（コスモクロック２１）は、１９８９年に横浜市政１００周年を記念して開催《かいさい》された横浜博覧会《はくらんかい》のときに造られたものです。博覧会の終了《しゅうりょう》とともに取《と》り壊《こわ》される予定でしたが、非常に人気があったのと、港周辺の雰囲《ふんい》気《き》に合っていたことから、その周辺の遊園地よこはまコスモワールドと一緒《いっしょ》に楽しめるアミューズメント施設として位置を移して残されることになりました。すぐ横にある横浜ワールドポーターズは、輸入品を中心に扱《あつか》っている商店や、シネマコンプレックス、スーパーマーケットなどの入った複合ビルで、若者《わかもの》に人気のあるスポットになっています。

１９９７年に行った横浜市民の意識調査によると、横浜のイメージは港であり、色で表すとブルーと答えた人が7割《わり》以上にのぼりました。自分の家から港が見えなくても、港周辺に出かけるのが年に１、２回でも、横浜市民は「ミナトヨコハマ」に住んでいるという意識をもっているというのです。１９６０年代に、そのミナト周辺に高速道路が※5高架《こうか》で建設されるという動きがありました。横浜駅から桜木町、関内を経由して石川町の駅あたりまで、ＪＲ根岸線よりも高い位置に高速道路が建設されるという計画でした。経済的《けいざいてき》に見れば高架のほうが建設費は安いのですが、それでは横浜にとって最も大事なミナト周辺の景観が壊れてしまいます。そこで、国や首都高速道路公団に交渉《こうしょう》して、桜木町から石川町にかけては、高速道路を地下に通すことにしたのです。この結果、みなとみらいから関内、石川町の中華街の入り口までは景観が保たれることになりました。

そして、それぞれの駅から山下公園までは、わかりやすいサイン（道案内標識）を取り付け、歩道には絵タイルを張って、それをたどって歩けば歴史的な建造物を見ながらミナトまで行けるような工夫をしたのです。

中華街では電信柱を赤く塗《ぬ》って、中華街らしいイメージをかもしだし、山下公園の向かいの狭《せま》い歩道は、ゆったりと歩けるように、建物を壁面《へきめん》後退させて広げました。県民ホールに沿《そ》ったいちょう並木《なみき》の広い歩道を歩くときは、歩道の真ん中にある３センチ角くらいの小さな金属板を注意して見てください。道路と建物の敷地《しきち》の境界線がしるしてあります。また、県民ホールと隣《となり》の産業貿易センタービルの広場は、同じようなデザインでペア広場として大きな空間をつくっています。

(南《みなみ》　学《まなぶ》「横浜　交流と発展《はってん》のまちガイド」岩波ジュニア新書より。
一部省略や表記を改める、ふりがなをつけるなどの変更《へんこう》があります。)

[注]

※1　接収《せっしゅう》……権力《けんりょく》をもって強制的に取り上げること。

※2　官公庁《かんこうちょう》…国や市区町村の仕事をする役所。

※3　誘致《ゆうち》……学校や工場などの施設《しせつ》をその場所に設けるように誘《さそ》い寄《よ》せること。

※4　係留……船などをつなぎ止めること。

※5　高架《こうか》……橋や電線、鉄道などを高く架《か》け渡《わた》すこと。

このページに問題は印刷されていません。

【会話1】

りかさん：横浜は、今も発展《はってん》し続けている都市であることが分かる文章でした。ところで、横浜はいつから発展したのでしょうか。

みなみさん：歴史の授業で、ペリーが来航したことをきっかけにして、１８５８年に結ばれた日米修好通商条約によって、横浜が開港したと学習しましたね。では、日米修好通商条約をもっと詳《くわ》しく見てみましょう。

【資料１】日米修好通商条約の一部

第３条
　下田・箱館《はこだて》に加え、以下の港を開港する。
　神奈川：１８５９年7月4日
　長崎　：同上
　新潟　：１８６０年1月1日
　兵庫　：１８６３年1月1日

りかさん：あれっ。横浜を開港するとは書かれていません。

みなみさん：そうなんです。この条約には神奈川を開港すると書いてありますが、実際に開港したのは横浜でした。当時、神奈川とは、東海道の宿場※6である神奈川宿の周辺のことを意味していました。アメリカは神奈川宿を開港場にするように求めてきたのですが、江戸幕府《えどばくふ》は、開港場を神奈川宿ではなく、まだ小さな漁村だった横浜村にしたのです。

りかさん：そのようなことをしてアメリカと対立しなかったのですか。

みなみさん：もちろん対立しました。しかし幕府は、横浜も神奈川の一部だから条約違反《いはん》ではないという考えを押《お》し通《とお》して、結局開港場は横浜になりました。

りかさん：なぜ幕府はそこまでして、神奈川宿を開港場にしたくなかったのでしょうか。

みなみさん：それは、その当時の地図を見てみるとわかります。【資料２】は、１８５５年に描《えが》かれた神奈川宿と横浜村周辺の地図です。

※６　宿場･･･街道の拠点《きょてん》。旅行者の宿泊《しゅくはく》・休憩《きゅうけい》のための宿屋や茶屋があった。

【資料2】１８５５年に描かれた地図

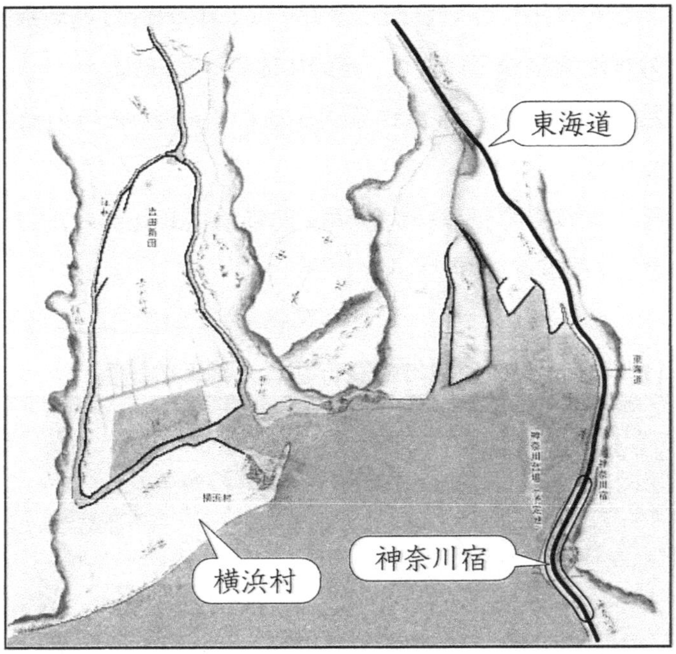

(岡田直《おかだなおし》　吉崎雅規《よしざきまさき》　武田周一郎《たけだしゅういちろう》「地図で楽しむ横浜の近代」をもとに作成)

みなみさん：この地図を見ると幕府が神奈川宿を開港場にしたくなかった理由がわかってきます。

りかさん：そういえば、ペリーが最初に浦賀《うらが》に来航したときに、
「泰平《たいへい》の　眠《ねむ》りを覚ます　上喜撰《じょうきせん》　たった四杯《はい》で　夜も眠れず」
という歌がはやったというのを聞いたことがあります。たった４隻《せき》の蒸気《じょうき》船でペリーが来ただけで、幕府はとても混乱《こんらん》したという内容でした。その歌のことを思い出しました。

みなみさん：幕府が神奈川宿を開港場にしたくなかったのは（　１　）と考えたからなのです。

みなみさん：さらに幕府《ばくふ》には開港場を神奈川宿ではなく横浜にしたかった理由があります。次の**【資料３】**の地図を見てください。この地図は、１８６８年に作られた地図なので、日米修好通商条約から１０年後の横浜を描《か》いています。何かに似ていませんか。

りかさん：陸地と川で切り離《はな》されているので、まるで長崎の出島みたいに見えますね。

みなみさん：そうなのです。幕府が横浜を開港場にしたかったのは（　２　）と考えたからなのです。

【資料３】１８６８年に発行された横浜の地図

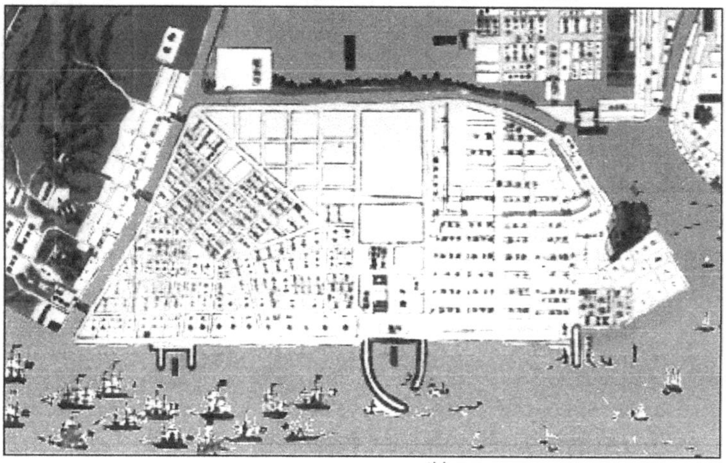

（「横濱《はま》明細全図」をもとに作成）

りかさん：明治時代の最初の横浜が**【資料３】**のような形をしていたのには驚《おどろ》きました。ところで、①この地図の出島のような部分は現在の地図に当てはめるとどこになるのでしょうか。今もその名残《なごり》があるのでしょうか。なんだかとても気になります。

みなみさん：「関内《かんない》」という地名を知っていますか。当時の「関内」には、外国人が住む開港場との間に置かれた関所があったので、開港場を「関内」、開港場の外を「関外」と呼《よ》んでいました。その名残が今も地名として残っています。また、横浜を取り囲むようにつくられた運河は、現在も川として残っているところもありますが、埋《う》められて高速道路になっている部分もあります。このようなことをヒントに探《さが》してみるといいかもしれませんね。

問題１　【会話１】中の（　１　）と（　２　）にあてはまることばとして、最も適切なものを、次の**ア～カ**からそれぞれ一つずつ選び、記号を書きなさい。

ア　周りを海や川に囲まれた地形のため、外国から入って来る人やものの監視《かんし》がしやすい

イ　オランダとだけ貿易するため、キリスト教が国内に広がるのを防ぐことができる

ウ　川に囲まれている場所だったため、外国の船が攻《せ》めてきたときに守るのが難《むずか》しい

エ　入り江が多い地形のため、外国から入ってくるものを船に乗せて運びやすい

オ　東海道の宿場だったため、日本人と外国人とのかかわりが増え、大きな混乱《こんらん》が予想される

カ　神奈川の海岸沿《ぞ》いは、たくさんの海産物がとれたため、漁民が開港に反対する

問題２　【会話１】中の①＿＿＿線について、次の【地図１】（【資料３】と同じ地図）の太線で囲った地域《ちいき》は、現在の地図に当てはめると、どの地域になるか。解答用紙の地図に当てはまる地域を線で囲いなさい。ただし、次の【地図１】と解答用紙の現在の地図が表している方位は同じとは限らない。

【地図１】

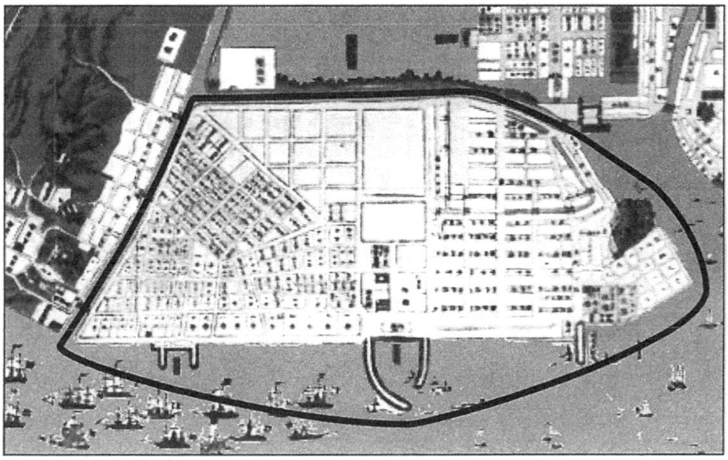

【会話２】

りかさん：【文章】に書いてあった「みなとみらい地区」は、私《わたし》も家族と一緒《いっしょ》に買い物に行ったことがあります。ランドマークタワーで買い物ができたり、臨港《りんこう》パークの芝生《しばふ》で遊んだりしました。その「みなとみらい地区」がしっかりと考えられた計画に基づいてつくられたとは知りませんでした。

みなみさん：実は、「みなとみらい地区」には、目に見えないところにも工夫が隠《かく》されているのですよ。

りかさん：それはいったいどのような工夫なのですか。

みなみさん：「共同溝《きょうどうこう》」という言葉を聞いたことはありますか。「共同溝」とは、電話、電気、ガス、上下水道などの管や線を道路の下にまとめて収容《しゅうよう》するためにつくられたトンネルのことです。その「共同溝」が「みなとみらい地区」には張《は》り巡《めぐ》らされているのです。

りかさん：ちょっとイメージができないので、教室にあるタブレット端末《たんまつ》を使ってインターネットで調べてみます。

りかさん：とあるホームページを調べたところ、イラストが載《の》っていました。なるほど、これが「共同溝」なのですね。

【資料４】りかさんがみつけた「共同溝」のイラスト

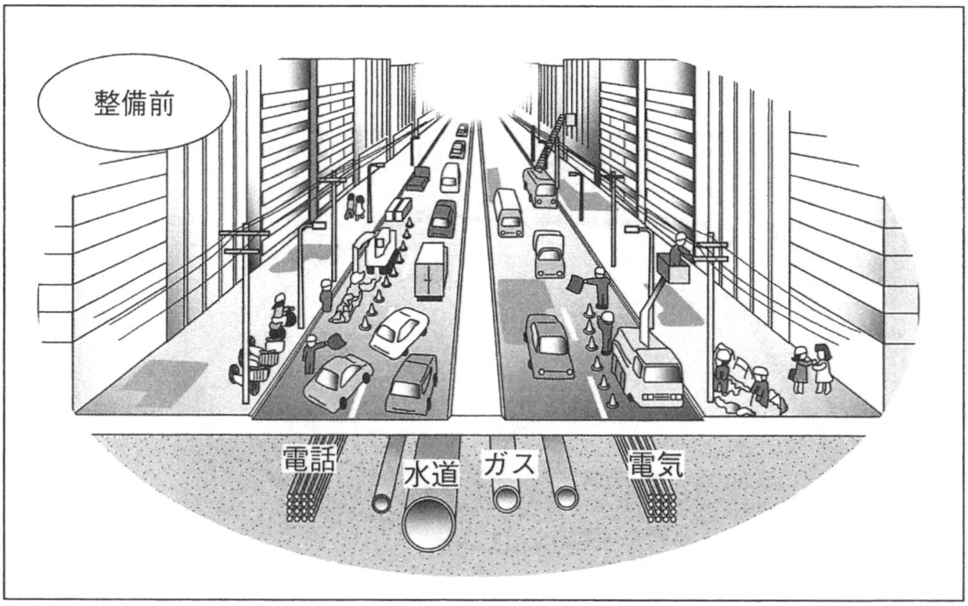

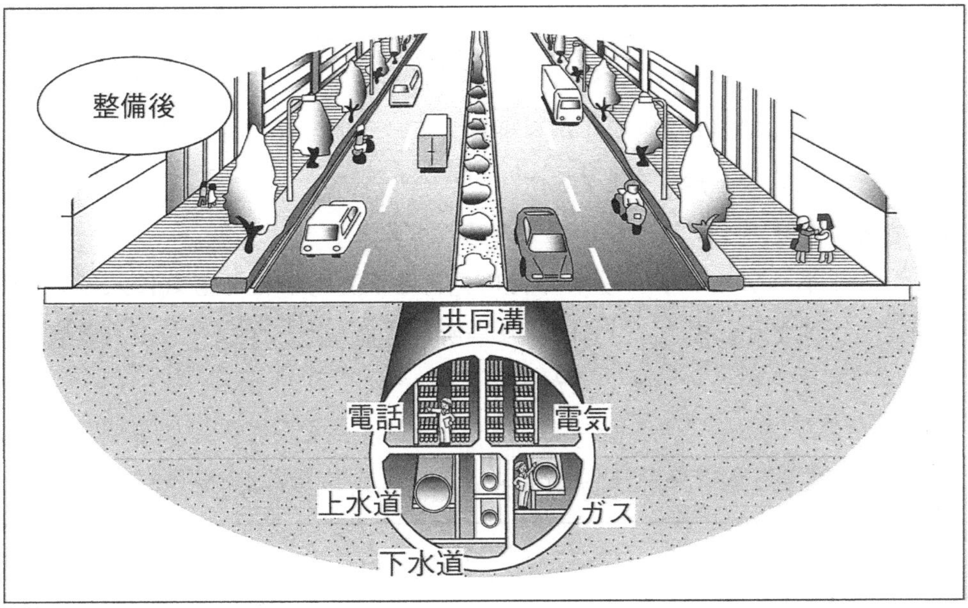

(国土交通省関東地方整備局横浜国道事務所ホームページをもとに作成)

みなみさん：【資料4】を見て、共同溝にするとどのような利点があると考えられますか。

りかさん：【資料4】からは、（　3　）ということが利点として考えられると思います。

みなみさん：それ以外にも、地震《じしん》などの災害にも強いという利点があります。

りかさん：「みなとみらい地区」は、地面の下という目に見えないところにも工夫がされているのですね。

問題3　【会話2】中の（　3　）にあてはまるものとして、最も適切なものを、次のア～エから一つ選び、記号を書きなさい。

ア　整備後は水道水がきれいになって環境《かんきょう》にやさしくなる

イ　どのような町にでもすぐに整備することができる

ウ　整備後は水を貯《た》められるので、大雨の時に洪水《こうずい》を防げる

エ　整備後は道路を掘《ほ》りおこして工事する必要がなくなる

【会話3】

りかさん：私《わたし》は、以前からベイブリッジが大好きだったのですが、【文章】を読んで、はじめて「六大事業」の一つとしてベイブリッジが建設されたことを知りました。

みなみさん：なぜベイブリッジが好きなのですか。

りかさん：あのアルファベットのHに見えるかたちがとても気に入っているからです。私は、いろいろな場所から撮《と》ったベイブリッジの写真をもっているので、見てください。

【資料5】りかさんがいろいろな場所から撮ったベイブリッジの写真

1

2

3

4

みなみさん：どの写真もとてもよく撮れていますね。ベイブリッジは、見る角度によってずいぶん違《ちが》うように見えるのですね。

りかさん：はい。それがベイブリッジの魅力《みりょく》だと思います。

問題４　【資料５】中の１～４の写真は、次の【地図２】中のＡ～Ｆのそれぞれどの場所で撮ったものですか。写真と場所の組み合わせとして、最も適切なものを、あとの**ア～ク**から一つ選び、記号を書きなさい。

【地図２】

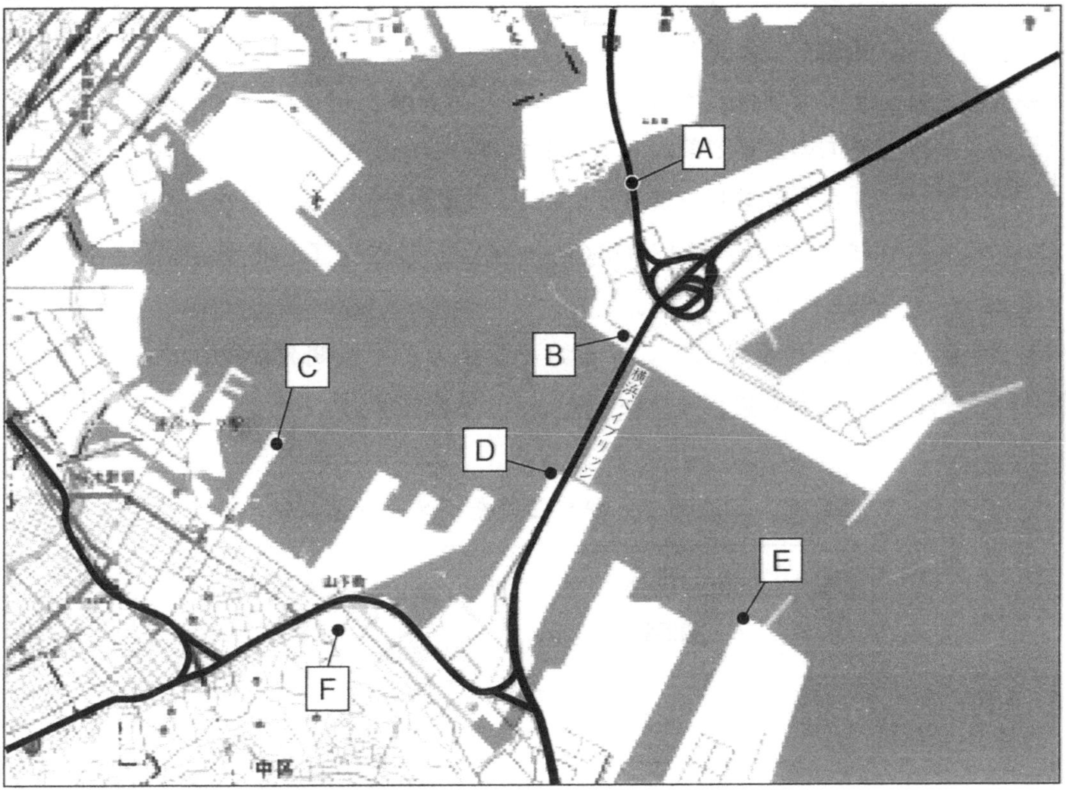

（国土地理院　地理院地図をもとに作成）

ア	１とＢ	２とＡ	３とＦ	４とＣ
イ	１とＢ	２とＦ	３とＡ	４とＣ
ウ	１とＢ	２とＡ	３とＦ	４とＥ
エ	１とＢ	２とＦ	３とＡ	４とＥ
オ	１とＤ	２とＡ	３とＦ	４とＣ
カ	１とＤ	２とＦ	３とＡ	４とＣ
キ	１とＤ	２とＡ	３とＦ	４とＥ
ク	１とＤ	２とＦ	３とＡ	４とＥ

【会話4】

りかさん：私《わたし》の友だちに、センター南駅の近くに住んでいる人がいます。その人の家に遊びに行ったときに市営地下鉄ブルーラインに乗りました。このことも【文章】に書いてあった「六大事業」に関わりがあることに気がつきました。

みなみさん：そうですね。そう考えると「六大事業」は、いろいろなところで私たちの生活と関わっていますね。

「六大事業」を調べていたら、【資料6】を見つけました。この資料は、「六大事業」の中の（　4　）について、イメージ図を使って説明したものです。

りかさん：確かに現在は、このイメージ図のように開発が進んでいますね。「六大事業」は、今も続いているのですね。

【資料6】みなみさんが見つけたイメージ図

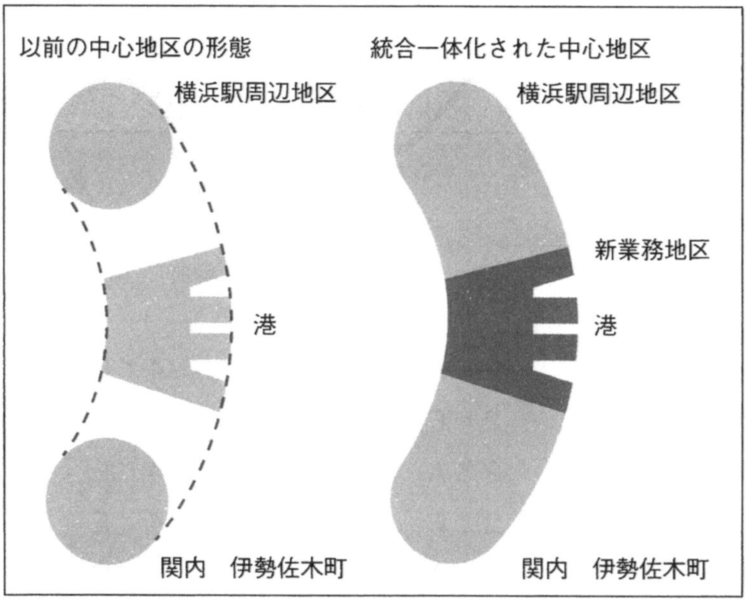

（横浜市教育委員会編「Yokohama Express 第5版」をもとに作成）

問題5　【会話4】中の（　4　）にあてはまる言葉を、【文章】の中から２６字で見つけ、その最初の３字と最後の３字を書きなさい。

問題６　次の写真①、②の成り立ちや特徴《とくちょう》を、【文章】をもとに、それぞれ横浜のまちづくりの「基本的な戦略」と関連させて、あとの【条件】にしたがって説明しなさい。

写真①
ドックヤードガーデン

写真②
桜木町から石川町にかけての高速道路

【条件】

- １枚《まい》の写真につき【語群】からキーワードを２つずつ文中に使うこと。ただし一度使ったキーワードは他の写真で使えないこととする。
- それぞれ１２５字以上１５０字以内で書くこと。
- 段落《だんらく》はつくらずに、１行目、１マス目から書くこと。

【語群】キーワード

地下	石造り
歴史	規制

問題７　次の【資料７】は、りかさんが見つけた本の一部です。【文章】と【資料７】に共通する考え方を、あとの【条件】にしたがって書きなさい。

【資料７】

コスタリカは、カリブ海と太平洋に挟《はさ》まれた、四国と九州を合わせたくらいの中央アメリカの小国ですが、ほかの熱帯林をもつ国(コスタリカには、雨林、乾燥《かんそう》林、雲《うん》霧《む》林などのさまざまな熱帯林のバラエティがあるため総称《そうしょう》して「熱帯林」という)と同じく１９８０年代までは、[※7]プランテーションやそのほかの開発のために森林をさかんに破壊《はかい》してきました。しかし９０年代に入り、熱帯林やその[※8]生物多様性こそ自国の戦略的資源《しげん》であるとの再認識《さいにんしき》のもと、保全を重視《じゅうし》した政策《せいさく》に転換《てんかん》をはかりました。地球の０．０３パーセントという狭《せま》い国土ながら、地球上の生物の５パーセント以上を占《し》めるという、きわめて生物多様性の高い自然の貴重さに気づいたからです。

その[※9]施策《しさく》の一つは、国家事業としてのエコツアー(ツーリズム)の推進《すいしん》でした。エコツアーとはいうまでもなく、すぐれた自然を資源に、自然や生態系《せいたいけい》に負荷をかけることのない観光事業で旅行客を呼《よ》び込《こ》み、経済《けいざい》的自立をはかるとともに、その[※10]収益《しゅうえき》を通じて地域《ちいき》の自然や文化の維持《いじ》に再投資しようとするものです。エコツアーを売り物にしようとすれば、自然を壊《こわ》してしまっては元も子もありません。国土の２５パーセントが保護区に指定され、自然が積極的に保全されています。

今日では、バナナやコーヒーなどの物産の貿易額を抜《ぬ》いて、外貨収入《しゅうにゅう》の第一位がエコツアー収入だということです。

もう一つの国家戦略が、「コスタリカ国立生物多様性研究所」による生物資源の探《たん》査《さ》です。植物、昆虫《こんちゅう》、菌類《きんるい》をはじめ、すべての生物を[※11]網羅《もうら》的に収集《しゅうしゅう》、分類し、その生物資源としての可能性を探査しているのです。現在、欧米《おうべい》の製薬会社などの数社と契《けい》約《やく》を結び、化学物質とＤＮＡの探査、[※12]スクリーニングを行っています。すでに[※13]ヘルペスに有効な物質などいくつかの成分がスクリーニングされているということです。

(豊島《とよしま》　襄《のぼる》「ビジネスマンのためのエコロジー基礎講座《きそこうざ》　森林入門」より。一部省略やふりがなをつける、表記を改めるなどの変更《へんこう》があります。)

【条件】

・３０字以上４０字以内で書くこと。
・段落《だんらく》はつくらずに、１行目、１マス目から書くこと。

[注]

※７　プランテーション…熱帯・亜《あ》熱帯《ねったい》地《ち》域《いき》で綿花・ゴム・コーヒーなどの一種だけを大量に栽培《さいばい》する経営形態。

※８　生物多様性…………いろいろな生物が存在《そんざい》している様子。

※９　施策…………………行政機関などが、計画を実行すること。またその計画。

※１０　収益…………………もうけを手に入れること。

※１１　網羅…………………かかわりのあるものすべてを残らず集めて取り入れること。

※１２　スクリーニング……ふるいにかけること。選抜《せんばつ》。選別。

※１３　ヘルペス……………皮膚《ひふ》や粘膜《ねんまく》に感染《かんせん》して引き起こされる病気。

令和４年度

適性検査Ⅱ

１０：２５～１１：１０

注意

1　問題は[1]から[4]まであり、この問題冊子《さっし》は１ページから２２ページにわたって印刷してあります。**ページの抜《ぬ》け、白紙、印刷の重なりや不鮮明《ふせんめい》な部分などがないかを確認《かくにん》してください。あった場合は手をあげて監督《かんとく》の先生の指示にしたがってください。**

2　**受検番号**と**氏名**を解答用紙の決められた場所に記入してください。

3　声を出して読んではいけません。

4　計算が必要なときは、この問題用紙の余白を利用してください。

5　問題用紙や解答用紙を切ったり折ったりしてはいけません。

6　答えはすべて解答用紙に記入し、**解答用紙だけを提出してください。**

7　字ははっきりと書き、答えを直すときは、きれいに消してから新しい答えを書いてください。

横浜市立南高等学校附属中学校

このページに問題は印刷されていません。

1　みなみさんと先生は温度について話しています。次の【会話文１】、【会話文２】を読んで、あとの問題に答えなさい。

【会話文１】

みなみさん：今日はとても寒いですね。ニュースでは、最低気温が氷点下になると言っていました。気温が氷点下になるとは、どういうことですか。

【図１】

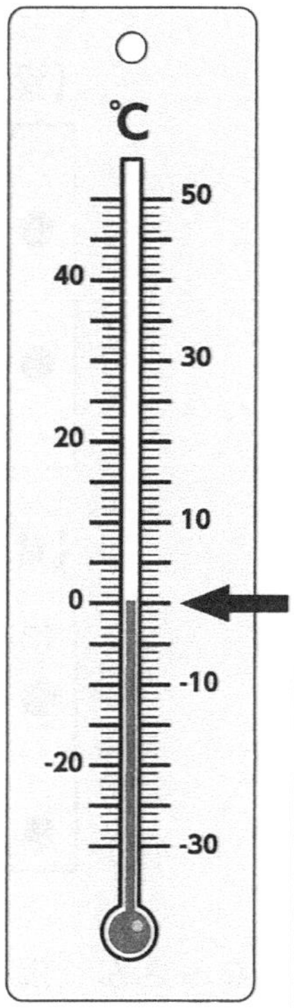

先　　　生：【図1】を見てください。一般的《いっぱんてき》に使われている温度計です。理科の授業でも、気温をはかるときに使いましたね。ところで、【図１】の矢印がさしている温度は何℃ですか。

みなみさん：０℃です。水が氷になる温度です。

先　　　生：そうですね。したがって０℃のことを「氷点」とよぶことがあります。０は一番小さい数と思われますが、温度は０℃よりも低くなることがあります。

みなみさん：それが氷点下なのですね。

先　　　生：はい。０より小さい数を表すときには「－（マイナス）」を数字の前につけます。たとえば、０℃から１℃下がった温度を－１℃、０℃から２℃下がった温度を－２℃というように表します。

みなみさん：なるほど。では、－５℃と－１５℃とでは、－１５℃のほうが温度が低いのですね。

先　　　生：そういうことになります。ところで、１０℃から何℃下がると－２℃になりますか。

みなみさん：【図１】から考えると、（　あ　）℃下がると－２℃になると思います。

先　　　生：そのとおりです。

問題１　（　あ　）にあてはまる数を答えなさい。

【会話文２】

みなみさん：温度について調べ、次の【資料１】～【資料３】を見つけました。

【資料１】

セルシウス度（℃）
- １７４２年にスウェーデンのセルシウスが提案したものをもとにした温度の表し方。
- 液体の水が固体になる温度を０℃、水が気体になる温度を１００℃とし、その間を１００等分して１℃とする。

【資料２】

ファーレンハイト度（°F）
- １７２４年にドイツのファーレンハイトが提案した温度の表し方。
- 液体の水が固体になる温度を３２°F、水が気体になる温度を２１２°Fとし、その間を１８０等分して１°Fとする。

【資料３】

絶対温度：ケルビン（K）
- 理論《りろん》上、最も低い温度（－２７３℃）を０ケルビンとした温度の表し方。
- １ケルビンの間隔《かんかく》はセルシウス度と同じ。

みなみさん：温度の単位は、セルシウス度（℃）の１種類だけではないのですね。

先　　　生：そうですね。世界で多く使われているのはセルシウス度ですが、ファーレンハイト度を用いている国もあります。また、高等学校や大学の授業では、絶対温度のケルビンを使うことも多いですね。どれも温度の単位なので、セルシウス度からファーレンハイト度など、別の単位に変えることもできます。たとえば、２３℃をケルビンで表すとどうなるでしょう。

みなみさん：えーと、２３℃をケルビンで表すと、（　い　）ケルビンになります。

先　　　生：正解です。それでは、４０℃をファーレンハイト度で表すとどうなりますか。

みなみさん：うーん、よくわかりません。

先　　　生：ではヒントを出します。まず、水が固体になる温度から気体になる温度について考えましょう。セルシウス度では、この間は１００℃ですが、ファーレンハイト度では１８０℉ですね。このことから、１℃の間隔は（　う　）℉の間隔と等しいことがわかります。４０℃は０℃から４０℃上昇《じょうしょう》した温度なので、ファーレンハイト度で考えると、４０×（　う　）＝（　え　）℉上がったことになります。さらに、水が固体になる温度が（　お　）℉であることを合わせて考えると・・・。

みなみさん：わかりました。４０℃をファーレンハイト度で表すと（　か　）℉ですね。

先　　　生：よくできました。ではもう１問。ファーレンハイト度では、塩化アンモニウムという物質を氷と混ぜることによって得られる最も低い温度を０℉としていますが、この温度はセルシウス度で表すと何℃でしょう。

みなみさん：（　き　）だと思います。

先　　　生：正解です。もう単位を変えられるようになりましたね。

みなみさん：はい。たくさん練習ができました。

先　　　生：ところで、新しい温度の表し方は考えられませんか。

みなみさん：水以外のものでセルシウス度と同じように考えるのはどうでしょうか。

先　　　生：よい考えですね。では※水銀を使って考えてみましょう。水銀はＨｇという記号で表すので、この単位を「°Ｈｇ」としましょう。

みなみさん：液体の水銀が固体になる温度が０°Ｈｇ、気体になる温度が１００°Ｈｇですね。面白そうです。

※　水銀・・・銀白色をした、常温で液体の金属。

問題２　【会話文２】の（　い　）～（　か　）にあてはまる数をそれぞれ答えなさい。

問題３　【会話文２】の（　き　）にあてはまる温度として最も適切なものを、次のア～オから１つ選び、記号を書きなさい。

ア　０℃
イ　－１７.８℃
ウ　－３２℃
エ　－５７.６℃
オ　－２７３℃

問題４　みなみさんは、水銀が固体になる温度と水銀が気体になる温度を調べたところ、－３９℃で固体になり、３５７℃で気体になることがわかりました。次の（１）、（２）の問いに答えなさい。

（１）「°Ｈｇ」では、１°Ｈｇの間隔《かんかく》は何℃になりますか。小数第２位まで答えなさい。

（２）１１℃は何°Ｈｇですか。小数第２位を四捨五入《ししゃごにゅう》して、小数第１位まで答えなさい。

2 みなみさんは、正多面体とよばれる立体について調べています。次の【資料】を読んで、あとの問題に答えなさい。

【資料】

平らな面だけでできた立体を、多面体という。その中でも、次のような特徴《とくちょう》をすべてみたす多面体を、正多面体という。

- ● すべての面が合同な正多角形である。
- ● それぞれの頂点《ちょうてん》に集まる正多角形の数が等しい。
- ● へこみがない。

たとえば、立方体は、すべての面が合同な正方形で、それぞれの頂点に３つの正方形が集まっていて、へこみもないので、正多面体である。この場合、面の数が６なので正六面体とよぶ。

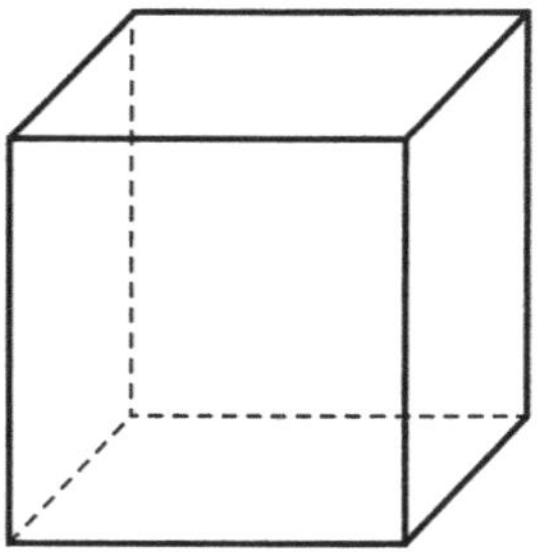
正六面体

問題１　【図１】の立体は、正八面体です。正八面体の頂点の数と辺の数を、それぞれ答えなさい。

【図１】
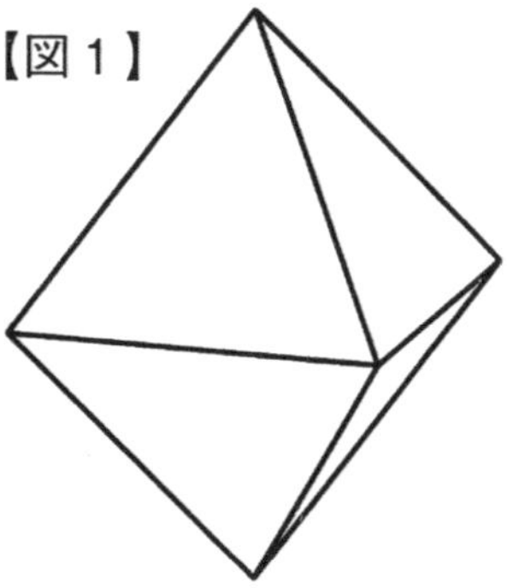

問題２　【図２】は、正三角形を組み合わせてできる立体の展開図《てんかいず》です。この展開図を組み立ててできる立体は、正多面体であるといえますか。解答らんの「いえる」または「いえない」のどちらかに○をしなさい。また、そのように考えた理由を、正多面体の特徴をふまえて具体的に書きなさい。

【図２】
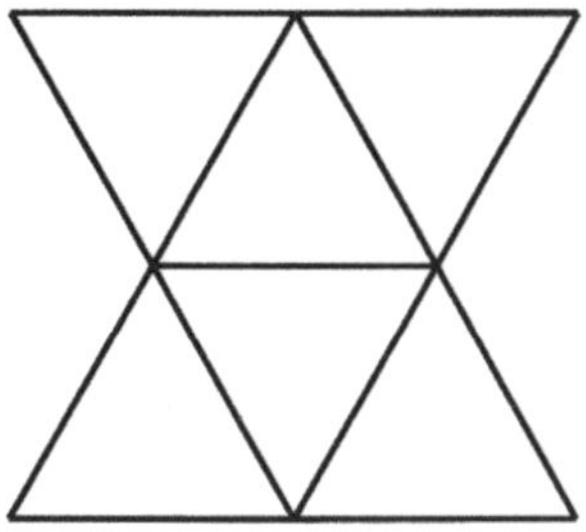

みなみさんは、正四面体の頂点の数を計算によって求める方法を考え、次の【メモ】をつくりました。

【メモ】

正四面体は、正三角形を４つ組み合わせた立体なので、【図３】のように分解できる。このとき、４つの正三角形の頂点の数の合計は、３×４＝１２と求められる。また、正四面体の１つの頂点に注目すると、正三角形が３つ集まっている。これらのことから、正四面体の頂点の数を計算によって求めることができるのではないか。

【図３】

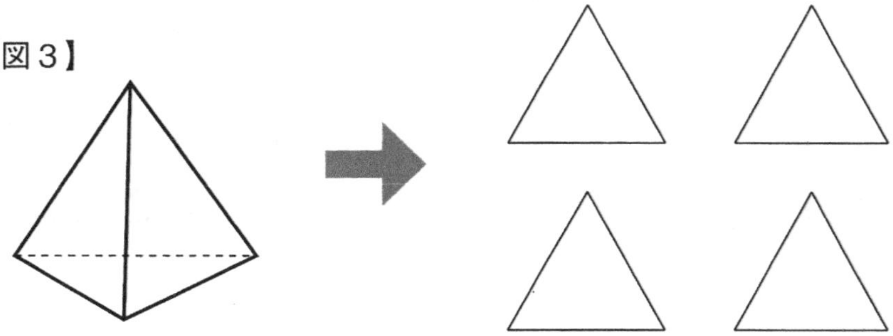

問題３　【図４】は、正五角形を１２個組み合わせてできた正十二面体です。
【メモ】の考え方をもとに、この立体の頂点の数を求める式を書き、頂点の数を答えなさい。

【図４】

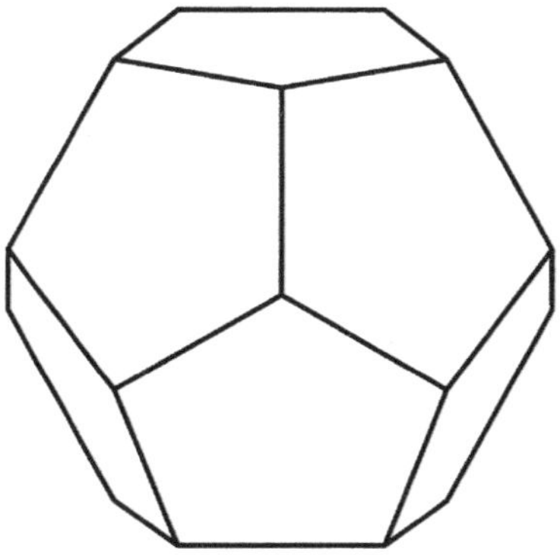

みなみさんは、次の【図５】のように、正多面体のそれぞれの頂点《ちょうてん》を、あとの【きまり】にしたがってすべて取りのぞくように切り、残った立体について調べました。

【図５】

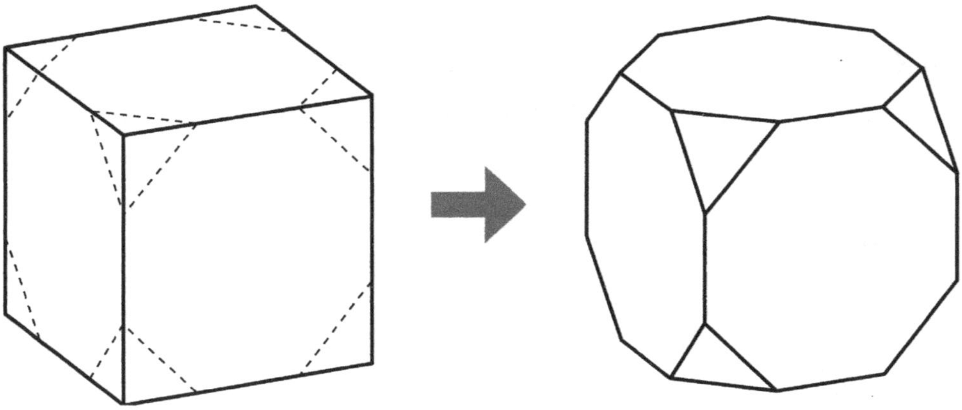

【きまり】

- 取りのぞく頂点に集まる辺をすべて通るように切る。ただし、辺の真ん中よりも取りのぞく頂点に近い位置を通るように切る。
- 残った立体の面が、すべて正多角形になるように切る。

正六面体を【きまり】にしたがって切り、残った立体の面の形と面の数、辺の数を調べると、次のようになりました。

面の形と面の数	正三角形が８ 正八角形が６
辺の数	３６

続いて、みなみさんは、次の**【図６】**の正二十面体について調べました。

【図６】

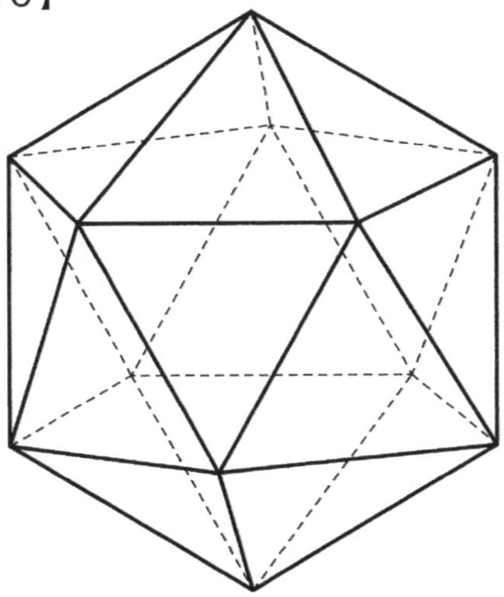

正二十面体を**【きまり】**にしたがって切り、残った立体の面の形と面の数、辺の数を調べると、次のようになりました。

面の形と面の数	正（　あ　）角形が（　い　） 正（　う　）角形が（　え　）
辺の数	（　お　）

問題４　（　あ　）～（　お　）にあてはまる数を、それぞれ答えなさい。

3 みなみさんは、円周率について調べています。みなみさんが見つけた資料を読んで、あとの問題に答えなさい。

【資料１】

円周率は、昔から人類が興味をもち、科学的に考えてきた数です。円周率とは、円周の長さが直径の長さの何倍になっているかを表す数で、どんな直径の円をかいても、つねに一定であることが知られていました。また、「半径 × 半径 × 円周率」で円の面積を求めることができます。

①円周率のおよその値《あたい》は、円形のものの長さや重さをはかることで調べることができます。しかし、円周率の正確な値は、この方法では得られませんでした。そこで、古代ギリシアの数学者アルキメデスは、②円の内側にぴったりおさまるような正多角形を用いて、円周率の正確な値を計算しようとしました。アルキメデスは、正９６角形を用いて、円周率の値の小数第２位までが、３.１４であることを確定させました。

③その後、数学の発展《はってん》により、さらに正確な円周率の値が解明されていきました。

（国土地理院　地理院地図をもとに作成）

問題３	問題４

※　24点

問題５						
最初の３字			～	最後の３字		
			～			

※　12点

受検番号	氏　　名

※　80点

横浜市立南高等学校附属中学校

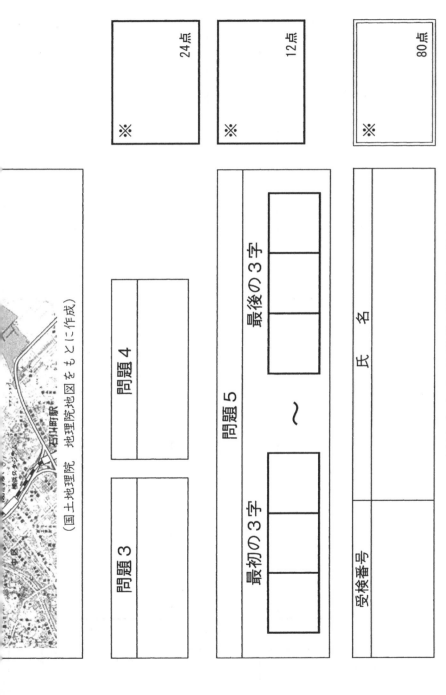

問題7

125

150

30

40

※12 ※11 ※10 ※9 ※8 ※7 ※6

3

問題１	（1）		（2）		※ 17点
問題２	正　　　　　　角形				※ 15点
問題３					※ 15点

4

問題１	（1）	g	（2）	ニュートン	※ 14点
問題２	あ、い		う、え		※ 20点
問題３					※ 10点

受検番号	氏　名

※

※200点満点

横浜市立南高等学校附属中学校

適性検査Ⅱ　解答用紙

1

※には何も記入しないこと。

問題１					※ ５点

問題２	い				
	う		え		
	お		か		※ 17点

問題３		※ 10点

問題４	（１）	℃	（２）	°Hg	※ 25点

2

問題１	頂点の数	辺の数	※ ７点

問題２	この立体は正多面体であると（ いえる ・ いえない ）← どちらかに○をする 理由	※ 15点

問題３	式	頂点の数	※ 10点

問題４	あ		い	
	う		え	
	お			※ 20点

※には何も記入しないこと。

適性検査Ⅰ　解答用紙

受検番号

氏　　名

※

120点

問題6

写真①

125

150

写真②

※1

※2

※3

※4

適性検査Ⅰ　解答用紙

※200点満点

※には何も記入しないこと

問題1	
（1）	（2）

※　28点

問題2
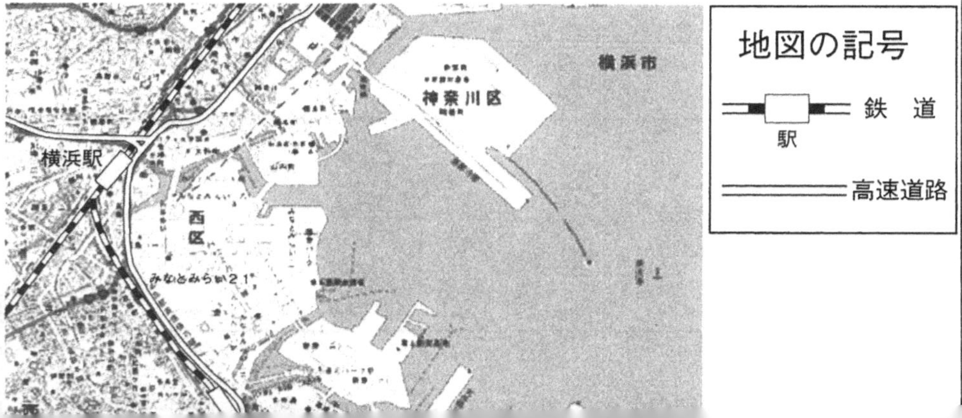

※　16点

問題１　**【資料１】**の①＿＿＿＿＿＿について、**みなみさん**は、さまざまな方法で円周率のおよその値を調べることにしました。次の（**1**）、（**2**）の計測の結果から、円周率はいくつであるといえますか。それぞれ、小数第３位を四《し》捨《しゃ》五《ご》入《にゅう》して小数第２位まで答えなさい。

（１）円柱の形の缶《かん》を用いて、円周の長さと直径をはかると、次のような値でした。

● 円周の長さ・・・１７４mm
● 直径　　　・・・　５３mm

（２）厚さが均一な厚紙を、直径２０cmの円と、一辺２０cmの正方形の形に切り取り、それぞれの重さをはかると、次のような値でした。

● 円形の厚紙　・・・7.3g
● 正方形の厚紙・・・9.6g

【資料１】の②＿＿＿＿＿について、みなみさんは、次の【資料２】のように、円の内側にぴったりおさまる正六角形を用いて、円周率が３より大きいことが説明できることを知りました。

【資料２】

半径１ｍの円の内側にぴったりおさまる正六角形の一辺の長さは１ｍで、辺は６つだから、周の長さは６ｍである。円周の長さは正六角形の周の長さよりも長いから、

　６　＜（直径）×（円周率）

したがって、

　３　＜（円周率）

つまり、円周率は３より大きい。

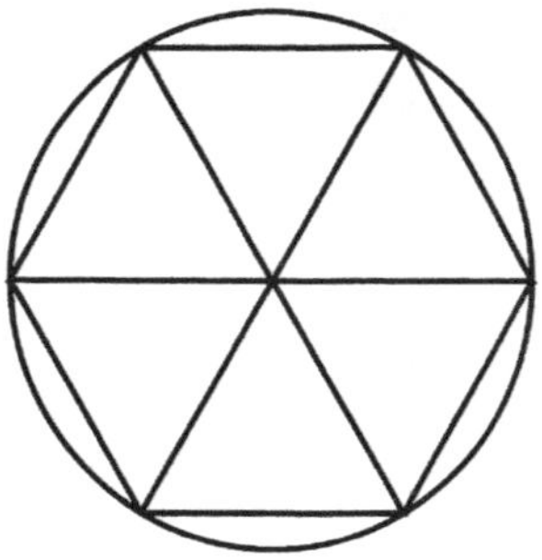

次の **【表１】** は、半径１ｍの円の内側にぴったりおさまる、さまざまな正多角形の一辺の長さをまとめたものです。

【表１】

正多角形	一辺の長さ（ｍ）
正７角形	0.867
正８角形	0.765
正９角形	0.684
正１０角形	0.618
正１１角形	0.563
正１２角形	0.517
正１３角形	0.478
正１４角形	0.445
正１５角形	0.415
正１６角形	0.390
正１７角形	0.367
正１８角形	0.347
正１９角形	0.329
正２０角形	0.312

問題２　みなみさんは **【表１】** の値を使い、円周率の値を求めようと考えました。**【表１】** の、どの正多角形を使えば、円周率が３.１より大きいことが説明できますか。**最も頂点《ちょうてん》の数が少ないもの**を答えなさい。

【資料１】の③＿＿＿＿＿について、みなみさんは、次の【円周率を求める式】があることを知りました。次の【会話文】を読んで、あとの問題に答えなさい。

【円周率を求める式】

$$円周率 = 2 \times \frac{2\times2}{1\times3} \times \frac{4\times4}{3\times5} \times \frac{6\times6}{5\times7} \times \cdot\cdot\cdot$$

【会話文】

みなみさん：円周率を求めることができる式があるのですね。この式の続きは、どのようになっているのでしょうか。

先　　　生：この式は、きまりにしたがって、終わることなく、どこまでも続きます。どんなきまりがあるか、わかりますか。

みなみさん：分子は、２×２、４×４、６×６・・・と、同じ偶数《ぐうすう》どうしを２回ずつかけたものになっていて、分母は、１×３、３×５、５×７・・・と、２つの続いた奇《き》数《すう》をかけたものになっています。どちらも順番に大きくなっています。

先　　　生：その通りです。上の式の、$\frac{2\times2}{1\times3}$を１番目の分数、$\frac{4\times4}{3\times5}$を２番目の分数とすると、何番目の分数が何であるか、求めることができそうですね。

みなみさん：はい、できそうです。

先　　　生：ところで、１番目の分数までの部分を計算し小数で表すと、２.６６・・・となりますね。２番目の分数までの部分、３番目の分数までの部分・・・と計算していくと、どのようになっていくでしょうか。

みなみさん：すごい。だんだんと、私の知っている円周率の値《あたい》に近づいていきます。

先　　　生：そうです。円周率を求める式は、この式以外にも、さまざまなものがありますよ。

みなみさん：調べてみたくなりました。

問題３　【円周率を求める式】について正しく説明しているものを、次のア～エからすべて選び、記号を書きなさい。

ア　１番目の分数、２番目の分数、３番目の分数・・・と番号をふやしていくと、どの分数においても、分母は分子よりも必ず１小さくなり、分数は１に近づいていく。

イ　１０番目の分数は、$\frac{20\times20}{19\times21}$である。

ウ　３番目の分数までの部分を計算すると、円周率が３より大きいことがわかる。

エ　１番目の分数までの部分、２番目の分数までの部分・・・と計算をしていくと、値は一定の割《わり》合《あい》で大きくなり続ける。

4　みなみさんと先生は、水の中にあるものにはたらく力について話しています。
次の【会話文】を読んで、あとの問題に答えなさい。

【会話文】

みなみさん：週末に海辺の公園に行ったとき、大きな船を見ました。大きくて重たい船が海に浮《う》かんでいられるのは、なぜなのでしょう。

先　　　生：それは、船に浮力《ふりょく》がはたらいているからです。

みなみさん：浮力とは何ですか。

先　　　生：浮力がどのようなものか、かんたんな実験で確かめてみましょう。

先　　　生：ここに、立方体のおもりとばねがあります。【写真１】のように、ばねにおもりをつるすと、おもりの重さによってばねに下向きの力がはたらき、ばねが伸《の》びます。
次に、水を入れた水そうを用意し、【写真２】のように、ばねにつるしたおもりを水中にしずめます。ばねの変化に注目すると・・・。

【写真１】

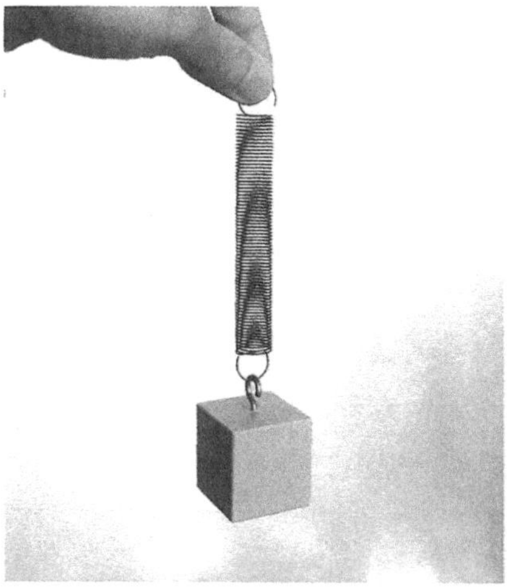

【写真２】

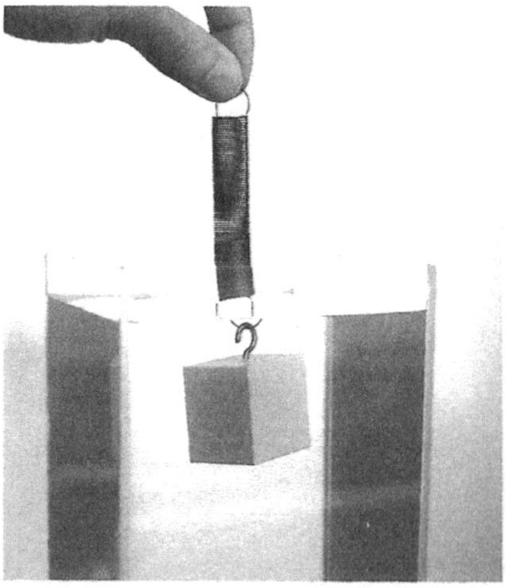

みなみさん：すごい！おもりを水中にしずめると、ばねの伸び方が変わりました。どうしてばねの伸びが小さくなったのですか。

先　　　生：水中でおもりに上向きの力がはたらき、その分、ばねにはたらく力が小さくなったからです。この上向きの力が、浮力です。

みなみさん：船が海に浮かぶのは、水中で船に上向きの大きな力がはたらくからなのですね。

先　　　生：その通りです。

みなみさん：ところで、おもりと船とでは、はたらく浮力の大きさがちがうと思うのですが、浮力の大きさは、何によって決まるのでしょう。

先　　　生：よい疑問《ぎもん》ですね。どんな実験をしたら、この疑問を解決できそうですか。

みなみさん：えーと・・・。たとえば、おもりの重さや大きさなどを変えて、浮力の大きさがどうなるかを実験してみたいです。

先　　　生：それはよい考えですね。

みなみさん：でも、おもりにはたらく浮力の大きさを、どうやって調べたらよいかがわかりません。

先　　　生：**【写真１】**と**【写真２】**のばねの伸びた長さをそれぞれはかり、その長さの差から、浮力の大きさを求めることができます。

みなみさん：どうして、ばねの伸びた長さで、力の大きさがわかるのですか。

先　　　生：ばねの伸びた長さは、ばねにはたらいた力の大きさに比例するからです。ちなみに、**【写真１】**と**【写真２】**のばねは、１ニュートンの力を加えるごとに、４．０ｃｍずつ伸びます。

みなみさん：１ニュートンとは何でしょう。

先　　　生：ニュートンは、力の大きさを表す単位です。１００ｇのおもりをばねにつるしたときに、ばねにはたらく下向きの力の大きさを、１ニュートンとして考えます。

みなみさん：なるほど。もしも、ばねに２００ｇのおもりをつるせば、下向きに２ニュートンの力がはたらくということですね。

先　　　生：その通りです。

問題１　みなみさんが、**【写真１】**と**【写真２】**のばねの伸びた長さをそれぞれはかったところ、**【写真１】**のばねの伸びた長さは5.2cmで、**【写真２】**のばねの伸びた長さは2.8cmでした。次の（１）、（２）の問いに答えなさい。

（１）**【写真１】**のおもりの重さは何ｇですか。

（２）**【写真２】**のおもりにはたらく浮力の大きさは何ニュートンですか。小数第１位まで答えなさい。

みなみさんは、浮力《ふりょく》について科学的に探究し、次の【レポート】を作成しました。

【レポート】

浮力の大きさは何によって決まるのだろう

予想１

浮力の大きさは、ものの「重さ」と関係があると思う。

＜実験の方法＞

① 体積が同じ（５０cm^3）で、重さがことなる３つの立方体Ａ、Ｂ、Ｃを用意する。

Ａ：重さ１００ｇ、Ｂ：重さ２００ｇ、Ｃ：重さ３００ｇ

② 立方体Ａ、Ｂ、Ｃを、**【図１】**のように、スタンドに固定したばねにそれぞれつるして、ばねの伸《の》びた長さをはかる。

③ ばねにつるした立方体Ａ、Ｂ、Ｃを、**【図２】**のように、それぞれ水中に完全にしずめて、ばねの伸びた長さをはかる。

【図１】

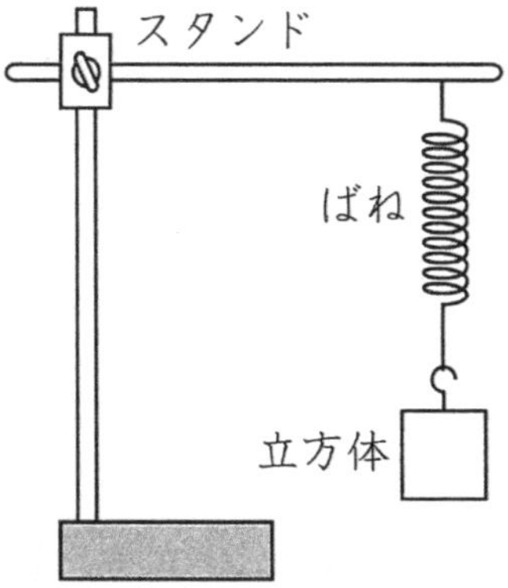

【図２】

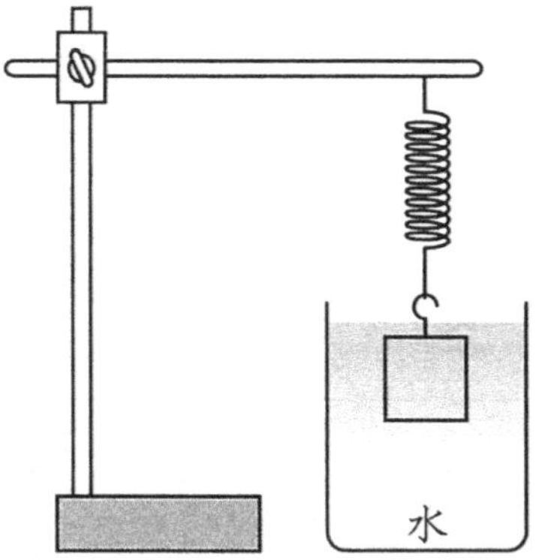

＜結果＞

	立方体Ａ	立方体Ｂ	立方体Ｃ
＜実験の方法＞の②のばねの伸びた長さ［cm］	４.０	８.０	１２.０
＜実験の方法＞の③のばねの伸びた長さ［cm］	２.０	あ	い

＜考察＞

☆ものの体積が同じとき、浮力の大きさは、ものの「重さ」とは関係がなく一定であると考えられる。

予想２

浮力の大きさは、ものの「水中部分の体積」と関係があると思う。

＜実験の方法＞

① 重さが同じ（３００ｇ）で、体積がことなる３つの立方体Ｄ、Ｅ、Ｆを用意する。
　Ｄ：体積１００cm^3、Ｅ：体積１５０cm^3、Ｆ：体積２００cm^3

② 立方体Ｄ、Ｅ、Ｆを、**【図１】**のように、スタンドに固定したばねにそれぞれつるして、ばねの伸びた長さをはかる。

③ ばねにつるした立方体Ｄ、Ｅ、Ｆを、**【図２】**のように、それぞれ水中に完全にしずめて、ばねの伸びた長さをはかる。

＜結果＞

	立方体Ｄ	立方体Ｅ	立方体Ｆ
＜実験の方法＞の②のばねの伸びた長さ［cm］	１２.０	１２.０	１２.０
＜実験の方法＞の③のばねの伸びた長さ［cm］	８.０	う	え

＜考察＞

★ものの重さが同じとき、浮力の大きさは、ものの「水中部分の体積」が大きいほど大きいと考えられる。

問題２　みなみさんは、**【レポート】**の＜結果＞をもとに、☆＿＿＿＿＿と★＿＿＿＿＿の考察をしました。＜結果＞の「あ、い」と「う、え」にあてはまる数の組み合わせとして最も適切なものを、次の**ア**～**オ**、**カ**～**コ**からそれぞれ１つずつ選び、記号を書きなさい。

	あ	い
ア	２.０	２.０
イ	３.０	４.０
ウ	４.０	６.０
エ	５.０	８.０
オ	６.０	１０.０

	う	え
カ	４.０	４.０
キ	６.０	４.０
ク	６.０	６.０
ケ	８.０	８.０
コ	１０.０	１２.０

【レポート】の続き

予想３

浮力《ふりょく》の大きさは、「水面からの深さ」と関係があると思う。

＜実験の方法＞

① １辺の長さが６cmの水にしずむ立方体を用意し、**【図３】**のように、立方体の底面が水平になるようにばねにつるす。

② **【図４】**のように、水面と立方体の底面の間の長さを「水面からの深さ」として、水面からの深さが０cm（水にしずんでいない状態）、２cm、４cm、６cm、８cm、１０cmのときの、ばねの伸《の》びた長さをそれぞれはかる。

【図３】

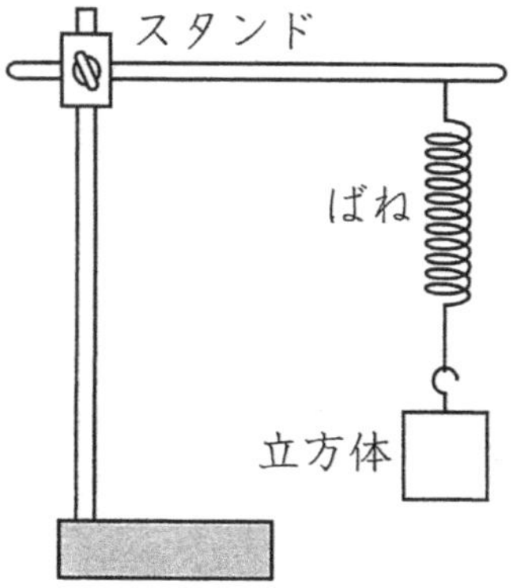

【図４】

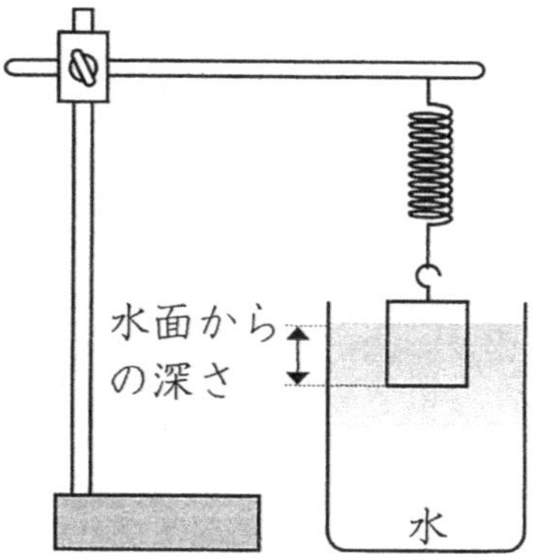

＜結果＞

水面からの深さ [cm]	0	2	4	6	8	10
ばねの伸びた長さ [cm]	10.5	7.6	4.7	1.8	1.8	1.8

問題3　みなみさんは、**【図４】**の立方体を、右の図のように、高さが６cmの水にしずむ円すい形のおもりにかえて、「水面からの深さ」と、円すい形のおもりにはたらく浮力の大きさの関係を調べました。

これらの関係を表したグラフとして最も適切なものを、次の**ア～カ**から１つ選び、記号を書きなさい。なお、グラフに書かれている[N]は、力の大きさを表す単位（ニュートン）の記号です。

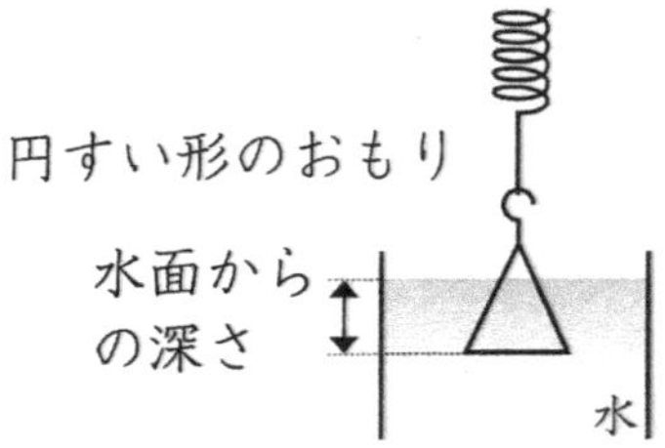

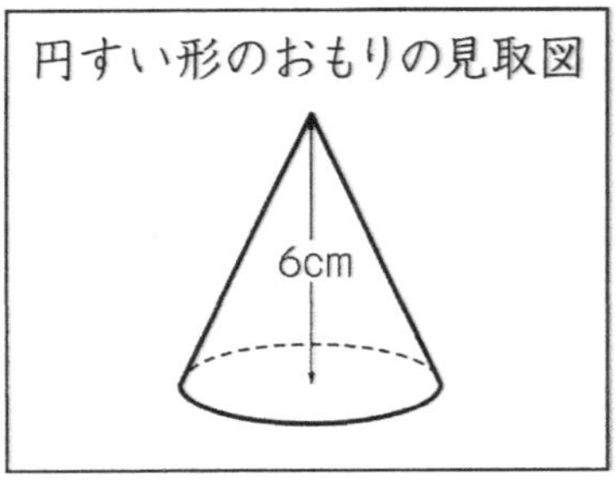

ア

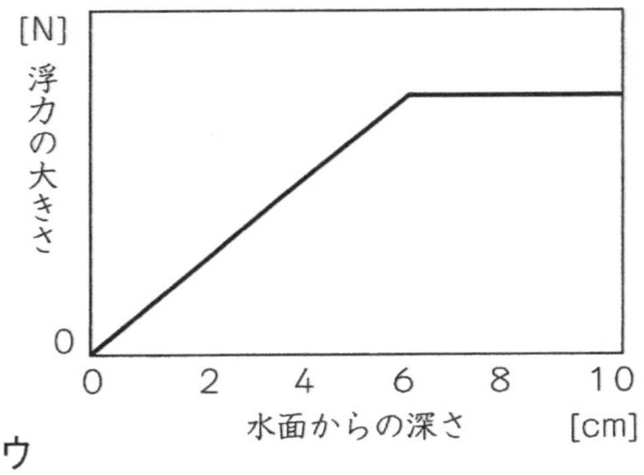

イ

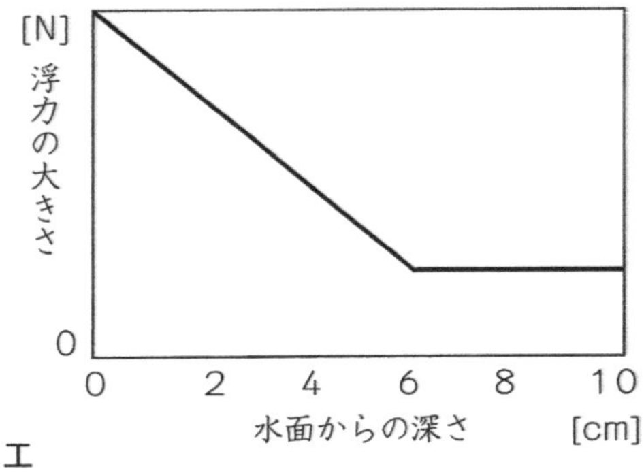

ウ

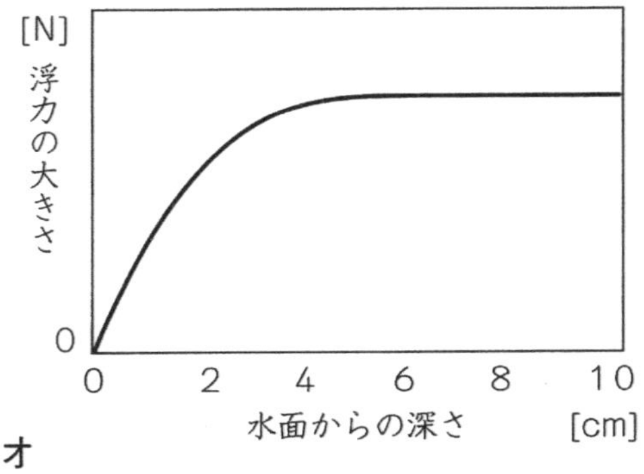

エ

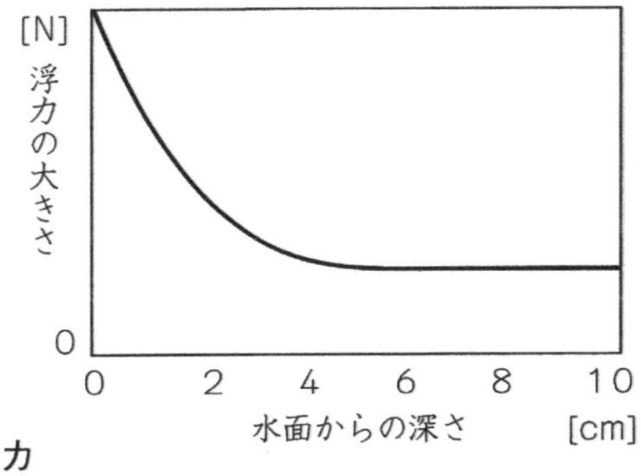

オ

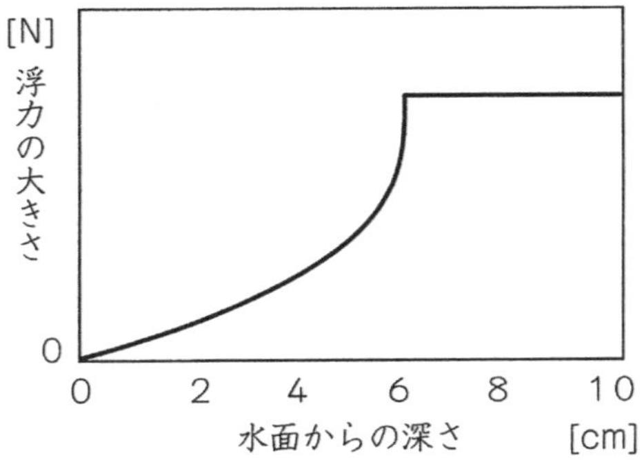

カ

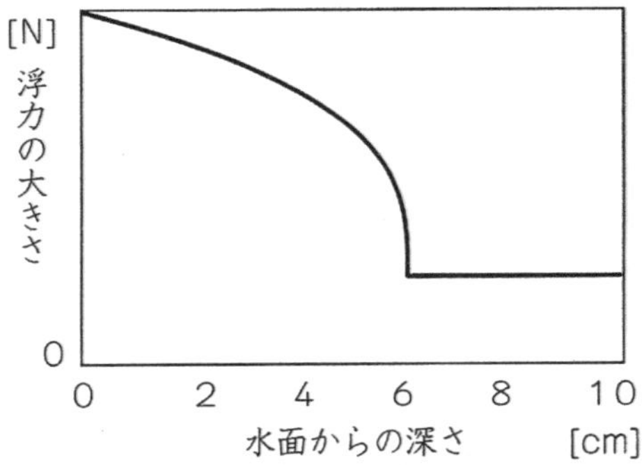

令和三年度

適性検査Ⅰ

9：00
〜
9：45

［注意］

1 この問題冊子《さっし》は一ページから十八ページにわたって印刷してあります。ページの抜《ぬ》け、白紙、印刷の重なりや不《ふ》鮮明《せんめい》な部分などがないかを確認《かくにん》してください。あった場合は手をあげて監督《かんとく》の先生の指示にしたがってください。

2 解答用紙は二枚《まい》あります。受検番号と氏名をそれぞれの決められた場所に記入してください。

3 声を出して読んではいけません。

4 答えはすべて解答用紙に記入し、解答用紙を二枚とも提出してください。

5 字ははっきりと書き、答えを直すときは、きれいに消してから新しい答えを書いてください。

6 文章で答えるときは、漢字を適切に使い、丁寧《ていねい》に書いてください。

横浜市立　南　高等学校附属中学校

1 「地球規模《きぼ》の課題」というテーマの学習をしている**みなみさん**と**りかさん**が、会話をしています。次の**【会話文】**を読んで、あとの**問題**に答えなさい。

【会話文】

みなみさん	先日、先生から課題として出された、ＭＤＧｓ（エム・ディー・ジーズ）という言葉について調べてきました。
りかさん	ＳＤＧｓ（エス・ディー・ジーズ）ではなくＭＤＧｓですか。
みなみさん	そうです。ＭＤＧｓは、開発分野における国際社会共通の目標です。これは２０００年の９月にニューヨークで開催《かいさい》された「国連ミレニアム・サミット」で採択《さいたく》された「国連ミレニアム宣言《せんげん》」を基にまとめられたものです。これに参加したのは世界で１８９の国に及《およ》びました。**【資料１】**を見てください。ＭＤＧｓは**【資料１】**のような「**目標**」や「**ターゲット**」が設定されていて、これらの達成期限は２０１５年まででした。
りかさん	ＭＤＧｓが**【資料１】**のような内容になったのはどうしてなのでしょうか。
みなみさん	ＭＤＧｓで示された「**目標**」や「**ターゲット**」は、「一部の国や地域《ちいき》の課題を対象としている」といわれています。まず**【資料１】**の「ターゲット２-Ａ」とそれに関係のある**【資料２】**をみて、**【資料２】**の①すべての年代で、世界全体の割合《わりあい》を下回っている国を読み取ってみましょう。
りかさん	複数国あるのですね。

【資料１】ＭＤＧｓの目標とターゲット（抜粋《ばっすい》）

目標１ 極度の貧困《ひんこん》と飢《き》餓《が》の撲滅《ぼくめつ》	ターゲット１－Ａ ２０１５年までに１日１ドル未満で生活する人口の割合を１９９０年の水準の半数に減少させる
目標２ 普遍《ふへん》的な※1初等教育の達成	ターゲット２－Ａ ２０１５年までに、すべての子どもが男女の区別なく初等教育の全課程を修了できるようにする
目標３ ※2ジェンダーの平等の推進《すいしん》と女性の地位向上	ターゲット３－Ａ ２００５年までに、初等・※3中等教育で男女格差の解消を達成し、２０１５年までにすべての教育レベルで男女格差を解消する
目標４ 乳幼児《にゅうようじ》死亡率《しぼうりつ》の削減《さくげん》	ターゲット４－Ａ ２０１５年までに５歳未満児の死亡率を１９９０年の水準の３分の１にまで引き下げる
目標７ 環境《かんきょう》の持続可能性を確保	ターゲット７－Ｃ ２０１５年までに安全な飲料水と衛生施設《しせつ》を継続《けいぞく》的に利用できない人々の割合を半減する

※１初等教育…日本では小学校での教育
※２ジェンダー…性別
※３中等教育…日本では中学校・高等学校での教育

（「国連開発計画駐日《ちゅうにち》代表事務所ウェブページ」をもとに作成）

【資料２】初等教育の学校の就学率《しゅうがくりつ》（％）

	２０００年	２０１０年	２０１２年	２０１５年
韓国《かんこく》	９９．６	９８．２	９８．９	９８．２
キューバ	９６．７	９９．２	９６．９	９２．２
オーストラリア	９４．０	９７．０	９７．５	９７．０
コロンビア	９４．６	９３．６	９１．５	９０．６
ドミニカ共和国	８３．５	８９．３	８６．８	８６．９
セネガル	５７．４	６９．８	７１．７	７１．４
スペイン	９９．８	９９．６	９９．６	９９．４
モザンビーク	５５．２	８６．９	８５．４	８９．１
世界全体	８３．６	８８．９	８９．４	８９．６

（「ワールドデータアトラス」をもとに作成）

みなみさん　次に【資料１】の「ターゲット３-Ａ」とそれに関係のある【資料３】をみてください。表の中から②すべての年代で、就学率《しゅうがくりつ》の男女差が世界全体のそれより大きくなっている国を探《さが》してみましょう。

りかさん　これらの国々は、男女の間で学校に通っている割合《わりあい》に差があるのですね。しかし、１９９７年以降、この男女の就学率の差が縮《ちぢ》まってきている様子も読み取れます。１９９７年～２０１６年までの間に初等教育の学校の男女別就学率の差が最も縮まっている国は【資料３】によると（　　あ　　）です。

みなみさん　ではここで【資料２】と【資料３】から読み取った国々を【資料４】で確認してみましょう。

【資料４】は青年海外協力隊が活動している地域《ちいき》です。青年海外協力隊は農林水産業や土木、教育、保健衛生などの分野で、主に発展途上国《はってんとじょうこく》の人々を支援しています。

りかさん　ほとんどが、青年海外協力隊が活動している国々ですね。そう考えるとＭＤＧｓで示された「目標」や「ターゲット」は発展途上国の課題を対象にしているという見方ができますね。

【資料３】初等教育の学校の男女別就学率（％）

年代	１９９７～２０００＊		２０００～２００４＊		２０００～２００７＊		２０１１～２０１６＊	
性別	男	女	男	女	男	女	男	女
日本	１００	１００	１００	１００	１００	１００	１００	１００
ブルキナファソ	４２	２９	４２	３１	５２	４２	７１	６７
スウェーデン	１００	１００	１００	９９	９５	９５	９９	９９
エチオピア	５３	４１	５５	４７	７４	６９	８９	８２
ブラジル	１００	９４	９８	９１	９４	９５	９２	９３
カンボジア	１００	９０	９６	９１	９１	８９	９４	９６
ニュージーランド	９９	９９	１００	９９	９９	９９	９９	９９
イエメン	８４	４９	８４	５９	８５	６５	９２	７８
世界全体	８５	７８	８５	７９	９０	８６	９０	８９

＊…指定されている期間内に入手できたデータの中で直近の年次のものであることを示す。

（「世界子供《こども》白書」をもとに作成）

【資料４】青年海外協力隊が活動している地域（国際協力機構　２０１７年１２月）

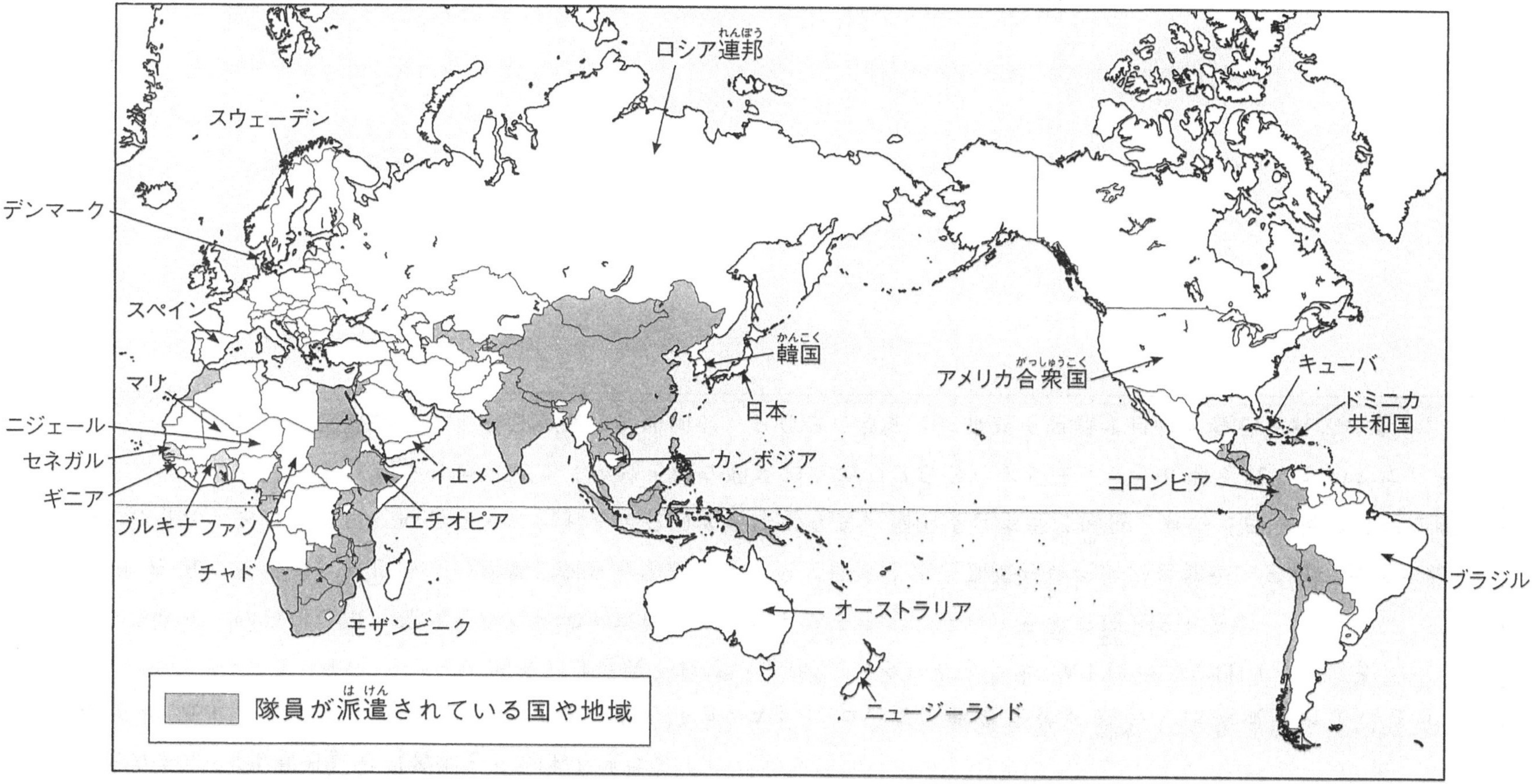

りかさん　その他の「**目標**」や「**ターゲット**」に関する資料はありますか。

みなみさん　**【資料５】**と**【資料６】**があります。

りかさん　これらの資料を見ると「**ターゲット１-Ａ**」について、世界全体の割合《わりあい》では達成されていますが、（　　い　　）の地域《ちいき》では達成されていません。「**ターゲット４-Ａ**」については、（　　う　　）。

みなみさん　ＭＤＧｓは、達成された目標も未達成の目標もある中で、２０１５年を迎《むか》えました。

りかさん　その後、ＭＤＧｓの結果や新たな課題をふまえて設定された国際社会共通の目標が、ＳＤＧｓですね。

みなみさん　ＳＤＧｓは、ＭＤＧｓに代わって２０１５年の９月に国際連合本部で開催《かいさい》された「国連持続可能な開発サミット」でまとめられた「持続可能な開発のための２０３０アジェンダ」に書かれたものです。そこには、国際連合の１９３か国の加盟《かめい》国が、２０３０年までに達成を目指す目標が提示されています。

【資料５】１日１ドル未満で過ごす人の割合

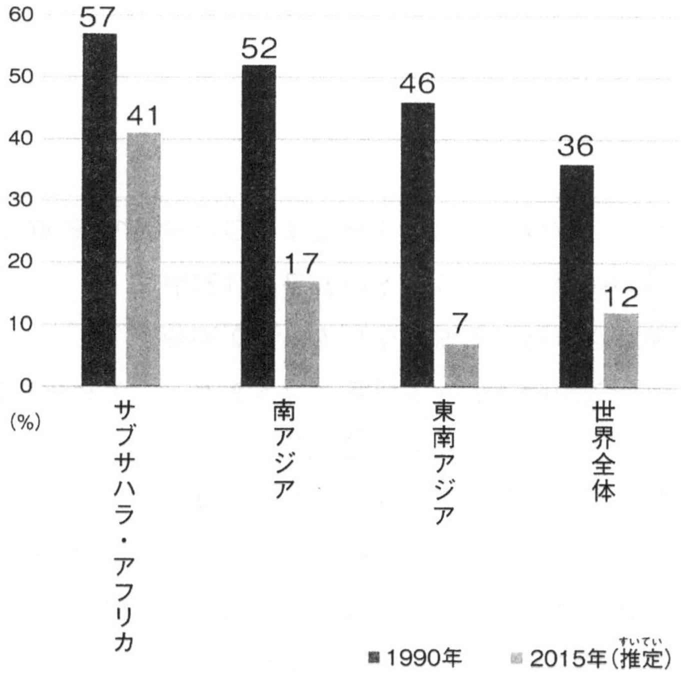

（「２０１５年版開発協力白書」をもとに作成）

【資料６】５歳未満児死亡《しぼう》数

（生まれた子ども1，０００人に対しての乳幼児《にゅうようじ》の死亡数）

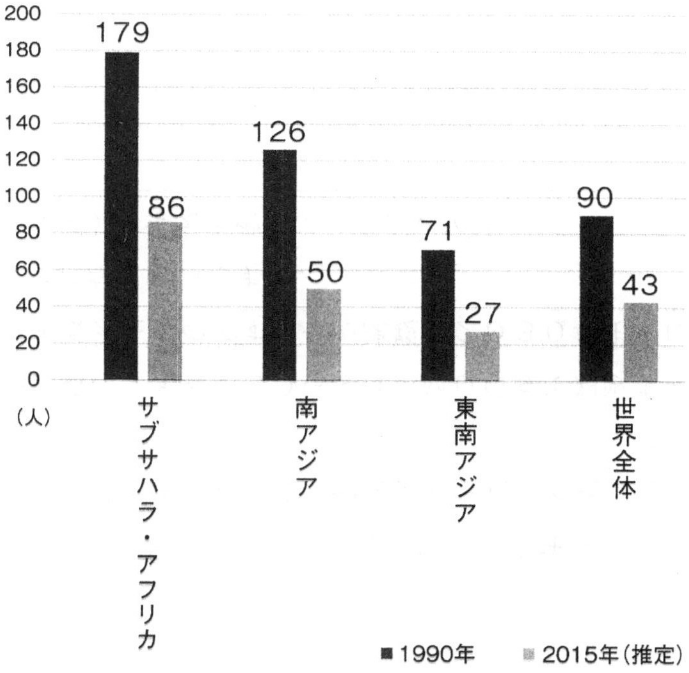

（「２０１５年版開発協力白書」をもとに作成）

みなみさん　【資料７】は２０１９年の６月に発表されたもので、ＳＤＧｓで掲《かか》げられた目標とそれぞれの国の達成度が表されています。

りかさん　興味深いですね。それぞれの国の達成度を見ると日本は４つ、韓国《かんこく》は３つ、アメリカ合衆国《がっしゅうこく》は７つ、デンマークは２つが（　　え　　）になっていますね。

みなみさん　目標別にみて興味深いものはありますか。

りかさん　「４　質の高い教育をみんなに」の最も達成度の高い国は A で、「１４　海の豊かさを守ろう」では B です。目標によって、各国の達成度には違《ちが》いが出ていますね。この資料全体を見ると最も達成度の高い国は C だといえますね。

みなみさん　そうですね。世界それぞれの国でさまざまな課題があるのですね。ＳＤＧｓは、ＭＤＧｓで期限までに解決できなかった課題を、対象や範囲《はんい》を広めつつ置《お》き換《か》えたものです。その課題を２０３０年までには達成し、世界の人々がともに豊かに暮《く》らせるようになれたらいいですね。

りかさん　ＳＤＧｓをもっと学習し、わたしたちができることは何かを考え行動していきたいです。

【資料7】ＳＤＧｓの目標とその達成度（２０１９年）

	1 貧困《ひんこん》をなくそう	2 飢餓《きが》をゼロに	3 すべての人に健康と福祉《ふくし》を	4 質の高い教育をみんなに	5 ジェンダー平等を実現しよう	6 安全な水とトイレを世界中に	7 エネルギーをみんなにそしてクリーンに	8 働きがいも経済《けいざい》成長も	9 産業と技術革新《かくしん》の基盤《きばん》をつくろう	10 人や国の不平等をなくそう	11 住み続けられるまちづくりを	12 つくる責任つかう責任	13 気候変動に具体的な対策《たいさく》を	14 海の豊かさを守ろう	15 陸の豊かさも守ろう	16 平和と公正をすべての人に	17 パートナーシップで目標を達成しよう
日本	△	▼	△	○	×	△	▼	△	○	▼	▼	×	×	▼	▼	△	×
韓国	△	▼	▼	△	×	▼	▼	△	△	▼	△	▼	×	▼	▼	△	×
アメリカ合衆国	▼	×	▼	△	×	△	▼	△	▼	×	▼	×	×	△	△	×	×
デンマーク	○	▼	△	△	△	△	△	△	△	○	▼	×	▼	×	△	○	△

※○△▼×…○が「達成している」△は「課題が残っている」▼は「重要課題」×は「最大の課題」

（「サステナブル・ディベロップメント・レポート２０１９」をもとに作成）

問題１　【会話文】中の①＿＿＿＿線にあてはまる国を次の**ア～ク**から**すべて**選び、記号を書きなさい。

ア　韓国《かんこく》　イ　キューバ　ウ　オーストラリア　エ　コロンビア
オ　ドミニカ共和国　カ　セネガル　キ　スペイン　ク　モザンビーク

問題２　【会話文】中の②＿＿＿＿線にあてはまる国を次の**ア～ク**から**すべて**選び、記号を書きなさい。

ア　日本　イ　ブルキナファソ　ウ　スウェーデン　エ　エチオピア
オ　ブラジル　カ　カンボジア　キ　ニュージーランド　ク　イエメン

問題３　【会話文】中の（　あ　）にあてはまる国を次の**ア～ク**から一つ選び、記号を書きなさい。

ア　日本　イ　ブルキナファソ　ウ　スウェーデン　エ　エチオピア
オ　ブラジル　カ　カンボジア　キ　ニュージーランド　ク　イエメン

問題４　【会話文】中の（　い　）にあてはまるものの組み合わせとして最も適切なものを次の**ア～エ**から一つ選び、記号を書きなさい。

ア　サブサハラ・アフリカ、南アジア、東南アジア
イ　南アジア、東南アジア
ウ　南アジア
エ　サブサハラ・アフリカ

問題５　【会話文】中の（　う　）にあてはまる文を次の**ア～エ**から一つ選び、記号を書きなさい。

ア　すべての地域《ちいき》で、達成しています
イ　すべての地域で、達成していません
ウ　世界全体の割合《わりあい》では、達成していませんが、東南アジアでは達成しています
エ　サブサハラ・アフリカのみ、達成していません

問題６　【会話文】中の（　え　）にあてはまる文を次の**ア～エ**から一つ選び、記号を書きなさい。

ア「達成している」
イ「課題が残っている」
ウ「重要課題」
エ「最大の課題」

問題７　【会話文】の［ A ］～［ C ］にあてはまる国の組み合わせとして最も適切なものを次の**ア～カ**から一つ選び、記号を書きなさい。

ア	［ A ］：日本	［ B ］：韓国	［ C ］：アメリカ合衆国《がっしゅうこく》
イ	［ A ］：韓国	［ B ］：デンマーク	［ C ］：アメリカ合衆国
ウ	［ A ］：日本	［ B ］：アメリカ合衆国	［ C ］：韓国
エ	［ A ］：韓国	［ B ］：デンマーク	［ C ］：日本
オ	［ A ］：日本	［ B ］：アメリカ合衆国	［ C ］：デンマーク
カ	［ A ］：韓国	［ B ］：アメリカ合衆国	［ C ］：デンマーク

問題８　次の【条件】に従《したが》い、「地球規模《きぼ》の課題」について文章を書きなさい。

【条件】

・３００字以上３６０字以内で書くこと。

・次の【構成】でそれぞれ一つずつ段落《だんらく》をつくること。

【構成】

[1]		[2]		[3]
世界の中で特に課題のある地域《ちいき》とその課題	→	行われた対策《たいさく》と成果	→	【会話文】や【資料１】～【資料１０】を通してあなたが考えたこと

・【構成】[1]と【構成】[2]は次のページの【資料８】～【資料１０】をもとにまとめること。【構成】[3]は、【会話文】や【資料１】～【資料１０】をもとにまとめること。

・一マスに書き入れることのできる文字は、一文字のみとする。（数字やアルファベットも同様とする。句読点が次の行の一マス目にくる場合は、前の行の文末に句読点を書き入れることとする。）

＜書き方の例＞

２	０	２	１	年	Ｍ	Ｄ	Ｇ	ｓ	を	８	３	．	５	％	調	べ	ま	し	た。

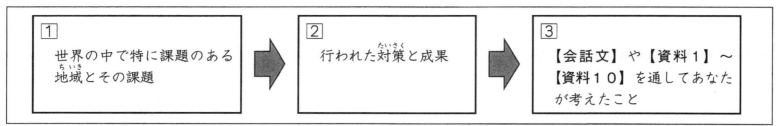

【資料8】初等教育における非就学児《ひしゅうがくじ》の割合《わりあい》（２０１１～２０１６＊）

単位：％

	男子	女子
アメリカ合衆国《がっしゅうこく》	６	５
イエメン	８	２２
オーストラリア	３	３
ギニア	１６	２８
キューバ	８	８
コロンビア	７	７
スペイン	１	０
チャド	１１	３１
デンマーク	１	１
ニジェール	３２	４２
日本	０	０
ブラジル	６	５
ブルキナファソ	２９	３２
マリ	３６	４３
モザンビーク	９	１３
ロシア連邦《れんぽう》	３	２
世界全体	８	９

＊指定されている期間内に入手できたデータの中で直近の年次のものであることを示す。

（「世界子供《こども》白書２０１７」をもとに作成）

【資料9】識字率※4（国際比較《ひかく》）（２０１５）

単位：％

順位	国	男性	女性
１	ニジェール	２７．３	１１．０
２	ギニア	３８．１	２２．８
３	ブルキナファソ	４３．０	２９．３
４	マリ	４８．２	２９．２
５	チャド	４８．５	３１．９

男性の識字率下位５か国

※４　識字率・・・文字の読み書きができる人の割合

（総務省「世界の統計２０１６」をもとに作成）

【資料１０】

ユニセフは、ブルキナファソ政府とともに、２０２１年までにすべての子どもが小学校に通い、初等教育を修了《しゅうりょう》できることを目指しています。ユニセフのこれまでの支援《しえん》や、ブルキナファソ政府が３歳《さい》から１６歳の公立学校の費用を無償化《むしょうか》したことで、子どもたちの就学状況には着実に成果が出ています。小学校の就学率は２０００年の４４％から２０１９年には８９．５％にまで大きく改善《かいぜん》され、女子の就学率（８９．９％）が男子の就学率（８９．１％）を超《こ》えるなど、男女の教育格差の解消に向けた前進も見られます。

（日本ユニセフ協会ウェブページより一部引用）

2 みなみさんは、「ものごとが〝進歩すること〟や〝発展《はってん》すること〟」について興味を持ち、ある本を読みました。みなみさんが集めた次の【資料】《①》《②》の資料を読んで、あとの問題に答えなさい。

【資料】

《①》

技術とは、テクノロジィである。ほかの日本語でいうと、「工学」になる。普通《ふつう》の人は、この技術というものを、難《むずか》しいことに挑《いど》むものだと認識《にんしき》※1しているが、実はまったく反対で、できるかぎり簡単《かんたん》に、失敗がないように、誰《だれ》にでもできる工夫をすることなのだ。

技術を手に持っている人を「達人」などと言ったりする。素人《しろうと》にはできないことをいとも簡単にやってのける。それが「技《わざ》の冴《さ》え」だとみんなは信じてしまう。しかし、実はそれはほんの一部の、いうなれば、マスコミ向け、取材向け、一般客《いっぱんきゃく》向けのパフォーマンス※2であって、本当の技の基本はそこにあるわけではない。

技の基本というのは、そういった綱渡《つなわた》り的な「離《はな》れ技」ではない。まったくその反対で、非常に回り道をして、確実で精確《せいかく》で、何度やっても同じ結果が出るという、安全な道の選択《せんたく》にある。したがって、「技術を磨《みが》く」というのは、そういったより安全な道を模索《もさく》することなのだ。

ある少数の人にだけ可能な作業というのは、つまりは技が洗練《せんれん》されていない、技術が遅《おく》れている分野だともいえる。技術が遅れるのは、新しい簡単な方法を模索していないからだが、それは需要《じゅよう》※3が小さく、競争相手もなく、そんなに売れない商品だから、作る人間も減り、進歩をしない伝統工芸に留まってしまった、ともいえる。

一方で、それに需要があって、競争が激《はげ》しくなれば、どんどん簡単な方法を編み出さなければ生き残れない。早く精確に作ることも重要だが、最も大事なことは、誰がやっても同じ結果が出る方法だ。その技が編み出されれば、大勢で大量生産ができる。そのうち人間がいなくても機械で作ることが可能になる。こうしたときに、その技術が成熟《せいじゅく》する。

たしかに、見た目には、ロボットが作っていて、人間では到底《とうてい》真似《まね》ができないような方法に見えるのだが、数値《すうち》で設定されて動いているわけで、その数値は人が教えたものだ。ロボットは、数値でやり方が表せる、数値さえわかれば誰にでも再現できる。ここが「簡単だ」といっている部分であって、技術はそれを目指しているのである。

危なっかしい方法で、ちょっと気を許すと失敗してしまう、精神統一し、息を止めてやらないとできない、といった作業、これは[A]ではなく、[B]の世界になる。

機械に数値では教えられないもの、それは[C]ではなく[D]である。

《②》

人間の文明をざっと眺《なが》めてみると、もちろん技術がどんどん発展していることはまちがいないのだが、個別のジャンルに目を向けると、ある時期に最盛期《さいせいき》を迎え、その後は勢いがなくなって、ついには技術そのものが失われている、という場合がある。

大まかな見方をすると、機械的なものの設計は、二十世紀前半にピークがあったように見える。いわゆる「メカ」の時代である。さらに百年くらいまえに現在ある乗り物や各種の機械類のほとんどが発想され、それが洗練され、成熟した時代だったと思う。

その後は、電子技術が台頭《たいとう》してくる。これによって、複雑な機械を設計しなくても、電子制御《せいぎょ》によって目的が比較的《ひかくてき》簡単に、しかも高精度に達成されるようになった。たとえば、かつては、レジスタという機械があって、商店などで使われていた。機械というのは、つまり歯車で動くような絡繰《からく》りである。その仕掛《しか》けを設計した頭脳《ずのう》は、実に素晴らしいもので、天才的だと思える。これが、今はすべてデジタルになって、コンピュータが肩代《かたが》わりしている。多くのメカが※4淘汰《とうた》され消えてしまった。

こういった技術を※5傍観《ぼうかん》すると、かつては※6幾何学《きかがく》的な発想から生まれたアイデアが、今ではすべて※7代数《だいすう》的に解決するようになったかに見える。数学でこれを経験した人は多いだろう。幾何の問題を解くには、ちょっとしたセンスというか※8インスピレーションが必要だが、それを※9座標《ざひょう》に置《お》き換《か》え、代数《だいすう》的に解けば、誰《だれ》でもただ計算をするだけで解決に至《いた》る。現在のコンピュータを使った設計というのは、こういった「発想いらずの簡単さ」「ごり押《お》しで計算させれば良い」といった思想に基づいている。かつては、「そんな面倒《めんどう》な計算を」と消極的だったものも、どんどんコンピュータの処理《しょり》能力が高まり、記憶容量《きおくようりょう》が爆発《ばくはつ》的に大きくなったおかげで、なんの問題もなくなってしまった。

つまり、**現在の技術というのは、少々洗練《せんれん》されていなくても、最適ではなくても、答が出れば良い、といった「醜《みにく》さ」を抱《かか》えているのだ。**それを抱えていても動く、という点が「力づく」なのである。理論がなくても、※10収束《しゅうそく》計算で※11近似解《きんじかい》が得られる、みたいな。

はたして、人間は[E]なっているのだろうか？

百年くらいまえの機械技術は、今ではもう誰も理解できないくらい難《むずか》しく、既《すで》にそれを再現できなくなっている。簡単なおもちゃも、もう作れない。計算器も計測器も、もうあの頃《ころ》の水準《すいじゅん》には戻《もど》れない。たとえば、歯車式の時計を直せる人も少なくなっている。

はたして、人間は[F]なっているのだろうか？

（森《もり》　博嗣《ひろし》『素直に生きる100の講義』より。一部省略やふりがなをつけるなどの変更《へんこう》があります。）

［注］

※1　認識《にんしき》……ある物事を知り、その本質・意義などを理解すること。

※2　パフォーマンス……人目を引くためにする行為《こうい》。

※3　需要《じゅよう》……あるものを必要として求めること。

※4　淘汰《とうた》……不必要なもの、不適当なものを除《のぞ》き去ること。

※5　傍観《ぼうかん》……その物事に関係のない立場で見ていること。

※6　幾《き》何《か》学《がく》的……図形や空間の性質を研究する数学の一部門に関連があるさま。

※7　代数《だいすう》……数の代わりに文字を用い、計算の法則・方程式の解法などを主に研究する数学の一部門。

※8　インスピレーション……創作《そうさく》・思考の過程で瞬間的に浮かぶ考え。ひらめき。

※9　座標《ざひょう》……点の位置を表す数、または数の組。

※10　収束《しゅうそく》……変数の値《あたい》が、ある数に限りなく近づくこと。

※11　近似解《きんじかい》……よく似ている答え。

問題1　みなみさんが見つけた**【資料】**《①》と《②》について、[A]～[F]にあてはまる言葉の組み合わせとして適切なものを次の**ア～エ**から一つ選び、記号を書きなさい。

ア　A 芸術　B 技術　C 芸　D 技　E 賢《かしこ》く　F 器用に

イ　A 芸術　B 技術　C 芸　D 技　E 器用に　F 賢く

ウ　A 技術　B 芸術　C 技　D 芸　E 賢く　F 器用に

エ　A 技術　B 芸術　C 技　D 芸　E 器用に　F 賢く

問題２　みなみさんが見つけた**【資料】**の《①》と《②》についてりかさんは次のようにまとめました。**ア**～**カ**の文章が**【資料】**の《①》と《②》のいずれも又はいずれかの内容に合致《がっち》していれば↓○を**【資料】**の《①》と《②》のいずれの内容にも合致していない場合には↓×をそれぞれ書きなさい。

ア　技の基本にとって最も大事なことは、早く精確《せいかく》に作る方法だ。

イ　人間の文明は全てのジャンルでまちがいなくどんどん発展《はってん》している。

ウ　人間では到底《とうてい》真似《まね》ができないように見えるロボットの動きは、設定された数値《すうち》がわかれば誰《だれ》にでも再現できる。

エ　素人《しろうと》にはできないことを簡単《かんたん》にやってのける達人の技というのは、洗練《せんれん》され、技術が進んだ分野である。

オ　歯車で動くような絡繰《からく》りものの設計は、今は全てデジタルになってコンピュータが行っている。

カ　電子制御《せいぎょ》によって目的が比較《ひかく》的たやすく高精度に達成されるようになったのは、電子技術の台頭《たいとう》によるものだ。

令和３年度

適性検査Ⅱ

１０：１５～１１：００

注　意

1　問題は1から4まであり、この問題冊子《さっし》は１ページから２２ページにわたって印刷してあります。**ページの抜け、白紙、印刷の重なりや不《ふ》鮮明《せんめい》な部分などがないかを確認《かくにん》してください。あった場合は手をあげて監督《かんとく》の先生の指示にしたがってください。**

2　**受検番号**と**氏名**を解答用紙の決められた場所に記入してください。

3　声を出して読んではいけません。

4　計算が必要なときは、この問題用紙の余白を利用してください。

5　問題用紙や解答用紙を切ったり折ったりしてはいけません。

6　答えはすべて解答用紙に記入し、**解答用紙だけを提出してください。**

7　字ははっきりと書き、答えを直すときは、きれいに消してから新しい答えを書いてください。

横浜市立南高等学校附属中学校

1　みなみさんは、等間隔《とうかんかく》に点がかかれた紙を使って、次のような【きまり】をもとにかかれた多角形について調べています。あとの問題に答えなさい。

【きまり】

○　頂点《ちょうてん》が、紙にかかれている点と必ず重なるような多角形を１つかく。へこみのある図形も多角形として考える。

○　できた多角形の頂点と辺上の点の数の合計を、「多角形の点の数」とする。

○　できた多角形の内部の点の数を「内部の点の数」とする。

○　合同な多角形は同一の種類と考える。

【図１】

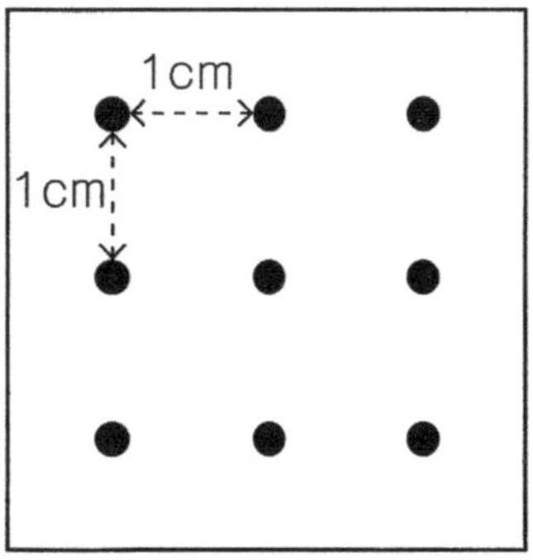

たとえば、【図１】の紙を使ってかいた、下の図のようなへこみのある２つの図形は、多角形として考えます。「多角形の点の数」は７個で、「内部の点の数」は０個です。また、２つの多角形は合同な多角形になるので、同一の種類として考えます。

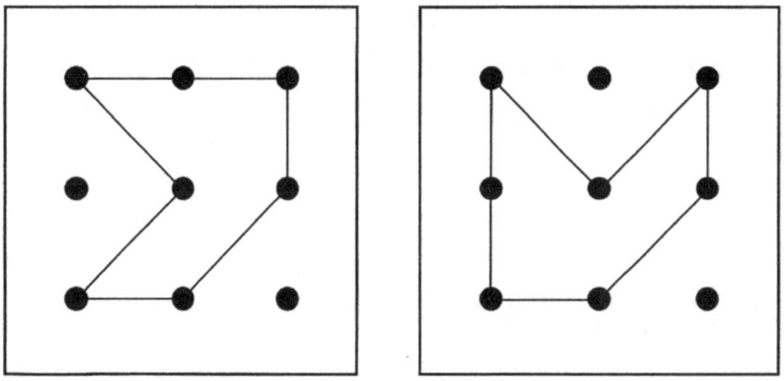

みなみさんは、【図１】の紙を使って、「多角形の点の数」が３個になる多角形をかきました。すると、下の図のように全部で３種類あり、そのうち「内部の点の数」が1個の多角形は1種類でした。

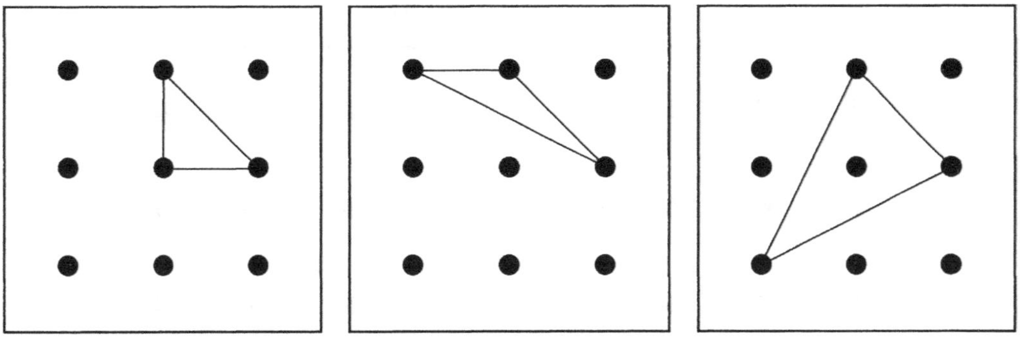

次に、「多角形の点の数」が４個の多角形をかくと、「内部の点の数」が1個の多角形は５種類ありました。

問題１　５種類の多角形を解答用紙にすべてかきなさい。

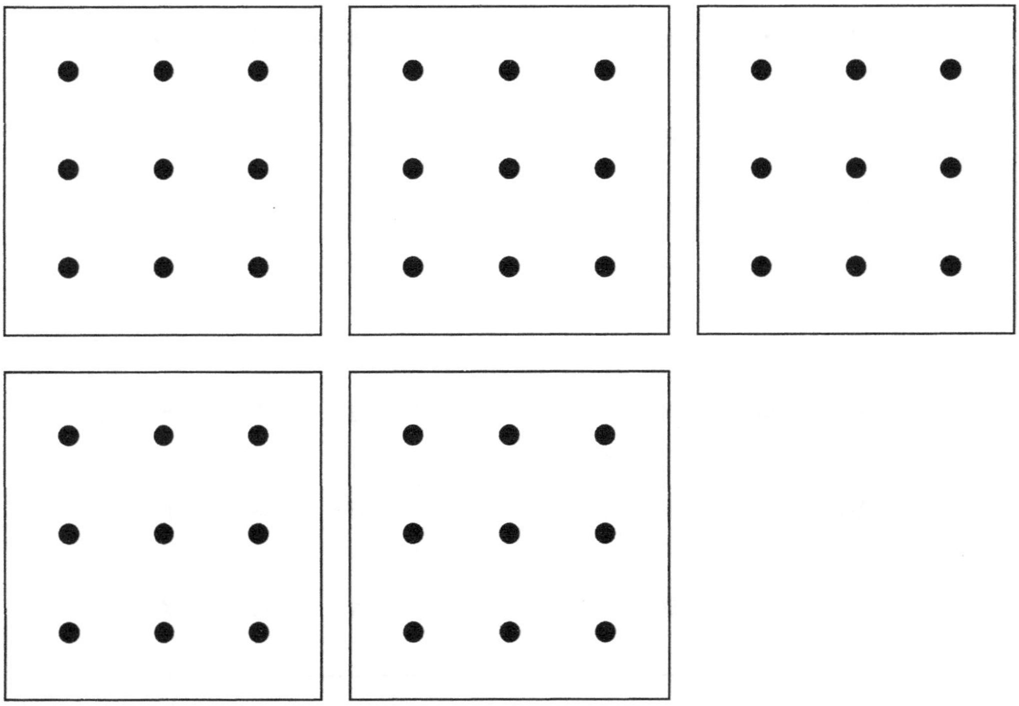

問題２　みなみさんは、【図１】の紙を使って、次のＡ～Ｆのような「内部の点の数」が０個の多角形をいくつかかきました。あとの問いに答えなさい。

A

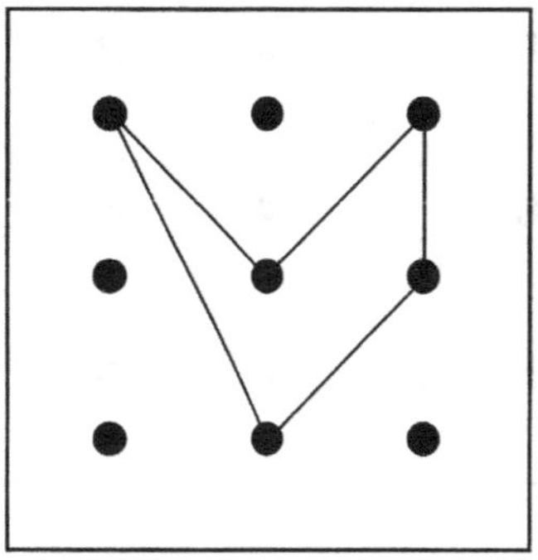

B

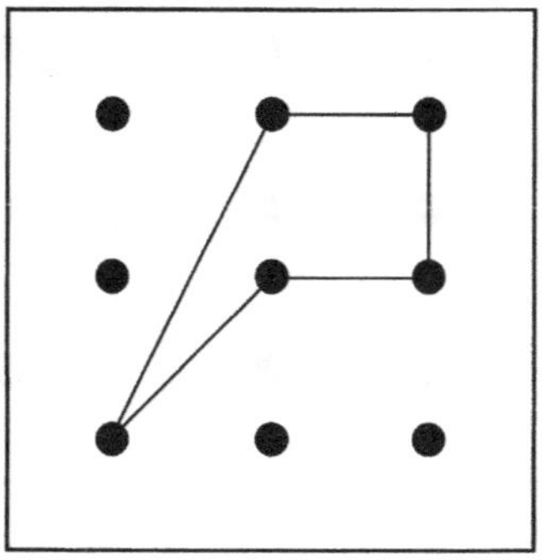

C

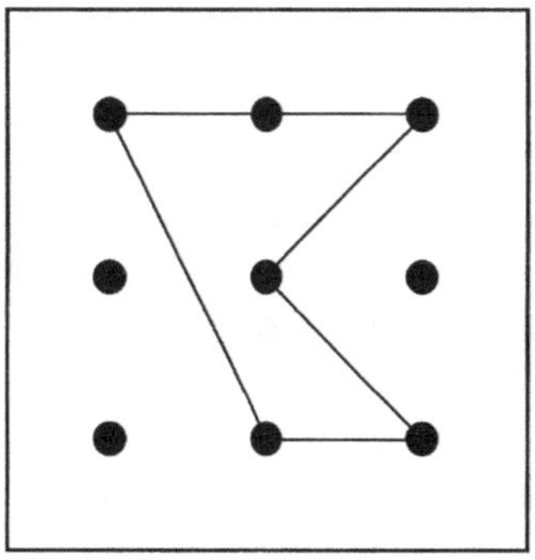

D

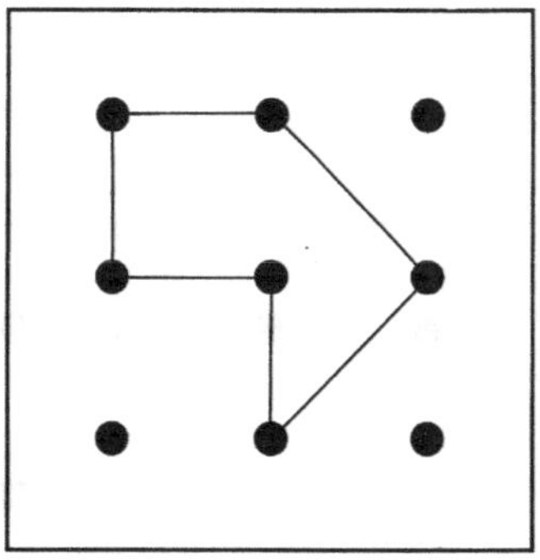

E

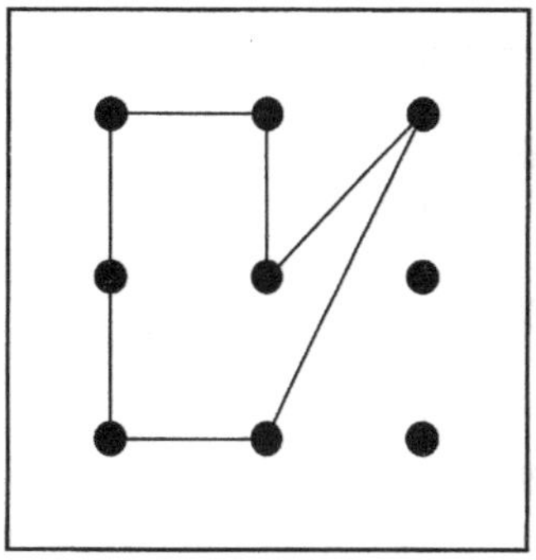

F

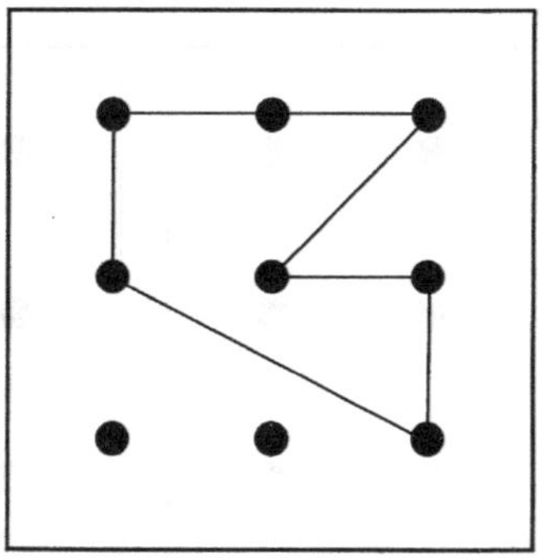

（１）ＡとＦの多角形の面積をそれぞれ答えなさい。

（２）みなみさんは、「内部の点の数」が０個の多角形の面積について調べました。
すると、面積は「多角形の点の数」によって決まることに気づきました。
次の**【面積を求める方法】**の［　　　　］にあてはまることばを、**「多角形の点の数」**ということばを用いて、**３０字以内**で書きなさい。

【面積を求める方法】

「内部の点の数」が０個の多角形の面積は、［　　　　　］と求められる。

みなみさんは、【図2】の等間隔《とうかんかく》に点がかかれた紙を使って多角形をかいた場合でも、「多角形の点の数」と面積の関係に法則があるのか調べることにしました。

すると、「多角形の点の数」と「内部の点の数」を使って面積を求める【資料】をみつけました。

【図2】

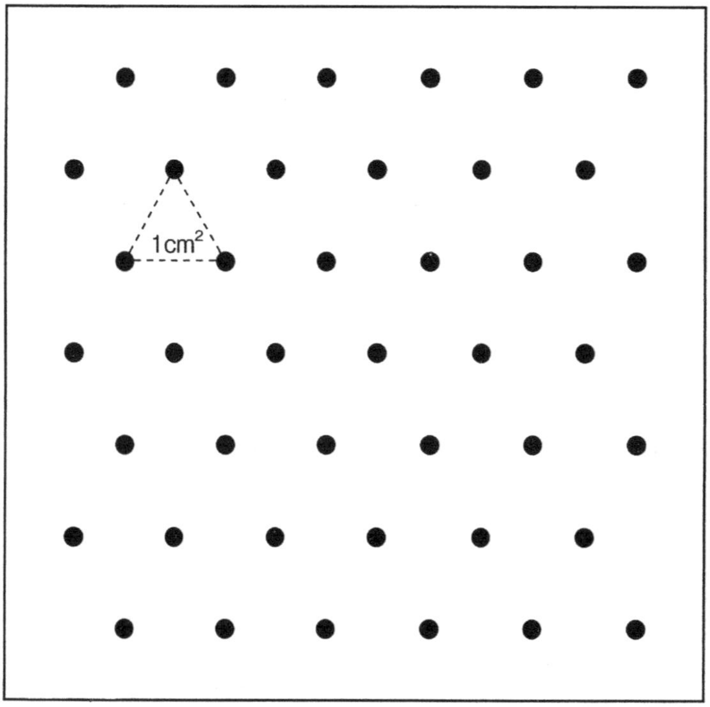

【資料】

面積 = 内部の点の数 × 2 + 多角形の点の数 − 2

問題３　**みなみさん**は、**【図２】**の紙を使って、下の図のように、多角形を途《と》中《ちゅう》までかきました。あと１つ頂《ちょう》点《てん》を選び、その頂点と**点あ**、**点い**をそれぞれ直線で結び、面積が１６cm^{2}になるような多角形を解答用紙にかきなさい。

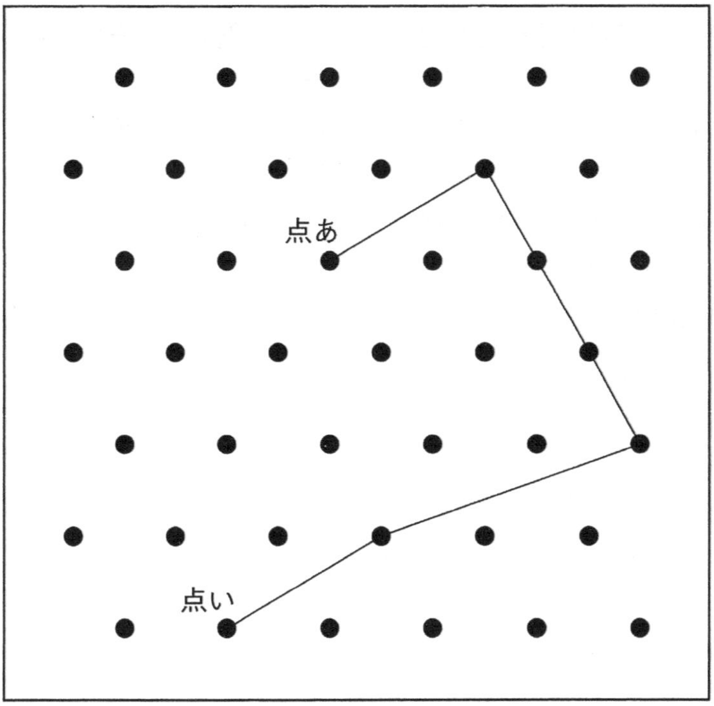

2 　みなみさんは、うるう年について興味をもち、調べています。【みなみさんと先生の会話文】を読み、あとの問題に答えなさい。

【みなみさんと先生の会話文Ⅰ】

みなみさん：①わたしが生まれた西暦《せいれき》２００８年はうるう年で、１年が３６６日でした。そもそも、うるう年は何のためにあるのでしょうか。

先　　　生：もし１年をつねに３６５日にしてしまうと、カレンダー上での日付、つまり暦《こよみ》と実際の季節に、毎年少しずつずれが生まれてしまいます。そのため、うるう年で暦を調整する必要があるのです。

みなみさん：どうしてずれが生まれるのですか。

先　　　生：地球が太陽のまわりを回って１周するのにかかる時間が、ちょうど３６５日ではないからです。この日数を調べると、平均でおよそ３６５.２４２２日ということがわかっていて、この日数を「１太陽年」とよんでいます。

みなみさん：そうなんですね。暦と季節のずれを調整しないと、どうなるのですか。

先　　　生：古代エジプトを例に考えてみましょう。古代エジプトで用いていた暦では、１年をつねに３６５日としていました。すると、農業をするうえで大きな問題が起こりました。たとえば、毎年５月１日に種をまくという農業のスケジュールを組んでいたとしましょう。３００年後には、どのようなことが起こるでしょうか。

みなみさん：②初めに決めた５月１日と、３００年後の５月１日では、季節に大きなずれが生まれてしまいます。これでは、種をまいても作物が育たないかもしれません。

先　　　生：こういった問題を解決するために、人類は暦をできるだけ１太陽年に近づける必要があったのです。古代ローマでは、紀元前４６年ごろから「ユリウス暦」という暦が使われていて、１年を３６５日として、４年に１度うるう年をもうけました。

みなみさん：③１年の平均日数は、（３６５＋３６５＋３６５＋３６６）÷４と計算できるので、ユリウス暦での１年の平均日数は、３６５.２５日であるといえそうですね。それでもまだ、１太陽年の３６５.２４２２日と比べるとほんの少しずれがあります。

先　　　生：現在はこのずれをさらに小さくするために、「グレゴリオ暦」という暦が広く用いられており、次の【資料】のしくみでうるう年が決められています。

【資料】

> 平年を３６５日、うるう年を３６６日とする。
> （１）西暦の年が4でわり切れる年はうるう年とする。
> （２）ただし、（1）のうち、１００でわり切れる年はうるう年とせず、平年とする。
> （３）ただし、（２）のうち、４００でわり切れる年はうるう年とする。

みなみさん：去年の西暦２０２０年は、４でわり切れるからうるう年ですね。西暦２０００年は、１００でわり切れますが４００でもわり切れるので、うるう年です。このグレゴリオ暦は、いったいどのようにして決められたのでしょうか。

先　　　生：ローマ教皇《きょうこう》のグレゴリウス１３世が、当時の学者たちを集めて、覚えやすく、暦と季節のずれができるだけ生まれにくいものを定めたようです。

みなみさん：暦を定めるのにも、きっと大変な苦労があったのでしょうね。

問題１　①＿＿＿＿＿について、西暦２００８年を1回目のうるう年とします。現在のグレゴリオ暦を使い続けたとき、２０回目のうるう年は西暦何年になるか答えなさい。

問題２　②＿＿＿＿＿について、１年をつねに３６５日とした場合、初めに決めた５月１日と３００年後の５月１日では、およそ何日分、暦と季節のずれが生まれますか。１太陽年を３６５.２４２２日とし、小数第１位を四捨五入《ししゃごにゅう》して答えなさい。

問題３　③________について、ユリウス暦《れき》の1年の平均日数は３６５.２５日ですが、**【資料】**から、グレゴリオ暦の1年の平均日数は何日といえますか。小数第４位まで答えなさい。

問題４　みなみさんは、暦《こよみ》のしくみに興味をもち、自分でも考えたいと思いました。次の【みなみさんと先生の会話文Ⅱ】を読み、[あ]、[い]にあてはまる整数を答えなさい。

【みなみさんと先生の会話文Ⅱ】

みなみさん：グレゴリオ暦でも、実際には暦と季節のずれがありそうですね。もっとずれの小さい暦を作ることはできないのでしょうか。

先　　　生：暦のしくみを複雑にすれば、さらに暦と季節のずれを小さくすることはできるでしょう。しかし、複雑になればなるほど、現実の社会で用いるのがむずかしくなっていきます。ですから、４００年以上たった今でも、このグレゴリオ暦が使われているのでしょうね。

みなみさん：なるほど。グレゴリオ暦は、しくみの単純《たんじゅん》さと、季節とのずれのバランスがとてもよくできているのですね。わたしも暦のしくみを考えてみたくなりました。

先　　　生：いいですね。それでは、わたしからひとつ問題を出しましょう。1年の平均日数が３６５.３日になるような暦のしくみを定めてください。

みなみさん：[あ]年に1度うるう年にすれば、１年の平均日数は３６５.３３３３・・・日になりそうです。

先　　　生：そうですね。しかしこれでは、１年の平均日数が0.０３３３・・・日分多いですね。これをうまく調整する方法はないでしょうか。

みなみさん：[い]年に１度うるう年を平年にすればよさそうですね。

みなみさんの考えた暦のしくみ

平年を３６５日、うるう年を３６６日とする。 （１）西暦の年が[あ]でわり切れる年はうるう年とする。 （２）ただし、（１）のうち、[い]でわり切れる年はうるう年とせず、平年とする。

3 みなみさんが書いた【自由研究のレポート】の一部を読み、あとの問題に答えなさい。

【自由研究のレポート】

手作り電池の研究

○ 研究の動機

食塩水と金属板を使って電池を作ることができることを知り、実際に作って、電流が流れるかどうか調べてみたいと思った。

実験１　食塩水と金属板で本当に電池ができ、電流が流れるか調べる。

＜方法＞

① 右の図のように、２枚《まい》の金属板（鉄板と銅板）を、切れこみを入れたダンボールで固定して食塩水にひたす。

② 金属板に検流計をつなぎ、電流が流れるかどうか調べる。

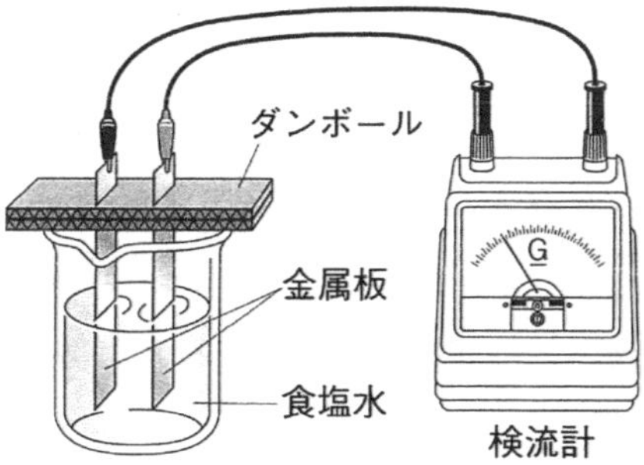

＜結果＞

● 電流が流れた。

実験２　液体の種類を変えて電流が流れるかどうか調べる。

＜方法＞

① 砂糖《さとう》水、しょうゆ、酢《す》、食用油、レモン果汁《かじゅう》、アルコールの６種類の液体と２枚の金属板（鉄板と銅板）を用意する。

② 実験１と同じ方法で、金属板（鉄板と銅板）は変えず、液体の種類を変えて電流が流れるかどうか調べる。

＜結果＞

● 砂糖水　・・・電流が流れなかった。

● しょうゆ・・・電流が流れた。

● 酢　・・・電流が流れた。

● 食用油　・・・電流が流れなかった。

● レモン果汁・・・電流が流れた。

● アルコール・・・電流が流れなかった。

適性検査Ⅰ　解答用紙

※には何も記入しないこと。

受検番号

氏　名

※

※200点満点
（検査Ⅰ合計）

1

問題１

問題２

※
20点

問題３

問題４

問題５

※
30点

[問題]6

[問題]7

※
点

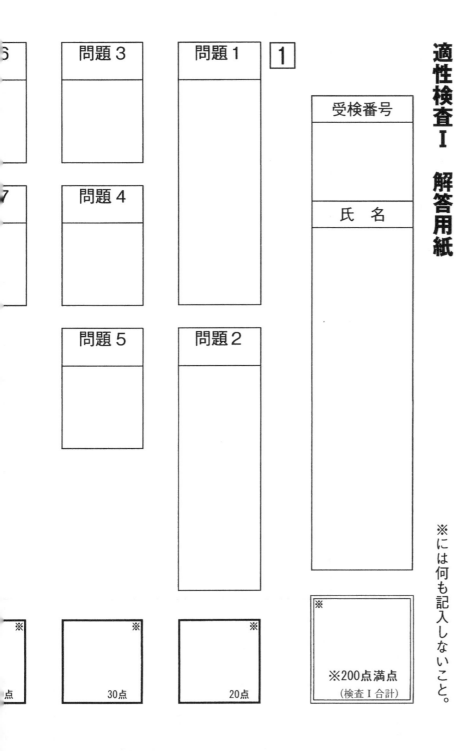

300

360

※3

※4

受検番号	氏　名

※

100点

※には何も記入しないこと。

3

問題１	

※ 10点

問題２	

※ 10点

問題３	A	板	B	板
	C	板	D	板

※ 15点

4

問題１	

※ 5点

問題２	い		う		え	

※ 15点

問題３	お		か	
	き		く	

※ 10点

問題４	け		こ		さ	

※ 15点

問題５	

※ 15点

受検番号	氏　名

※

※200点満点

適性検査Ⅱ　解答用紙

※には何も記入しないこと

1

問題１

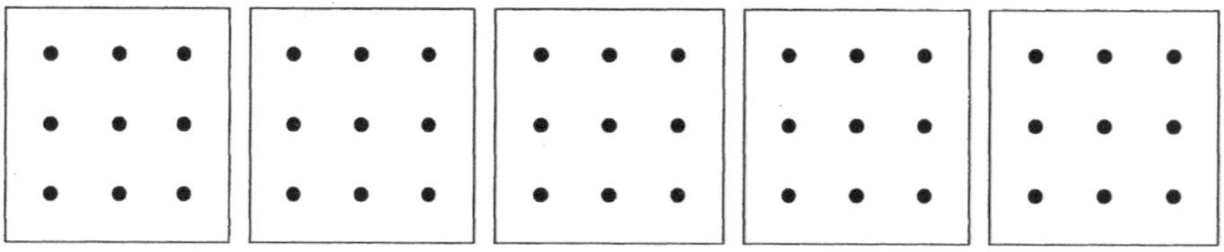

※ 15点

問題２					
（１）	A	cm^2	F	cm^2	※ 10点

（２）「内部の点の数」が０個の多角形の面積は、

									10
									20
									30

と求められる。

※ 15点

問題３

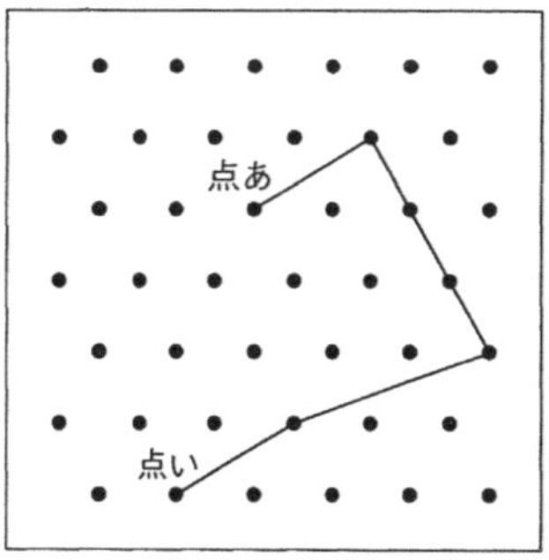

※ 15点

2

問題					
問題１	西暦	年			※ 10点
問題２	およそ	日分			※ 10点
問題３		日			※ 15点
問題４	あ		い		※ 15点

適性検査Ⅰ　解答用紙

1　問題８

※1

※2

2

問題1

問題2

ア

イ

ウ

エ

オ

カ

※ 6点

※ 12点

※ 12点

実験３　金属板の組み合わせを変えて電流の流れ方がどう変わるか調べる。

＜方法＞

① 鉄板、銅板、亜鉛《あえん》板、マグネシウム板の４種類の金属板と食塩水を用意する。

② 実験１と同じ方法で、液体の種類（食塩水）は変えず、金属板の組み合わせを変えて※電圧の大きさを調べる。また、金属板のどちらが＋極でどちらが－極になっているか調べる。なお、電圧の大きさは、テスターという器具を使って調べる。

＜結果＞

金属板の組み合わせ	電圧（V）	＋極の金属板	－極の金属板
鉄板と鉄板	テスターの針《はり》はふれなかった		
鉄板と銅板	0.12	銅板	鉄板
鉄板と亜鉛板	0.45	鉄板	亜鉛板
鉄板とマグネシウム板	1.14	鉄板	マグネシウム板
銅板と銅板	テスターの針はふれなかった		
銅板と亜鉛板	0.59	銅板	亜鉛板
銅板とマグネシウム板	1.23	銅板	マグネシウム板
亜鉛板と亜鉛板	テスターの針はふれなかった		
亜鉛板とマグネシウム板	0.68	亜鉛板	マグネシウム板
マグネシウム板とマグネシウム板	テスターの針はふれなかった		

※　電圧・・・電流を流そうとするはたらきの大きさを表す量。電圧の単位にはボルト（V）を使う。

問題１　**【自由研究のレポート】**からわかることを、次の**ア**～**エ**からすべて選び、記号を書きなさい。

ア　実験１の食塩水の代わりに、砂糖《さとう》水やアルコールを使っても電池を作ることができる。

イ　実験１の鉄板の代わりに亜鉛《あえん》板を使うと、電池の電圧を大きくすることができる。

ウ　食塩水を使って電池を作るためには、ことなる種類の金属板を組み合わせなければならない。

エ　食塩水をこくしたり、金属板を大きくしたりすると、電池の電圧を大きくすることができる。

問題２　みなみさんは、金属板の組み合わせを変えて電池を作ったとき、＋極になりやすい金属板や、逆に－極になりやすい金属板があることに気がつき、次の**【表１】**を作成しました。**【表１】**の**あ**～**え**にあてはまる金属板の組み合わせとして最も適切なものを、あとの**ア**～**ク**から１つ選び、記号を書きなさい。

【表１】

＋極になりやすい ⟷ －極になりやすい			
あ	い	う	え

	あ	い	う	え
ア	鉄板	銅板	マグネシウム板	亜鉛板
イ	鉄板	マグネシウム板	銅板	亜鉛板
ウ	銅板	鉄板	亜鉛板	マグネシウム板
エ	銅板	亜鉛板	鉄板	マグネシウム板
オ	亜鉛板	銅板	マグネシウム板	鉄板
カ	亜鉛板	マグネシウム板	銅板	鉄板
キ	マグネシウム板	鉄板	亜鉛板	銅板
ク	マグネシウム板	亜鉛板	鉄板	銅板

問題３　みなみさんは、食塩水と４枚《まい》の金属板（鉄板、銅板、亜鉛板、マグネシウム板が１枚ずつ）を使って電池を２つ作り、**【図１】**のように直列につないで、発光ダイオードを光らせることができるかどうか実験することにしました。次の**【条件】**をみたすように実験装《そう》置《ち》を組み立てるとき、**【図１】**の**金属板**Ａ～Ｄにあてはまる金属板の名称《めいしょう》をそれぞれ答えなさい。

なお、発光ダイオードは電流の向きによって光ったり光らなかったりする性質があるため、電池を使って確認したところ、**【図２】**のような結果になりました。

【条件】

① 鉄板、銅板、亜鉛板、マグネシウム板を１枚ずつ使う。

② 発光ダイオードが光る向きに電流が流れるようにする。

③ ２つの電池のそれぞれの電圧の値《あたい》の合計が最も大きくなるようにする。電圧の値は**【自由研究のレポート】**の結果をもとに考える。

【図１】

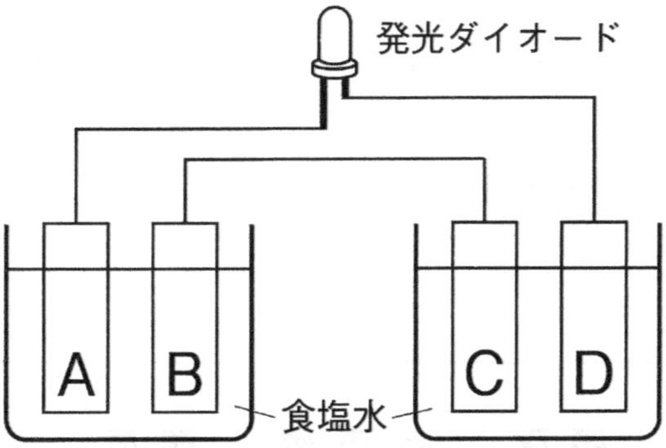

【図２】

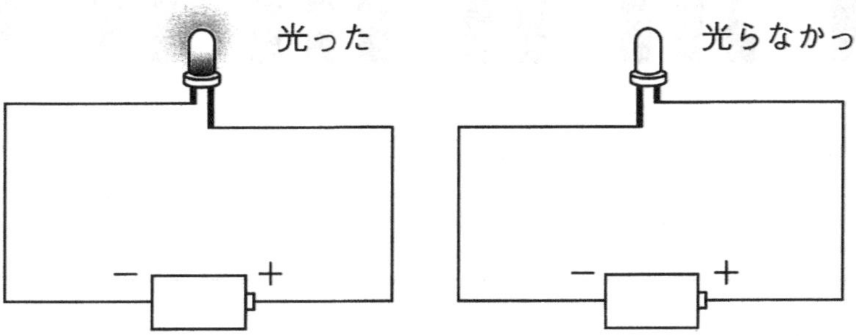

4　みなみさんと先生がハープと音について話しています。【みなみさんと先生の会話文】を読み、あとの問題に答えなさい。

【みなみさんと先生の会話文Ⅰ】

先　　生：みなみさんは【図１】の楽器を知っていますか。

みなみさん：ハープですね。クラシックのコンサートで演奏《えんそう》されている様子をテレビで見たことがあります。

先　　生：ハープがどのように演奏されていたか覚えていますか。

みなみさん：演奏する人は、両手で糸のようなものにさわっていました。

【図１】

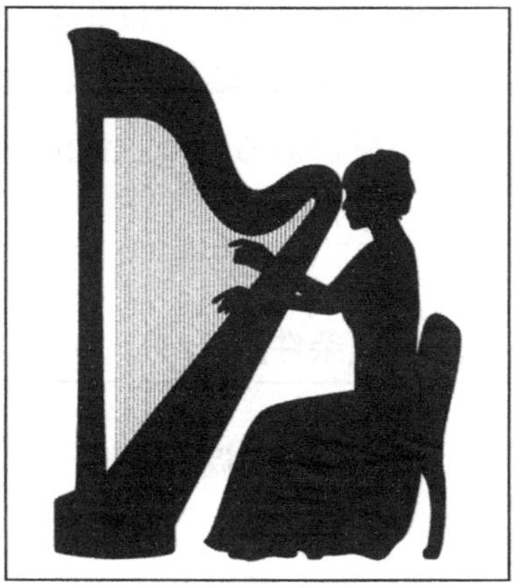

先　　生：そうですね。ハープは弦楽器《げんがっき》のなかまで、楽器に張られた糸（弦）を指ではじいて振動《しんどう》させることで音を出します。一本一本の弦が、それぞれことなる高さの音を出すようになっています。

みなみさん：たくさんの弦があるようですが、全部で何本あるのですか。

先　　生：種類によってさまざまですが、オーケストラなどで使われるグランドハープには、４７本の弦があります。【図２】を見てください。これはピアノの鍵盤《けんばん》ですが、この「白い鍵盤」のド、レ、ミ、ファ、ソ、ラ、シ、・・・の音に対応するように、グランドハープには弦が張られています。一番低い音は、ドの音が出るようになっています。また、ドの音が出る弦だけ赤い色がつけられています。

【図２】

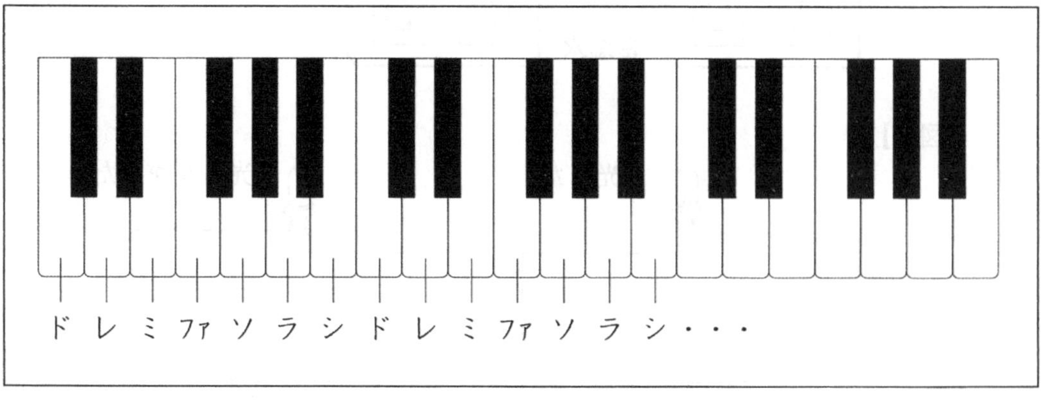

みなみさん：そうすると、グランドハープでは、赤い弦は全部で（　あ　）本あって、一番高い音は（　い　）ですね。グランドハープの弦はすべて長さがちがうようですが、音の高さと関係があるのですか。

先　　　生：いいところに気がつきましたね。グランドハープは、振動する弦の長さが長いほど低い音が出て、短いほど高い音が出るようになっています。それでは、グランドハープで、演奏する人から見て手前から４番目の弦の音は何かわかりますか。

みなみさん：手前から４番目の弦の音は（　う　）だと思います。**【図１】**を見ると、演奏する人に近い弦ほど、（　え　）音が出るのではないでしょうか。

先　　　生：そのとおりです。

問題１　（　あ　）にあてはまる数を答えなさい。

問題２　（　い　）～（　え　）にあてはまるものとして最も適切なものを、次の選択肢《せんたくし》からそれぞれ選び、記号を書きなさい。

（　い　）　ア　ド　　イ　レ　　ウ　ミ　　エ　ファ　　オ　ソ　　カ　ラ　　キ　シ

（　う　）　ア　ド　　イ　レ　　ウ　ミ　　エ　ファ　　オ　ソ　　カ　ラ　　キ　シ

（　え　）　ア　高い　イ　低い

【みなみさんと先生の会話文Ⅱ】

みなみさん：弦《げん》の長さ以外にも、音の高さを決めているものはありますか。

先　　　生：弦を引っ張る力の大きさや、弦の１ｍあたりの重さによっても音の高さは変わります。弦の１ｍあたりの重さは、弦の材質が同じであれば太さのちがいで変えられます。次の**【実験】**で確かめてみましょう。

【実験】

○　同じ材質の太い弦と細い弦を1本ずつと、１００ｇのおもりを３個用意する。

○　**【図３】**のような装置《そうち》を作り、条件１～５の状態にして、支え１と支え２の間の弦をはじき、音の高さを比べる。

【図３】

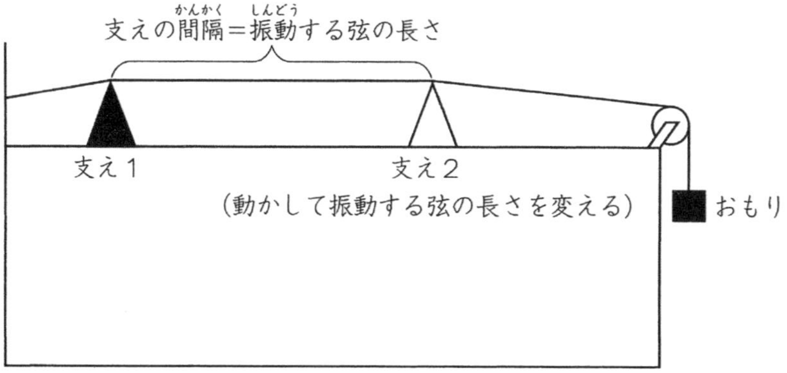

● 条件１　支えの間隔を８０cmにして、太い弦におもりを１個つける。

● 条件２　支えの間隔を５０cmにして、太い弦におもりを２個つける。

● 条件３　支えの間隔を８０cmにして、細い弦におもりを２個つける。

● 条件４　支えの間隔を５０cmにして、細い弦におもりを２個つける。

● 条件５　支えの間隔を８０cmにして、太い弦におもりを３個つける。

結果

○　音が高いものから順に、条件４、条件３、条件２、条件５、条件１となった。

みなみさん：（　お　）と（　か　）を比べると、弦を引っ張るおもりが多いほうが高い音になるとわかります。また、（　き　）と（　く　）を比べると、太い弦のほうが低い音になることがわかります。

先　　生：そうですね。弦の長さだけで音の高さを変えようとすると、楽器がとても大きくなってしまうので、弦の太さや弦を張る力の大きさを変えることで、音の高さを調節しているのです。また、弦の材質を変えて音の高さを調節しているものもあります。

みなみさん：ハープの複雑な形には、そのような理由があったのですね。

問題3　（　お　）～（　く　）にあてはまるものとして最も適切なものを、次の**ア**～**オ**からそれぞれ選び、記号を書きなさい。

ア　条件1
イ　条件2
ウ　条件3
エ　条件4
オ　条件5

【みなみさんと先生の会話文Ⅲ】

先　　生：音について、もう少しくわしく考えてみましょう。弦《げん》が振動《しんどう》することでまわりの空気が振動し、音となります。１秒間に振動する回数を「振動数」とよび、Ｈｚ（ヘルツ）という単位で表します。次の**【図４】**を見てください。

【図４】

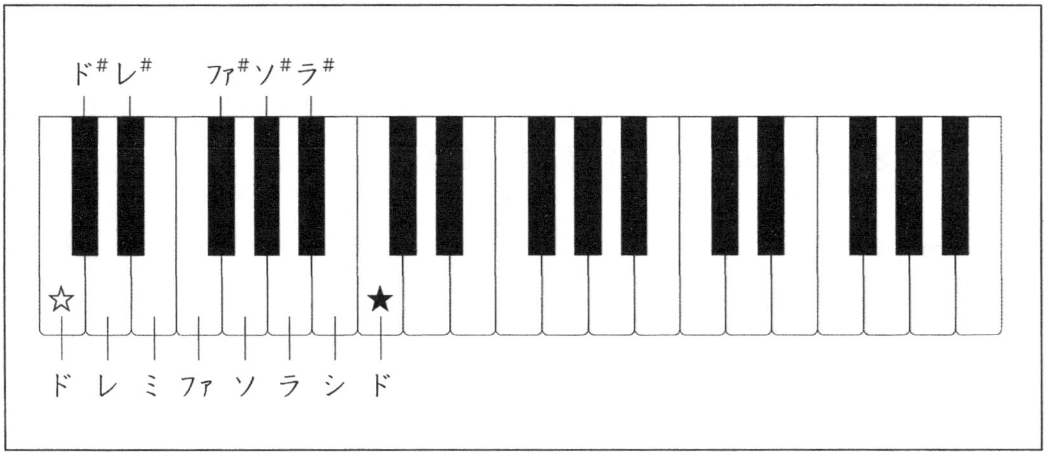

先　　生：☆と★の音はどちらもドの音ですが、高さがちがいます。★のドは、☆のドより1オクターブ高いドとよびます。そして、★のドの音の振動数は、☆のドの音の振動数のちょうど２倍になっています。もう1オクターブ高いドの音では、振動数がさらに２倍になります。

みなみさん：★のドの白い鍵盤《けんばん》は、☆のドの白い鍵盤の７つ右にあるので、振動数の値《あたい》の間隔《かんかく》は７等分されるのですか。

先　　生：いいえ。まず、ピアノには「黒い鍵盤」もありますよね。したがって、★のドの鍵盤は、☆のドの鍵盤の１２個右にあることになります。

みなみさん：では、振動数の値の間隔は、１２等分されるのですか。

先　　生：そうでもないのです。たとえば、振動数が１２０Ｈｚの音を音①として、音①より１オクターブ高い音を音②とします。すると、音②の振動数は（　け　）Ｈｚになりますよね。この間を単純《たんじゅん》に１２等分すると、1つ分の間隔は（　こ　）Ｈｚになります。同じようにたしていくと、音②のさらに1オクターブ高い音③の振動数はいくつになりますか。

みなみさん：３６０Ｈｚになります。音③は音①より２オクターブ高いので、（　さ　）Ｈｚになるはずなのに、計算が合いません。

先　　　生：そうです。じつは、振動数は、鍵盤１つ分音が高くなるたびに、同じ数をたしていくのではなく、同じ数をかけていくことで、求められるようになっているのです。

みなみさん：どういうことでしょうか。

先　　　生：もとの振動数に「ある数」を１２回かけたとき、振動数が２倍になるようにするのです。

みなみさん：この方法なら、さらに1オクターブ高くなっても振動数は２倍になるし、基準の音の振動数がわかれば、ちょうど1オクターブ分でなくても、音が高くなったり低くなったりしたときに振動数を求められそうです。

問題４　（　け　）～（　さ　）にあてはまる数を答えなさい。

問題５　みなみさんは、＿＿＿＿＿線部の「ある数」の値を調べたところ、約1.06でした。４４０Ｈｚのラの音を基準としたとき、このラの次のド（鍵盤で基準のラよりも右側にあり、基準のラに最も近いド）の音の振動数に最も近いものを、次の**ア**～**カ**から１つ選び、記号を書きなさい。

ア　４６０Ｈｚ
イ　４７０Ｈｚ
ウ　４９４Ｈｚ
エ　５１３Ｈｚ
オ　５２４Ｈｚ
カ　５５０Ｈｚ

このページには問題は印刷されていません。

このページには問題は印刷されていません。

令和二年度

適性検査Ⅰ

9：00

～

9：45

［注　意］

1　この問題冊子《もんだいさっし》は一ページから二十二ページにわたって印刷してあります。**ページの抜《ぬ》け、白紙、印刷の重なりや不鮮明《ふせんめい》な部分などがないかを確認《かくにん》してください。あった場合は手をあげて監督《かんとく》の先生の指示にしたがってください。**

2　解答用紙は二枚《まい》あります。**受検番号と氏名**をそれぞれの決められた場所に記入してください。

3　声を出して読んではいけません。

4　答えはすべて解答用紙に記入し、**解答用紙を二枚とも提出してください。**

5　字ははっきりと書き、答えを直すときは、きれいに消してから新しい答えを書いてください。

6　文章で答えるときは、漢字を適切に使い、丁寧《ていねい》に書いてください。

横浜市立　南　高等学校附属中学校

このページには問題は印刷されていません。

みなみさんとりかさんが社会科資料室で地球儀《ちきゅうぎ》や世界地図を見ながら話をしています。次の【会話文】を読んで、あとの問題に答えなさい。

【会話文】

りかさん　球体の地球を、平面の世界地図で正確に表すことはできるのでしょうか。

みなみさん　球体の地球を平面の世界地図で表すと、必ず正確ではないところができてしまいます。

りかさん　どのようなところが正確ではなくなるのですか。

みなみさん　【資料1】の地図を見てください。【資料1】の地図では、方位は正確に表されていません。

りかさん　方位ですか。【資料1】の地図では、東京から見て真東と考えられる方向には、アメリカ合衆国《がっしゅうこく》がありますね。

みなみさん　はい。しかし、実際は、東京から見て真東の方向には、アルゼンチンがあります。

りかさん　そうなのですね。どのようにして調べるのですか。

みなみさん　【資料2】のように、地球儀上の東京を通るように南北にまっすぐひもをはります。その南北にはったひもの東京の位置に、そのひもに対して90度になるように東西にまっすぐひもをはります。そうすると東京から見た東西南北の方向が分かります。

りかさん　その方法で調べると、東京から見て、実際に真西にある国は、（　あ　）だということが分かりますね。【資料1】の地図で見るのとずいぶんちがいます。つまり【資料1】の地図の方位は正確ではないということですね。

みなみさん　そうです。このように、球体である地球を平面の世界地図に正確に表すことはできません。

りかさん　世界地図は面積やきょり、方位などの全てを、同時に正確に表すことができないということですね。

みなみさん　では【資料3】の地図を見てください。【資料3】は面積を正確に表している地図です。
りかさん　これを見ると、【資料1】の地図とはちがった印象を受けますね。
みなみさん　そうですね。【資料3】の地図を見ると、いろいろな国の大きさが比べられますね。では、日本と同じくらいの面積の国はどのような国があるか、統計資料で調べてみましょう。
りかさん　日本と同じくらいの面積の国には、ドイツがあります。日本とドイツを比べた【資料4】もありました。
みなみさん　【資料4】からはどのようなことが分かりますか。
りかさん　ドイツと日本を比べると（　い　）ことが分かります。
みなみさん　そうですね。統計資料からもいろいろなことが分かりますね。

りかさん　【資料5】の地図を見てください。これは、わたしがドイツへ旅行した時に、よく目にしたものです。
みなみさん　ヨーロッパが中心になっている地図ですか。
りかさん　そうです。【資料1】のような日本でよく見る地図とはちがいますね。
みなみさん　はい。【資料5】の地図では、日本が東のはしにあるように感じます。
りかさん　ヨーロッパではこのような地図が広く使われているそうです。
みなみさん　それは知りませんでした。中心が変わると、印象がちがいますね。
りかさん　もう一つ、【資料6】のように南北が逆転している地図も見つけました。
みなみさん　すごいですね。南北が逆転すると、世界が別のものに見えてきますね。

りかさん　みなみさん、**【資料7】**の地図は、**【資料1】**の地図の中のある地域《ちいき》を、別の向きから見た地図です。

みなみさん　これは**【資料1】**の地図の（　う　）の地域を、別の向きから見た地図ですか。

りかさん　そうです。こう見ると、（　え　）が瀬戸内海《せとないかい》のような内海《うちうみ》に見えてきませんか。

みなみさん　本当ですね。見る向きを変えると、印象が変わりますね。

みなみさん　りかさん、わたしは、地図がえがかれた旗を見つけました。

りかさん　それはどのような旗ですか。

みなみさん　**【資料8】**の旗です。（　お　）が旗の真ん中にあり、その両わきにオリーブの葉がえがかれています。

りかさん　めずらしい旗ですね。このオリーブの葉にはどのような意味があるのですか。

みなみさん　これは地図と合わせて、世界の平和を表しているそうです。

りかさん　いろいろな地図や資料から多くのことが分かりましたね。

みなみさん　はい。今日は新しい発見が多くできて、楽しかったです。

りかさん　また、地図で見るだけではなく、実際に現地に行って調べるのもいいかもしれませんね。

みなみさん　そうですね。どんどん新しい知識を開拓《かいたく》したいと思います。いっしょにがんばりましょう。

【資料1】

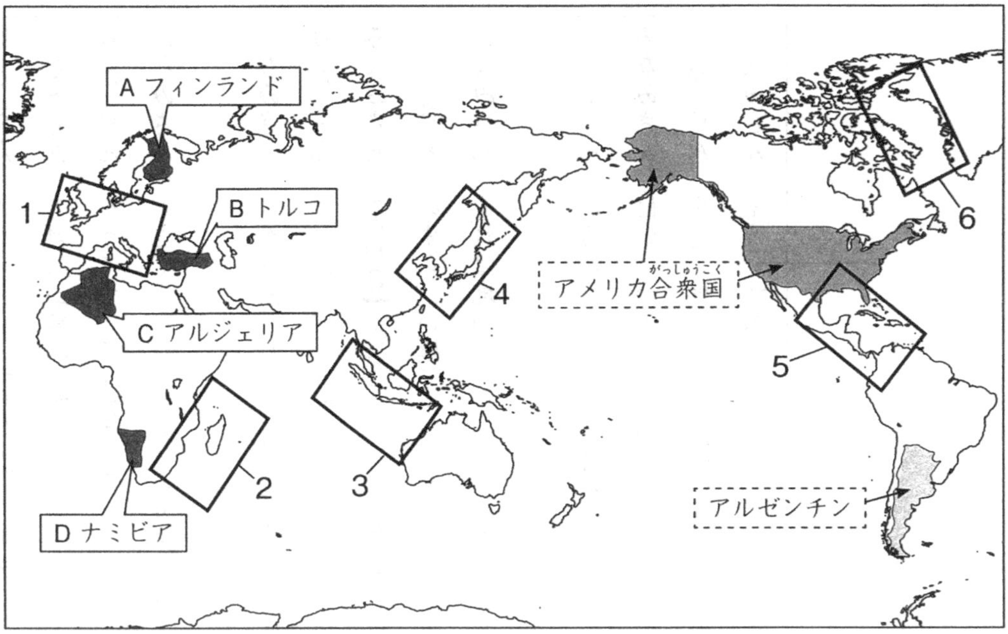

【資料2】

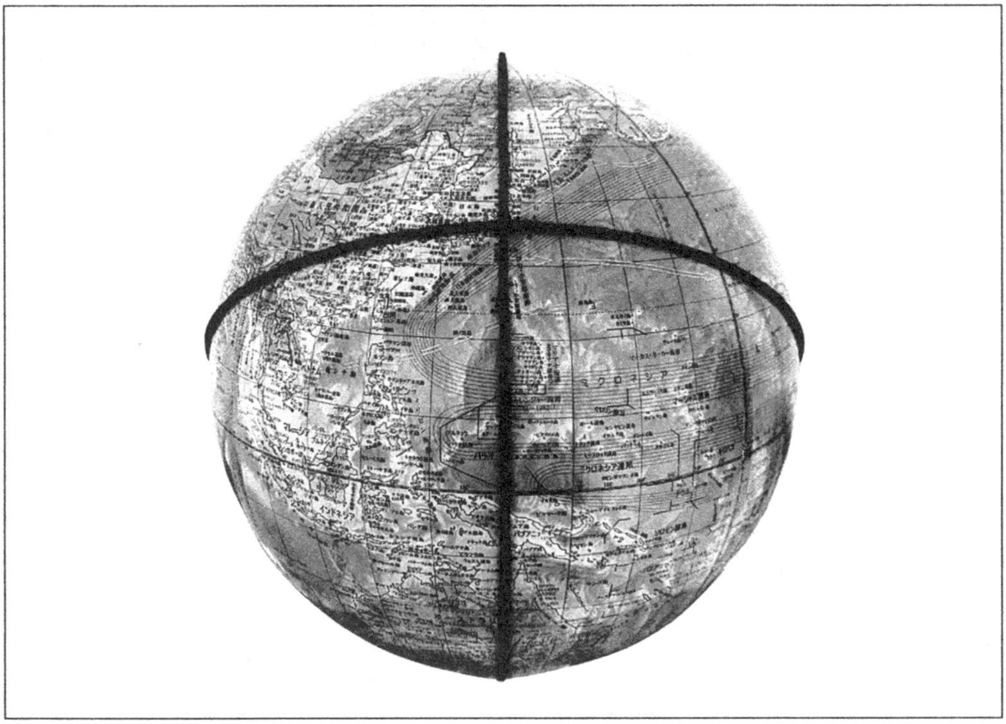

【資料3】

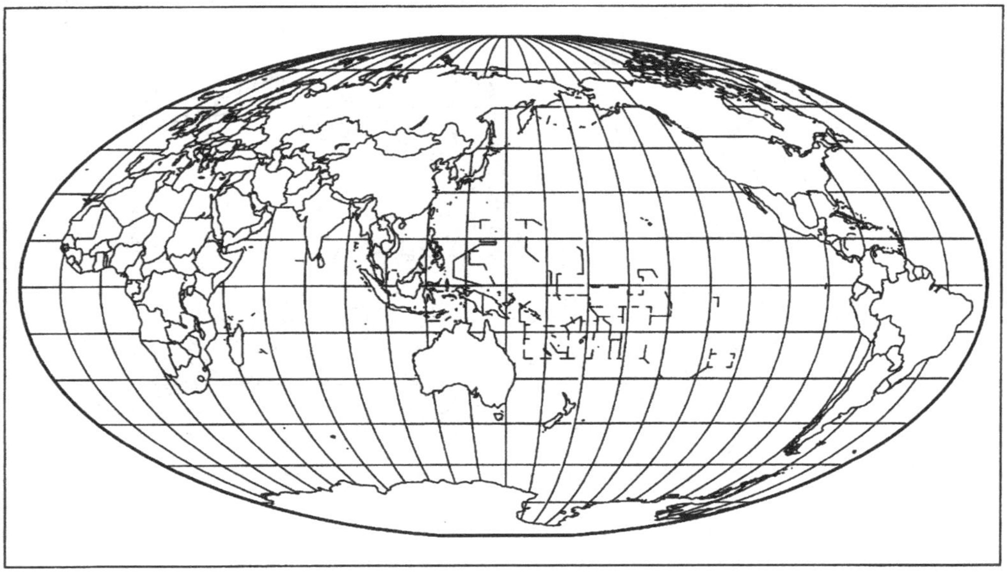

【資料4】日本とドイツの比《ひ》較《かく》

		日本	ドイツ
面積（千 km²）		378	357
人口（千人）	2018 年	127185	82293
人口予測（千人）	2030 年	121581	82187
	2050 年	108794	79238
輸出額（百万ドル）		644932	1340752
輸入額（百万ドル）		606924	1060672
主要な輸出品 （輸出額に占《し》める割合《わりあい》：%）	機械類	35.0	26.5
	自動車	21.8	17.8
	精密《せいみつ》機《き》械《かい》	5.1	4.0

（『世界国勢図会（2018/2019）』をもとに作成）

【資料5】

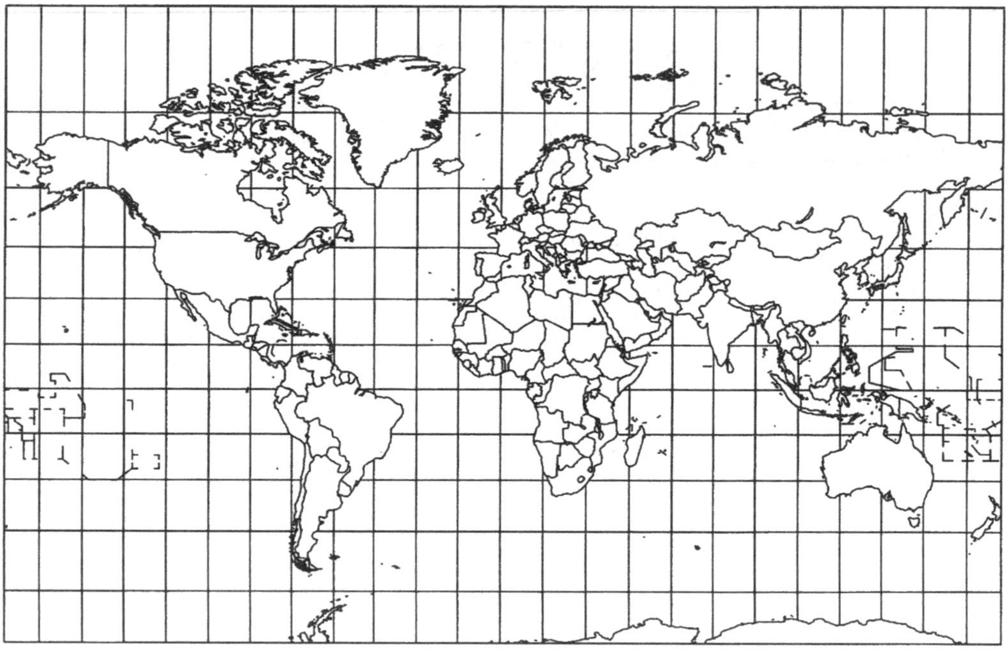

【資料6】

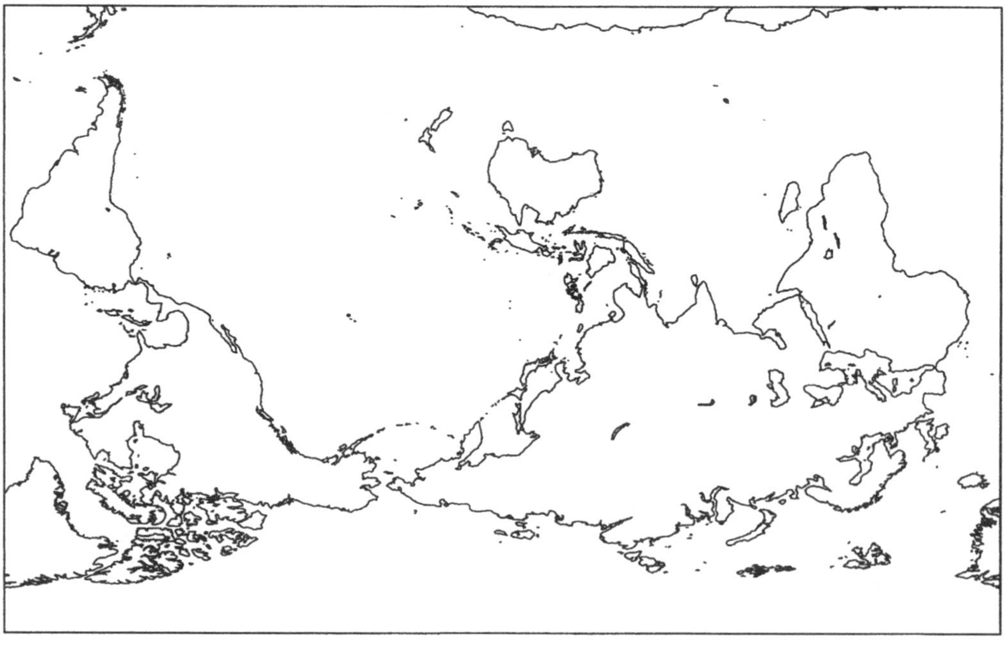

【資料7】

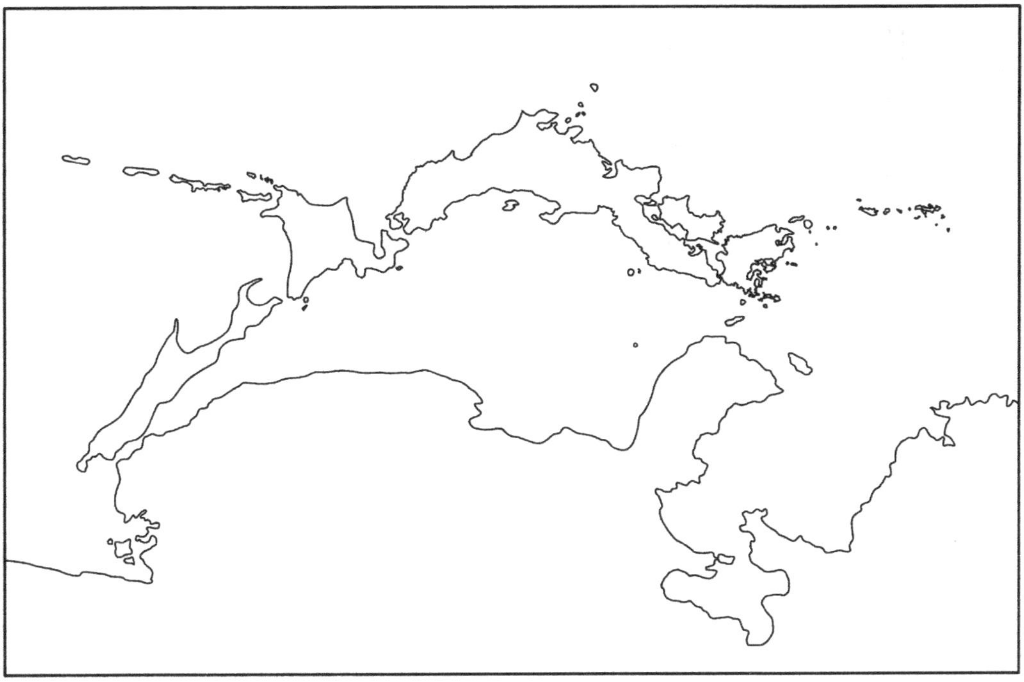

【資料8】

問題1 **【会話文】**中の（　あ　）にあてはまる国名として最も適切なものを**【資料1】**の地図のA～Dの中から一つ選び、記号を書きなさい。

問題2 （　い　）にあてはまる、**【資料4】**からわかることとして最も適切なものを次の**ア**～**エ**から一つ選び、記号を書きなさい。

ア　ドイツの方が日本よりも1㎢あたりの人口が多い

イ　ドイツの自動車の輸出額は、日本の機械類の輸出額よりも大きい

ウ　ドイツも日本も機械類、自動車、精密機械《せいみつきかい》の輸出額に占《し》める割合《わりあい》を合計すると50％以上になる

エ　ドイツも日本も2050年に予測される人口は、2018年の人口よりも10％以上少ない

問題3 **【会話文】**中の（　う　）にあてはまるものとして最も適切なものを**【資料1】**の地図の□の1～6から一つ選び、番号を書きなさい。

問題4 **【会話文】**中の（　え　）にあてはまる言葉として最も適切なものを次の**ア**～**エ**から一つ選び、記号を書きなさい。

ア　日本海　　**イ**　太平洋　　**ウ**　大西洋　　**エ**　インド洋

問題5　**【会話文】**中の（　お　）にあてはまる言葉として最も適切なものを次の**ア**～**エ**から一つ選び、記号を書きなさい。

ア　北極を中心とした北半球の地図

イ　北極を中心とした世界地図

ウ　南極を中心とした南半球の地図

エ　南極を中心とした世界地図

問題6　【資料9】は、みなみさんが図書館で見つけた本の一部分です。これまでのみなみさんとりかさんの【会話文】でみなみさんが気づいたことと、【資料9】で筆者が述べていることに共通する考え方を三十字以上四十字以内で書きなさい。ただし題名は書かずに一行目、一番上から書くこと。

【資料9】

著作権に関係する弊社の都合により
本文は省略いたします。
教英出版編集部

著作権に関係する弊社の都合により
本文は省略いたします。

教英出版編集部

（熊谷《くまがい》　徹《とおる》『ドイツ人はなぜ、年290万円でも生活が「豊か」なのか』より。一部省略やふりがなをつけるなどの変更《へんこう》があります。）

［注］

※1　ユーロ・・・・お金の単位。

※2　緻密《ちみつ》・・・・・きめ細やかであること。

問題7　りかさんは図書館で、【資料10】を見つけました。【資料10】で筆者が述べていることを、あとの［条件］にしたがってまとめなさい。

［条件］

○複数の段落をつくって、三百字以上三百五十字以内で書くこと。

○題名は書かずに一行目、一マス下げたところから、原稿用紙《げんこうようし》の適切な使い方にしたがって書くこと。

【資料10】

著作権に関係する弊社の都合により
本文は省略いたします。

教英出版編集部

著作権に関係する弊社の都合により本文は省略いたします。

教英出版編集部

著作権に関係する弊社の都合により
本文は省略いたします。

教英出版編集部

著作権に関係する弊社の都合により
本文は省略いたします。

教英出版編集部

（ルリヤ『認識《にんしき》の史的発達』一五七ページより）

著作権に関係する弊社の都合により
本文は省略いたします。

教英出版編集部

著作権に関係する弊社の都合により
本文は省略いたします。

教英出版編集部

著作権に関係する弊社の都合により
本文は省略いたします。

教英出版編集部

（當眞《とうま》千賀子《ちかこ》『フィールドワークは楽しい』所収「怪談と文化的学びのかかわりを見つける」岩波ジュニア新書より。
一部省略やふりがなをつけるなどの変更《へんこう》があります。）

［注］

※3　母胎《ぼたい》・・・・・・・・ものごとが生まれる、もとになるもの。

※4　折りあい・・・・・・・おたがいにゆずり合って、解決すること。

※5　網羅《もうら》・・・・・・・・関係するものを、のこらず集めること。

※6　談話・・・・・・・・話。会話。

※7　発話・・・・・・・・ことばにして口に出すこと。発言。

※8　発意・・・・・・・・自分で考えを出すこと。

※9　フィールドワーク・・実際に現地へ行って調査や研究を行うこと。

※10　三段論法《さんだんろんぽう》・・・・・すでにわかっている二つのことから、三つ目の新しい判断を導く方法。

※11　極北・・・・・・・・地球上で最も北にある地域。

※12　命題・・・・・・・・あることがらについて「これはこうである」などとことばで表したもの。

※13　駆使《くし》・・・・・・・・使いこなすこと。

※14　戒《いまし》める・・・・・・・用心する。注意する。

※15　虐《しいた》げる・・・・・・・ひどいあつかいをして苦しめる。

令和２年度

適性検査Ⅱ

１０：１５～１１：００

注　意

1　問題は[1]から[4]まであり、この問題冊子《さっし》は１ページから２２ページにわたって印刷してあります。ページの**抜け、白紙、印刷の重なりや不鮮明《ふせんめい》な部分などがないかを確認《かくにん》してください。あった場合は手をあげて監督《かんとく》の先生の指示にしたがってください。**

2　**受検番号**と**氏名**を解答用紙の決められた場所に記入してください。

3　声を出して読んではいけません。

4　計算が必要なときは、この問題用紙の余白を利用してください。

5　問題用紙や解答用紙を切ったり折ったりしてはいけません。

6　答えはすべて解答用紙に記入し、**解答用紙だけを提出してください。**

7　字ははっきりと書き、答えを直すときは、きれいに消してから新しい答えを書いてください。

横浜市立南高等学校附属中学校

このページには問題は印刷されていません。

1 みなみさんは、植物が水をすい上げるはたらきについて興味をもち、研究したことをまとめました。あとの問題に答えなさい。

【実験レポートⅠ】

疑問《ぎもん》に思ったこと

● 庭からアジサイの枝をとって水が入った花びんにさすと、枝は水をすい上げた。植物の体のどの部分に水をすい上げるはたらきがあるのだろう。

調べたいこと

● 水をすい上げるはたらきは葉にあると予想して、葉があるときと葉がないときの、枝がすい上げる水の量の変化を調べる。

実験

① チューブ内に空気の泡《あわ》が入らないように水を入れ、**【図1】**の装置《そうち》を組み立てる。アジサイの枝は水が入った花びんに1時間ほどさしておいたものを使う。

【図1】

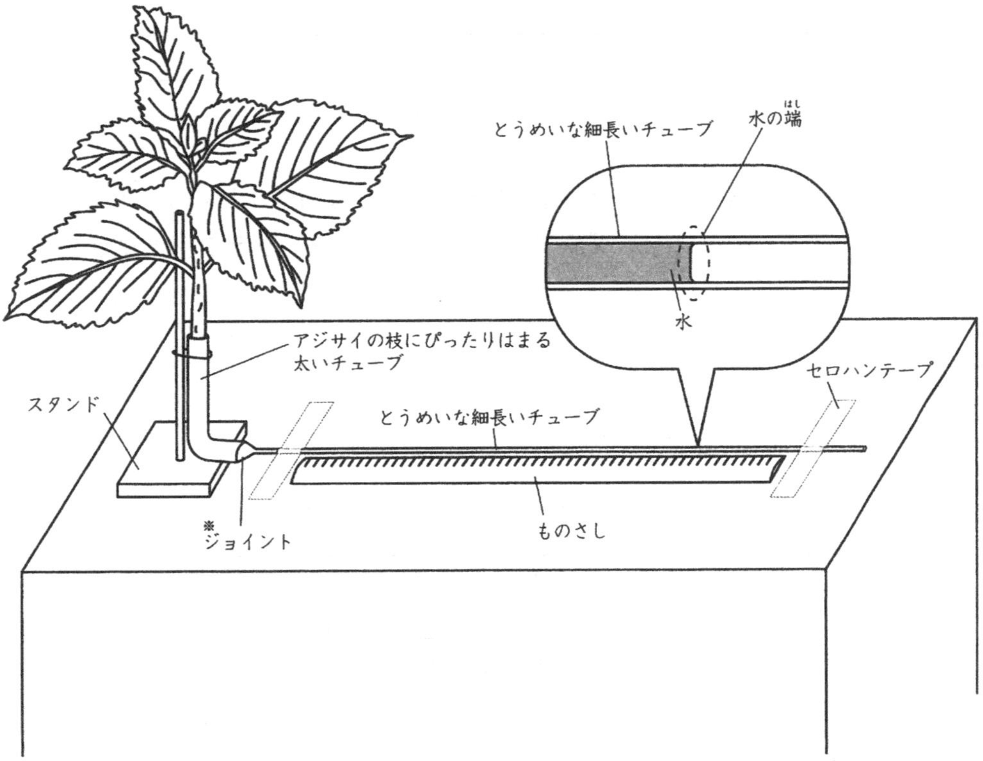

※ ジョイント・・・チューブとチューブをつなぐ部品

② 測定開始時の水の端《はし》の位置がわかるように、しるしをつける。

③ 水の端がしるしから移動したきょりを1分ごとに記録する。このとき、水の端が移動したきょりを、枝がすい上げた水の量として考える。

④ 測定開始から10分後に枝についた葉をすべて切りとり、さらに10分間測定を行う。

結果

● 測定開始からの時間と水の端がしるしから移動したきょり

時間（分）	0	1	2	3	4	5	6
きょり（cm）	0	2.3	4.7	6.9	9.2	11.7	14.1

時間（分）	7	8	9	10	11	12	13
きょり（cm）	16.5	18.8	21.2	23.6	24.5	24.9	25.2

時間（分）	14	15	16	17	18	19	20
きょり（cm）	25.6	25.9	26.2	26.6	26.9	27.2	27.5

考察

● 葉には水をすい上げるはたらきがある。

理由…

問題1 みなみさんは**【実験レポートⅠ】**の結果をもとに、**【表1】**のように、たて軸《じく》と横軸を決めて、**グラフ①**と**グラフ②**を作成しました。**グラフ①**と**グラフ②**にあてはまるグラフを、あとの**ア〜カ**からそれぞれ選び、記号を書きなさい。

なお、**ア〜カ**のたて軸のめもりは、それぞれのグラフごとに等間隔《とうかんかく》で適切にふられているものとします。

【表1】

	たて軸	横軸
グラフ①	水の端がしるしから移動したきょり（cm）	測定開始からの時間（分）
グラフ②	水の端が1分間で移動したきょり（cm）	測定開始からの時間（分）

ア

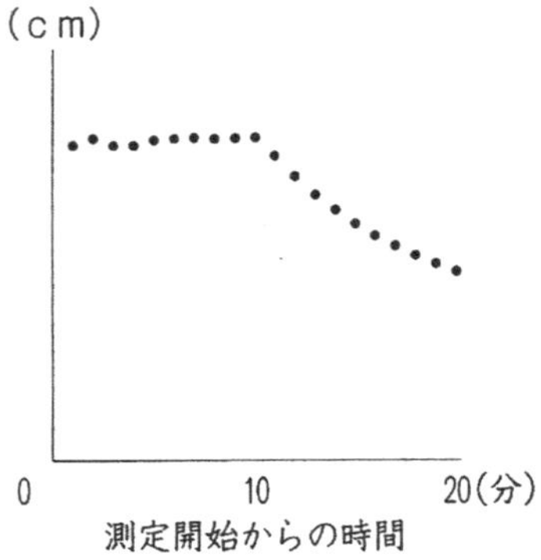

イ

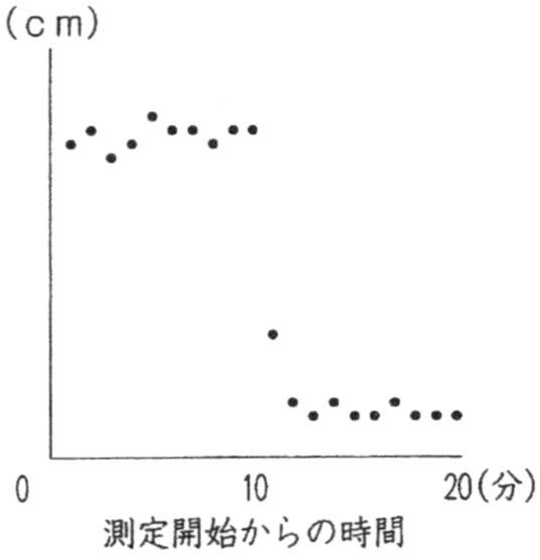

ウ

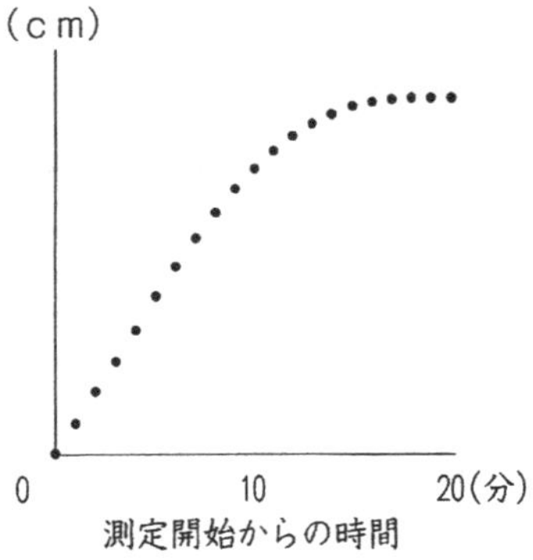

エ

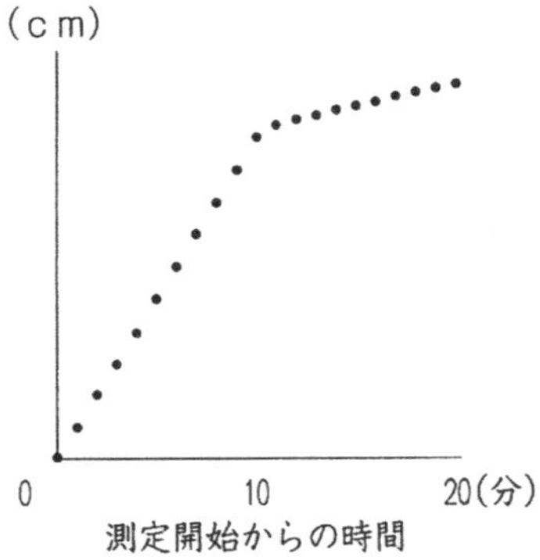

オ

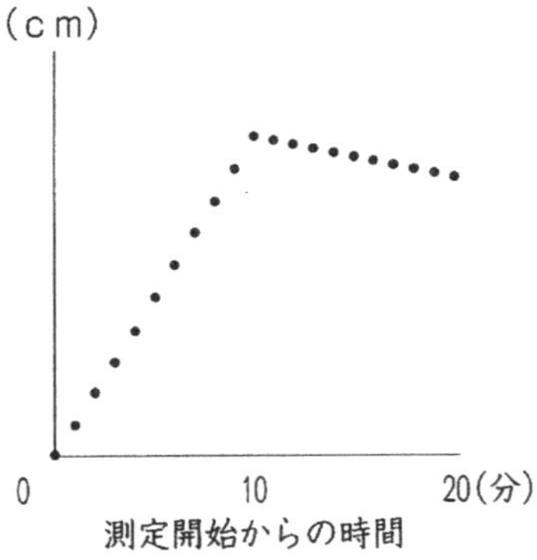

カ

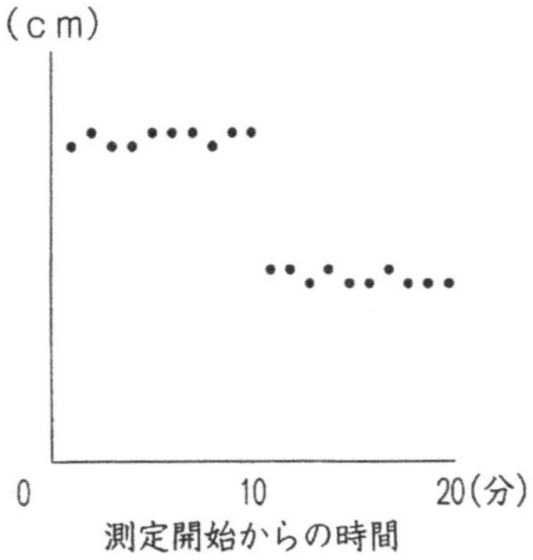

問題２　**【実験レポートⅠ】**の考察の［　　　　　］にあてはまる文章を、「きょり」という言葉を使って、句読点を含《ふく》み、**４５字以内**で書きなさい。

【実験レポートⅡ】

新たな疑問《ぎもん》

● 葉には水をすい上げるはたらきがあることがわかった。また、さらに調べると、すい上げられた水は、植物の体から外に出ていることがわかった。では、すい上げられた水は、植物の体のどの部分から外に出ているのだろう。

調べたいこと

● すい上げられた水は、葉のおもて、葉のうら、葉以外の部分から出ていると予想して、それぞれの部分から出ている水の量を調べる。

実験

1　アジサイの枝を新たに用意して、**【実験レポートⅠ】**の実験②までと同じように準備する。

2　水の端《はし》がしるしから移動したきょりを１０分ごとに記録する。このとき、水の端が移動したきょりを、葉や葉以外の部分から出ている水の量として考える。

3　測定開始から１０分後に、水の端が移動したきょりの１回目の測定を行う。その後、すべての葉のおもてにクリームをぬり、葉のおもてから水が出ていかないようにする。

4　測定開始から２０分後に、２回目の測定を行う。その後、すべての葉を切りとり、切り口にクリームをぬり、切り口から水が出ていかないようにする。

5　測定開始から３０分後に、３回目の測定を行う。

結果

● 測定開始からの時間と水の端がしるしから移動したきょり

時　間（分）	０	１０	２０	３０
きょり（cm）	０	２１.９	３９.５	４２.３

問題３　みなみさんは**【実験レポートⅡ】**についての考えを整理するために、**【メモ】**をつくりました。あとの問いに答えなさい。

【メモ】

> ● 実験の結果から、すい上げられた水は、葉のおもて、葉のうら、葉以外の部分から出ていると考えられる。
>
> ● 葉のおもて、葉のうら、葉以外の部分から、それぞれ一定の量の水が出続けていたとすると、
> ０～１０分の結果より、[あ]から１０分間で出た水の量（A）がわかる。
> １０～２０分の結果より、[い]から１０分間で出た水の量（B）がわかる。
> ２０～３０分の結果より、[う]から１０分間で出た水の量（C）がわかる。
>
> ● したがって、葉のおもてから10分間で出た水の量は[え]で求めることができ、葉のうらから10分間で出た水の量は[お]で求めることができる。

（１）**【メモ】**の[あ]～[お]にあてはまるものを、次の**ア～タ**からそれぞれ１つずつ選び、記号を書きなさい。

ア　葉のおもて
イ　葉のうら
ウ　葉以外の部分
エ　葉のおもて・葉のうら
オ　葉のおもて・葉以外の部分
カ　葉のうら・葉以外の部分
キ　葉のおもて・葉のうら・葉以外の部分

ク　A＋B
ケ　A＋C
コ　B＋C
サ　A－B
シ　A－C
ス　B－A
セ　B－C
ソ　C－A
タ　C－B

（２）測定開始から１０分間で枝から出た水の量のうち、葉のうらから出た水の量の割合《わりあい》を、実験の結果をもとに計算し、百分率で答えなさい。ただし、答えは小数第１位を四捨五入《ししゃごにゅう》して、整数で書きなさい。

2　みなみさんは、対角線の入った方眼紙を使って、図形の形やその面積について考えています。次の問題に答えなさい。

問題１　みなみさんは、**【図１】**の図形と、同じ形で大きさの異《こと》なる図形をつくりました。あとの問いに答えなさい。

【図１】

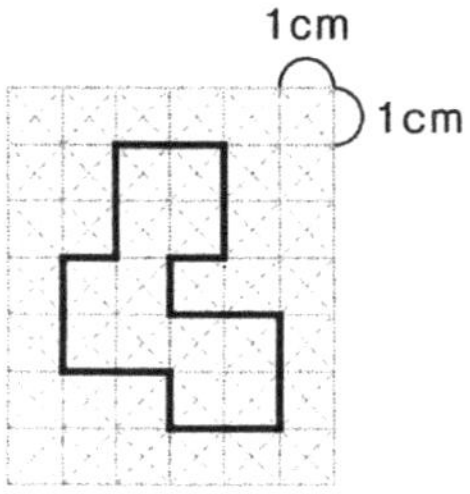

（１）**【図１】**の図形と同じ形で大きさの異なる図形を、**ア〜オ**からすべて選び、記号を書きなさい。

ア

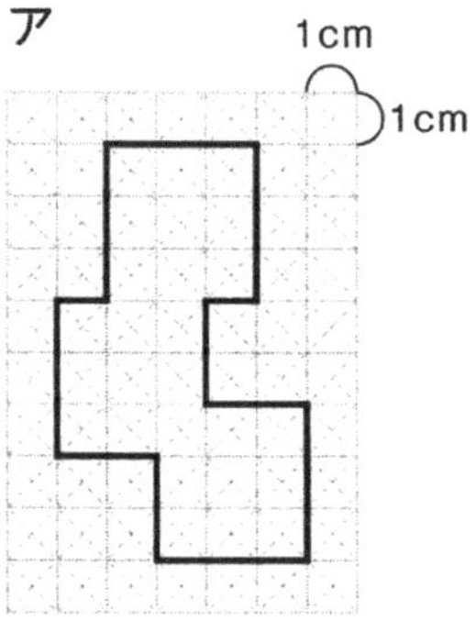

イ

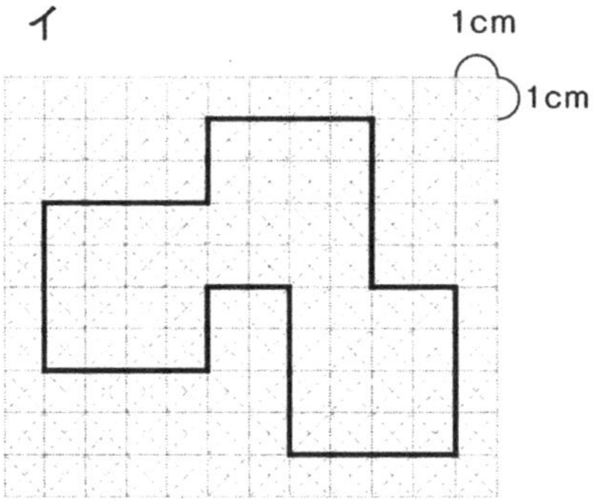

ウ

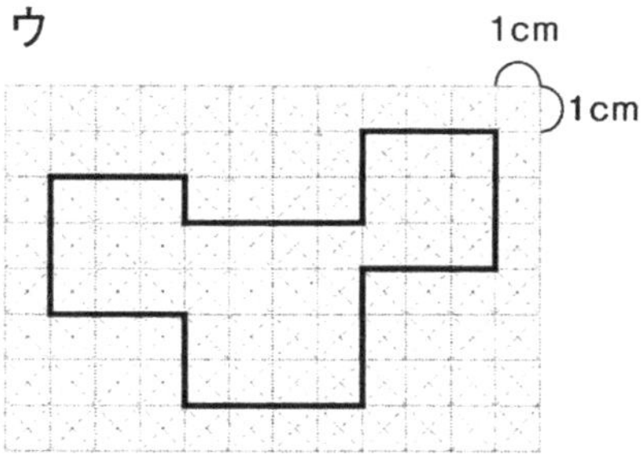

エ

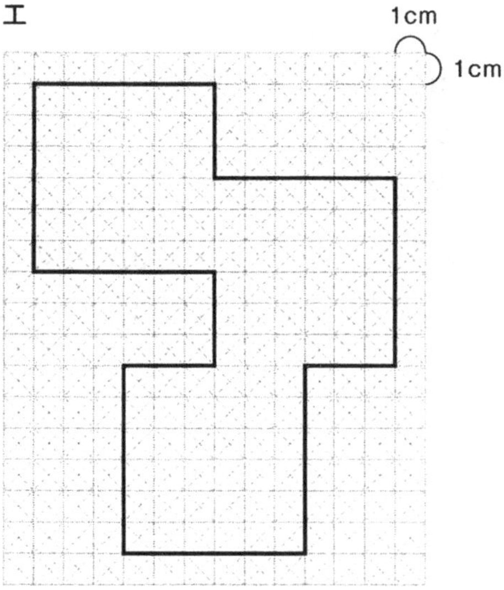

オ

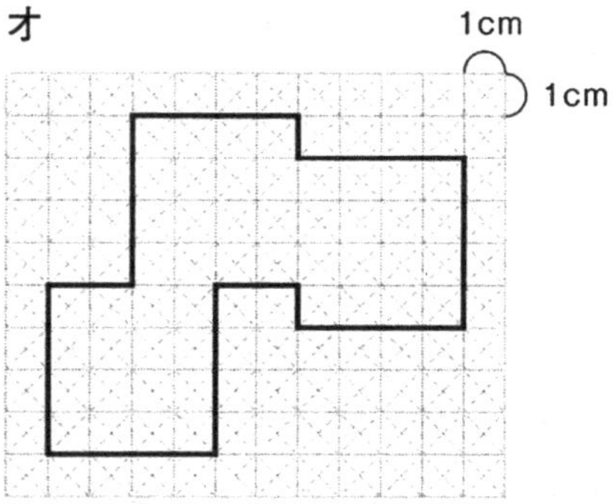

（2）【図１】の図形と同じ形で、面積が２倍になるような図をかきなさい。ただし、じょうぎは使わず、解答用紙の点線を利用してかきなさい。

問題２　みなみさんは【図２】のような、**清《せい》少《しょう》納《な》言《ごん》知《ち》恵《え》の板**というパズルを見つけました。そのパズルは、１辺が４ｃｍの正方形を３つの三角形と４つの四角形に分割《ぶんかつ》したタイルでつくられているものでした。あとの問いに答えなさい。

【図２】清少納言知恵の板

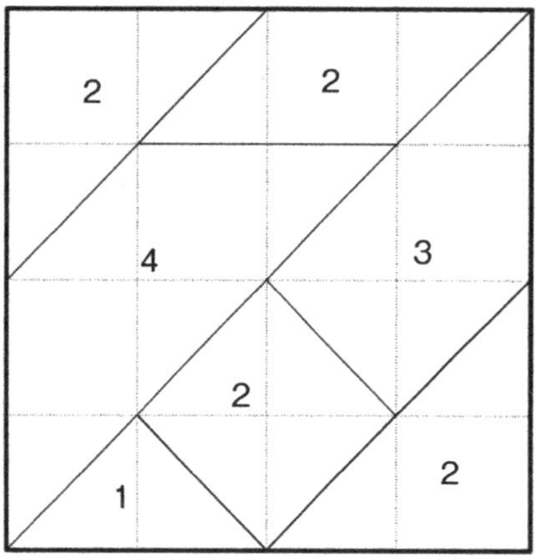

・タイルの中に書かれている数字は分割したタイルのそれぞれの面積（ｃｍ^2）を示している。

（１）【図２】のパズルを使っていくつかの図形をつくることにしました。図の線はタイルの切れ目を示していて、中に書かれている数字はその囲まれている部分の面積を示しています。７つのタイルを折ったり切ったり重ねたりせず、すべて使ってつくることのできるものを、次の**ア～オ**から**すべて**選び、記号を書きなさい。

ア

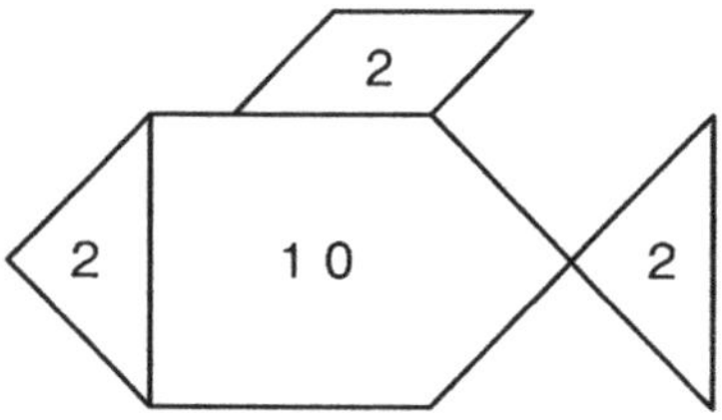

イ

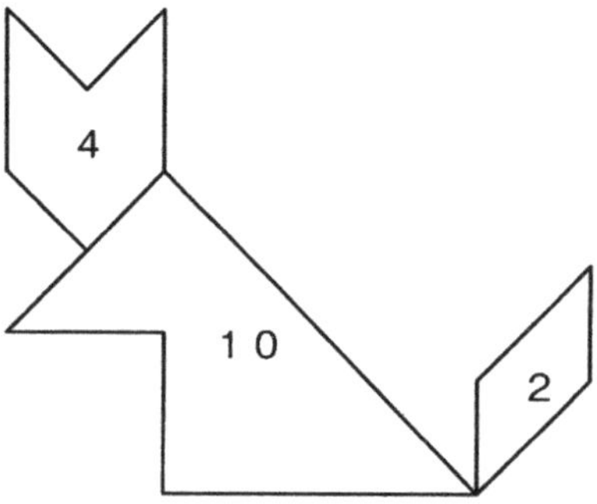

ウ

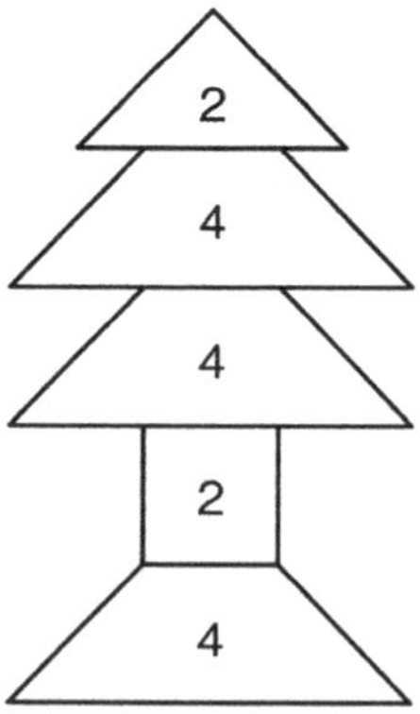

エ

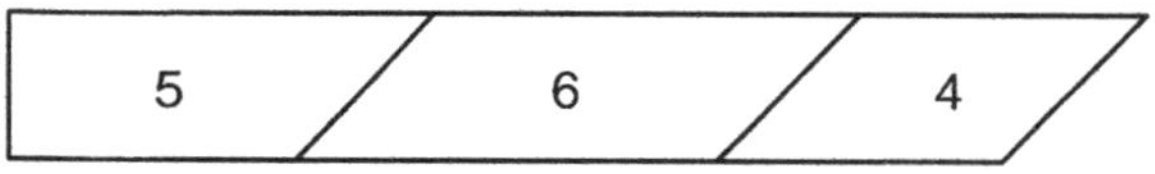

オ

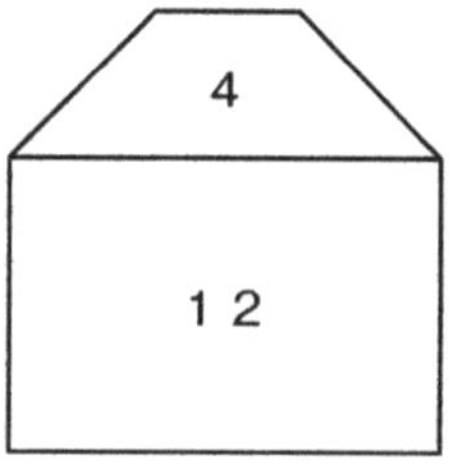

（2）みなみさんは【図2】のようなパズルで**分割の仕方の違《ちが》う**7つのタイルを使って、【図3】のような図形をつくりました。タイルの中に書かれている数字は面積（cm^2）を示しています。【図3】の図形をつくるには、どのように分割すればよいか、分割した図をかきなさい。ただし、じょうぎは使わず、解答用紙の点線を利用してかきなさい。

【図3】

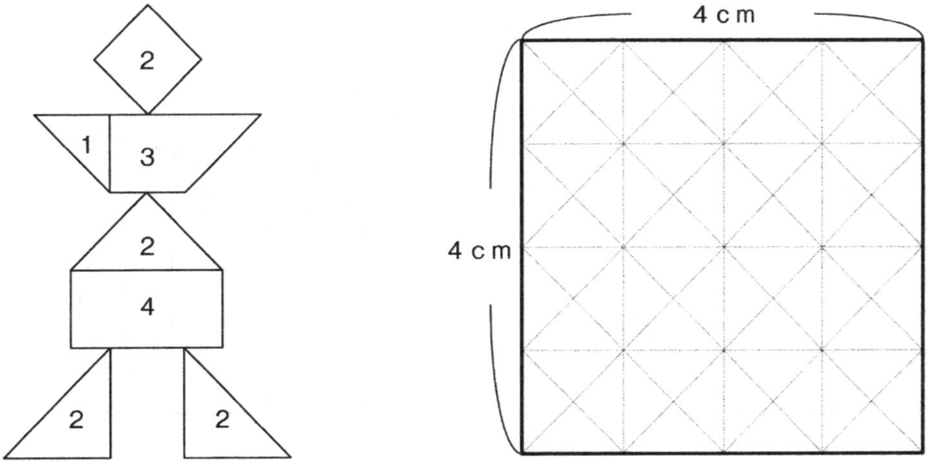

（3）みなみさんは木でできている１辺が４ｃｍの立方体の１つの面に、**【図２】**のパズルと同じ図を、**【図４】**のようにかきました。その立方体を**【図５】**のように、かいた線から底面に垂直《すいちょく》になるようにまっすぐに切って、７つの積み木をつくって遊びました。

【図６】はつくった７つの積み木のうち、１つだけ使わずに積み重ねてできたものを真横と真上から見た図です。図の線はできたものを１つの立体として考えたときの、立体の辺を表しています。

つくった７つの積み木のうち、使われていない積み木はどれか、**【図７】**の**ア〜キ**から１つ選び、記号を書きなさい。

【図４】

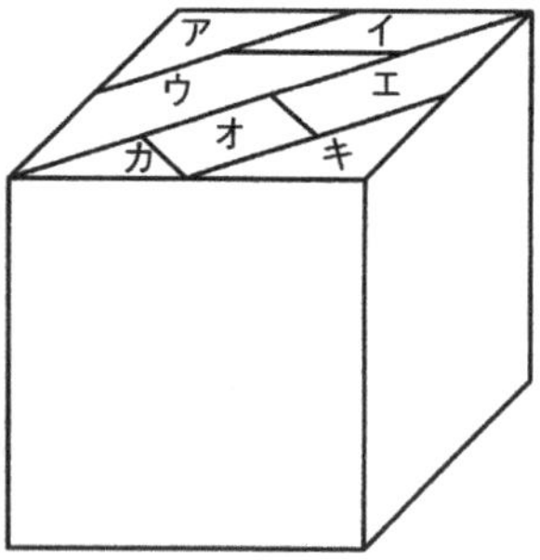

【図５】

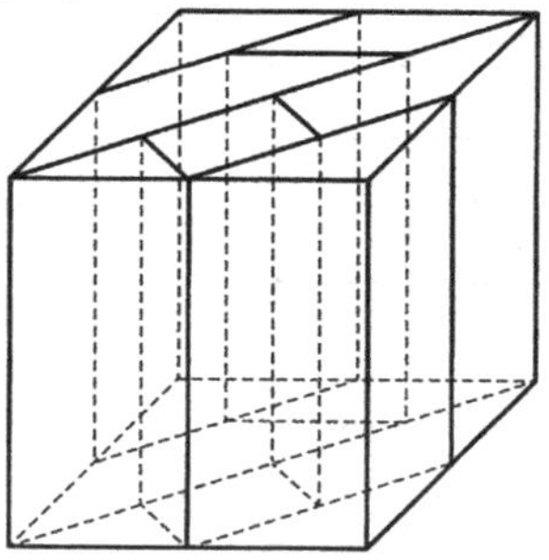

【図６】

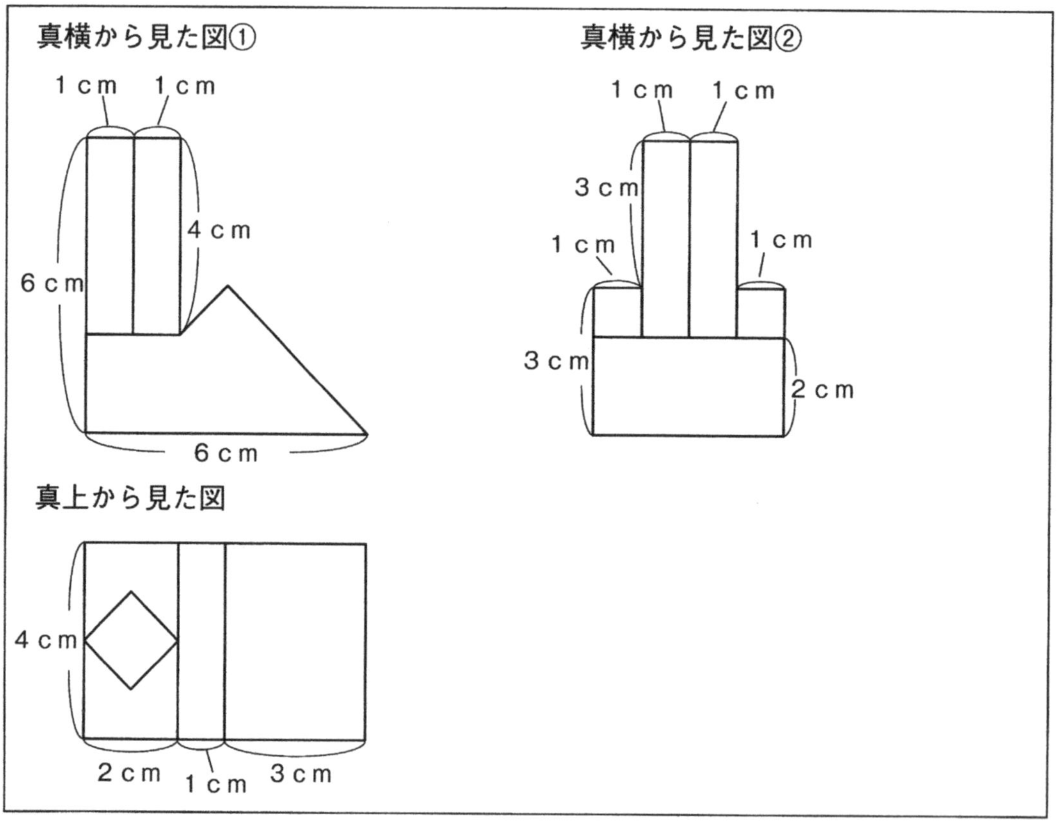

適性検査Ⅰ　解答用紙

受検番号

氏　　名

※には何も記入しないこと。

※

※200点満点
（検査Ⅰ合計）

問題１

問題２

※

40点

問題３

※

８点

問題４

※

８点

問題５

※

14点

※8

※7

※6

※5

※4

3　問題１．12点　問題２．18点　問題３．10点　問題４．15点

問題１	①		②		③	

※

問題２	（１）	あ		い	
	（２）				

※

問題３	

※

問題４	硬貨１	円玉	硬貨２	円玉
	硬貨３	円玉	硬貨４	円玉
	硬貨５	円玉	硬貨６	円玉

※

4　問題１．８点　問題２．27点　問題３．15点

問題１	

※

問題２	（１）	あ		い	
	（２）				

※

問題３	

※

受検番号	氏　　名

※

※200点満点

適性検査Ⅱ　解答用紙

※には何も記入しないこと

1

問題１．10点　　問題２．12点　　問題３．18点

問題１	①		②		※

問題２		45	※

問題３	（１）	あ		い		う	
		え		お			
	（２）	%					

※

2

問題１．20点　　問題２．35点

問題１	（１）	
	（２）	1 cm　1 cm

問題２	（１）	
	（２）	
	（３）	

※　※

適性検査Ⅰ　解答用紙

受検番号
氏　　名

※には何も記入しないこと。

※

※問題６，７で130点

問題６

問題７

※１	

※２

※３	

【図7】　【図4】を真上から見た図

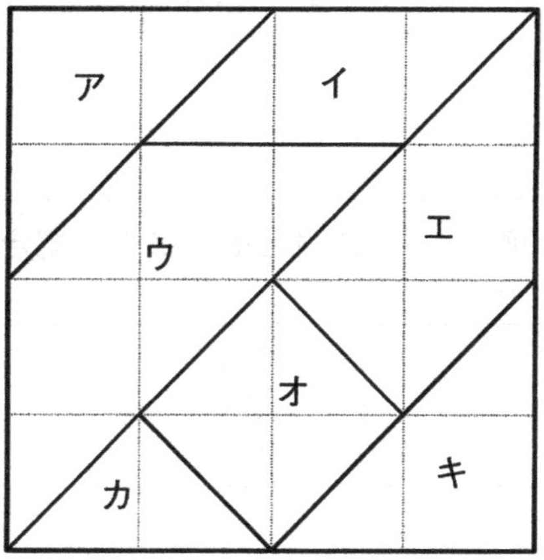

３　みなみさんは日本で使われる硬貨《こうか》について調べ、**【資料１】**～**【資料３】**を集めました。あとの問題に答えなさい。

【資料１】日本で現在製造されている硬貨

種類	重さ（ｇ）	硬貨の直径（ｍｍ）	穴《あな》の直径（ｍｍ）	素材とその重さの割合《わりあい》（％）
５００円玉	７	２６.５	なし	Ｃｕ：７２ Ｚｎ：２０ Ｎｉ：８
１００円玉	４.８	２２.６	なし	Ｃｕ：７５ Ｎｉ：２５
５０円玉	４	２１	４	Ｃｕ：７５ Ｎｉ：２５
１０円玉	４.５	２３.５	なし	Ｃｕ：９５ Ｚｎ：４～３ Ｓｎ：１～２
５円玉	３.７５	２２	５	Ｃｕ：６０～７０ Ｚｎ：４０～３０
１円玉	１	２０	なし	Ａｌ：１００

（造幣局のホームページをもとに作成）

【資料２】　金属の種類を表す記号

記号	Ａｌ	Ｃｕ	Ｎｉ	Ｓｎ	Ｚｎ
種類	アルミニウム	銅	ニッケル	スズ	亜鉛《あえん》

【資料３】　※合金の種類と特徴《とくちょう》

青銅	スズを含《ふく》む銅の合金で、ブロンズとも呼《よ》ばれる。
白銅	銅とニッケルの合金。銀のような色をしている。
黄銅	銅と亜鉛の合金で亜鉛の重さの割合が３０％以上のもの。 真ちゅうとも呼ばれる。
ニッケル黄銅	銅、亜鉛、ニッケルを混ぜた合金で、洋白、洋銀とも呼ばれる。

※　合金・・・２つ以上の金属を溶かして混ぜ合わせた金属

問題１　**みなみさん**は、硬貨のほかにどのような金属製のものがあるかを調べ、**【メモ】**にまとめました。＿＿＿＿線①～＿＿＿＿線③はそれぞれどの硬貨と同じ種類の金属でできていますか。**【資料１】**～**【資料３】**と**【メモ】**をもとに、最も適切なものをあとの**ア**～**オ**からそれぞれ選び、記号を書きなさい。

【メモ】

学校にある①トランペットやトロンボーンなどの金管楽器は真ちゅうでできている。真ちゅうはブラスとも呼ばれ、ブラスバンドという言葉はこのことに由来する。

仏像は木で作られたものが多いが、鎌倉《かまくら》や奈良《なら》の②大仏は青銅でできている。弥生《やよい》時代には青銅でできた祭りの道具が用いられていた。

飲み物の缶《かん》には、鉄でできているスチール缶と、アルミニウムでできている③アルミ缶の２種類がある。

トランペット

大仏

アルミ缶

ア　５００円玉　　**イ**　１００円玉　　**ウ**　１０円玉　　**エ**　５円玉　　**オ**　１円玉

問題２　みなみさんは、**【資料１】**、**【資料２】**から分かることを次のようにまとめました。あとの問いに答えなさい。

・5円玉と50円玉の硬貨《こうか》の直径に対する穴《あな》の直径の割合《わりあい》を比べると（　　あ　　）。 ・５０円玉１枚に含《ふく》まれるニッケルの重さと１円玉１枚に含まれるアルミニウムの重さは（　　い　　）。 ・穴の空いていない４種類の硬貨を１枚《まい》ずつ、合計４枚つくるためには、少なくとも（　　う　　）ｇの銅が必要である。

（１）（　　あ　　）、（　　い　　）にあてはまる言葉として最も適切なものを、次の**ア**～**オ**からそれぞれ選び、記号を書きなさい。

ア　５０円玉の方が穴の直径の割合が大きい
イ　５０円玉の方が穴の直径の割合が小さい
ウ　どちらも同じである
エ　５０円玉に含まれるニッケルの方が重い
オ　５０円玉に含まれるニッケルの方が軽い

（２）（　　う　　）にあてはまる数として最も適切なものを、次の**ア**～**オ**から選び、記号を書きなさい。

ア　１２　　**イ**　１３　　**ウ**　１８　　**エ**　１９　　**オ**　２６

問題３　みなみさんは、今は製造されなくなった**硬貨Ａ**を見つけました。みなみさんは、同じ種類の金属であれば、１cm^3あたりの重さが同じになることを利用して、**硬貨Ａ**の素材を確かめるために、次の**【実験１】**～**【実験３】**を行いました。

【実験１】　**硬貨Ａ**を１枚、上皿てんびんの一方の皿にのせ、もう一方の皿にてんびんがつり合うまで分銅をのせた。

【結果１】　皿にのせた分銅の数は次の表のようになった。

分銅の重さ	0.1ｇ	0.2ｇ	0.5ｇ	1.0ｇ	2.0ｇ	5.0ｇ
のせた数	0	1	0	0	1	1

【実験２】　水が５０.０ｍＬ入ったメスシリンダーに**硬貨Ａ**を１０枚、静かに沈めた。

【図１】

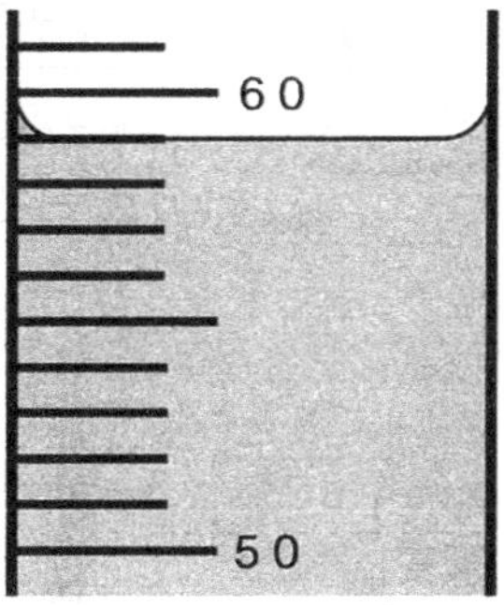

【結果２】　水面を真横から見ると、**【図１】**のようになった。

【実験３】　水が５０.０ｍＬ入ったメスシリンダーに、１円玉、５円玉、１０円玉、１００円玉、５００円玉の５種類の硬貨を、１０枚ずつ静かに沈めた。

【結果３】　それぞれの硬貨を１０枚沈めたときの水面の位置は次の表のようになった。

硬貨	１円玉	５円玉	１０円玉	１００円玉	５００円玉
水面の位置（ｍＬ）	５３.８	５４.２	５５.５	５６.０	５９.０

みなみさんが見つけた**硬貨Ａ**の素材は、どの硬貨の素材と同じであると考えられるか、最も適切なものを次の**ア**～**オ**から選び、記号を書きなさい。

ア　1円玉　　**イ**　5円玉　　**ウ**　10円玉　　**エ**　100円玉　　**オ**　500円玉

問題4　みなみさんは、**硬貨**《こうか》**1～硬貨6**を上皿てんびんにのせ、重さを比べました。**【図2】**はその結果を表しています。**硬貨1～硬貨6**は1円玉から500円玉までの6種類の硬貨で、すべて種類は異なります。**硬貨1～硬貨6**はそれぞれ何円玉か答えなさい。

【図2】

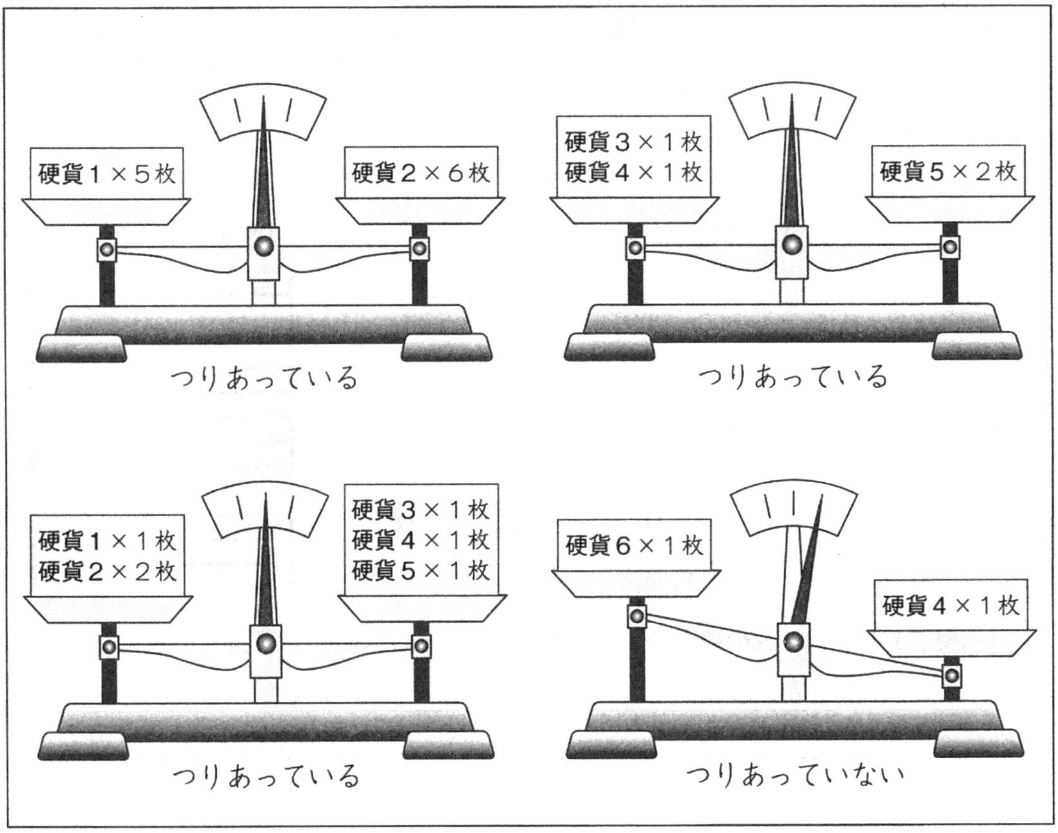

4　みなみさんは約分のしかたについて調べ、【メモ】にまとめました。あとの問題に答えなさい。

【メモ】

① 分母と分子の公約数を見つけることができれば約分ができる。
② 簡単《かんたん》に公約数が見つからない分数でも、その分数を〈不思議な分数〉に変形したものを利用すれば約分ができる。

問題1　【メモ】の①について、$\frac{630}{819}$ の分母と分子の最大公約数を答えなさい。

問題２　**【メモ】**の〈不思議な分数〉のつくり方を説明した**【資料１】**を見て、あとの問いに答えなさい。

【資料１】

$$\frac{10}{14}$$

$$=\cfrac{1}{\bigcirc\!\!\!\!\!\frac{14}{10}}$$

$$=\cfrac{1}{1+\cfrac{4}{10}}$$

$$=\cfrac{1}{1+\cfrac{1}{\frac{10}{4}}}$$

$$=\cfrac{1}{1+\cfrac{1}{2+\cfrac{2}{4}}}$$

$$=\cfrac{1}{1+\cfrac{1}{2+\cfrac{1}{\frac{4}{2}}}}$$

$$=\cfrac{1}{1+\cfrac{1}{2+\cfrac{1}{2}}}$$

ある分数を**手順１～５**にしたがって〈不思議な分数〉に変形する。

手順１　その分数を変形して、分子を１、分母をもとの分数の※逆数にして表す。

手順２　〇で囲まれた分数を<u>ア整数＋真分数</u>で表す。

手順３　＿＿＿＿＿線アの真分数の部分を**手順１**と同じように変形する。

手順４　◌で囲まれた分数を**手順２**と同じように変形する。

手順５　＿＿＿＿＿線アが整数だけになる、または真分数の分子が１になるまで同じように変形をくりかえす。その結果が〈不思議な分数〉となる。

※　逆数・・・もとの分数の分母と分子をいれかえた分数

（1）みなみさんは、**【資料1】**の**手順1**のように分数を変形できる理由を、**【みなみさんの考え】**のように式を用いて説明しました。

【みなみさんの考え】の［あ］、［い］にあてはまる式を書きなさい。

【みなみさんの考え】

$$\frac{10}{14} = 10 \div 14$$

$$= (\boxed{\text{あ}}) \div (\boxed{\text{い}})$$

$$= 1 \div \frac{14}{10}$$

$$= \frac{1}{\frac{14}{10}}$$

（2）$\frac{105}{153}$ を**【資料1】**にしたがって〈不思議な分数〉で表しなさい。

【みなみさんとたかしさんの会話文】

みなみさん：$\frac{39}{91}$ を、**【資料1】**の手順にしたがって〈不思議な分数〉で表すと、

$\cfrac{1}{2+\cfrac{1}{3}}$ になるよ。この〈不思議な分数〉を計算して、ふつうの分数

に直すと、$\frac{3}{7}$ になるよ。

たかしさん：$\frac{3}{7}$ は $\frac{39}{91}$ を約分したものだね。〈不思議な分数〉をつかって約分

ができたよ。

みなみさん：では、$\frac{4715}{14789}$ を約分してみよう。

たかしさん：$\frac{4715}{14789}$ を〈不思議な分数〉で表すと、$\cfrac{1}{3+\cfrac{1}{7+\cfrac{1}{3+\cfrac{1}{9}}}}$ になるよ。

問題3　**【メモ】**の②についての**【みなみさんとたかしさんの会話文】**を読んで、

$\frac{4715}{14789}$ を約分しなさい。

このページには問題は印刷されていません。

平成三十一年度

適性検査Ⅰ

9：00 ～ 9：45

☆

［注 意］

1 この問題冊子《さっし》は一ページから十八ページにわたって印刷してあります。ページの抜《ぬ》け、白紙、印刷の重なりや不鮮明《ふせんめい》な部分などがないかを確認《かくにん》してください。あった場合は手をあげて監督《かんとく》の先生の指示にしたがってください。

2 解答用紙は二枚《まい》あります。受検番号と氏名をそれぞれの決められた場所に記入してください。

3 声を出して読んではいけません。

4 答えはすべて解答用紙に記入し、解答用紙を二枚とも提出してください。

5 字ははっきりと書き、答えを直すときは、きれいに消してから新しい答えを書いてください。

6 文章で答えるときは、漢字を適切に使い、丁寧《ていねい》に書いてください。

横浜市立南高等学校附属中学校

このページには問題は印刷されていません。

次の【会話文】を読んで、あとの問題に答えなさい。

【会話文】

みなみさん　冬休みに祖母の家へ行きました。そのとき親戚《しんせき》の人たちが聞きなれない言葉を使っていて興味をもちました。たぶん方言だと思うのですが。

りかさん　おばあさんの家はどこにあるのですか。

みなみさん　①鹿児島《かごしま》県です。

りかさん　今でも鹿児島県には多くの方言の形が残っているのでしょうか。

みなみさん　【資料1】を見てください。これは、都道府県を方言の形が残っている割合《わりあい》の高い順に上から並《なら》べたものです。

りかさん　鹿児島県の値《あたい》は80%を超《こ》えていますね。これは全国で（　あ　）番目に高い値だから、鹿児島県には多くの方言の形が残っているといえそうです。鹿児島県以外に沖縄《おきなわ》県や秋田県なども方言の形が多く残っているようですが、地域《ちいき》による傾向《けいこう》が何かあるのでしょうか。この表からは読み取ることが難《むずか》しいのですが。

先生　②方言の形が残っている割合に応じて、都道府県をぬり分けた地図を作ってみると分かりやすいと思いますよ。

みなみさん　作ってみましょう。

りかさん　作成した地図をみると、関東地方から距離《きょり》が離《はな》れるほど、方言の形が残っている割合が高くなっているようです。

みなみさん　でも、北海道は東北地方と比べて方言の形が残っていないようです。東北地方より北海道の方が関東地方から離れているのになぜでしょうか。

先　生　北海道は、明治以降に開拓《かいたく》のため日本の各地から人々が移り住んだことによって、共通語が多く話されるようになったと言われています。

みなみさん　歴史と関係があったのですね。

先　生　（　い　）県は、長野県に接する都道府県の中で方言の形が残っている割合《わりあい》が最も高くなっています。これは、２つの県の間に高い山脈があることが一因だといわれています。

みなみさん　地形も関係があるのですね。

先　生　方言の形が残っている割合にも地域差《ちいきさ》がありますが、方言の形の分布にも地域差があります。**【資料２】**～**【資料４】**を見てください。どのようなことが分かりますか。

りかさん　「居る」は A 、「かたつむり」は B 、「しもやけ」は C ということがわかります。

先　生　そうですね。それぞれの分布のパターンを、「東西分布」「周圏《しゅうけん》分布」「日本海太平洋型分布」といいます。「東西分布」は、日本アルプスなどの山々が境界となって、その東西で言葉が変化することによって起こったことだといわれています。「周圏分布」は、文化の中心地に新しい表現が生まれ、それがだんだん周囲に広がったことで生じたものだといわれています。「日本海太平洋型分布」は、日本海側と太平洋側の気候の違《ちが》いが言葉に影響《えいきょう》を及《およ》ぼしたものだといわれています。では、**【資料５】**は、どのパターンにあてはまるでしょうか。

みなみさん　（　う　）ですね。

りかさん　その背景《はいけい》や事情によって分布の仕方が異《こと》なってくるのですね。

先　生　何事も「なぜそうなっているんだろう」と興味をもつことが大事ですね。

【資料1】方言語形残存率

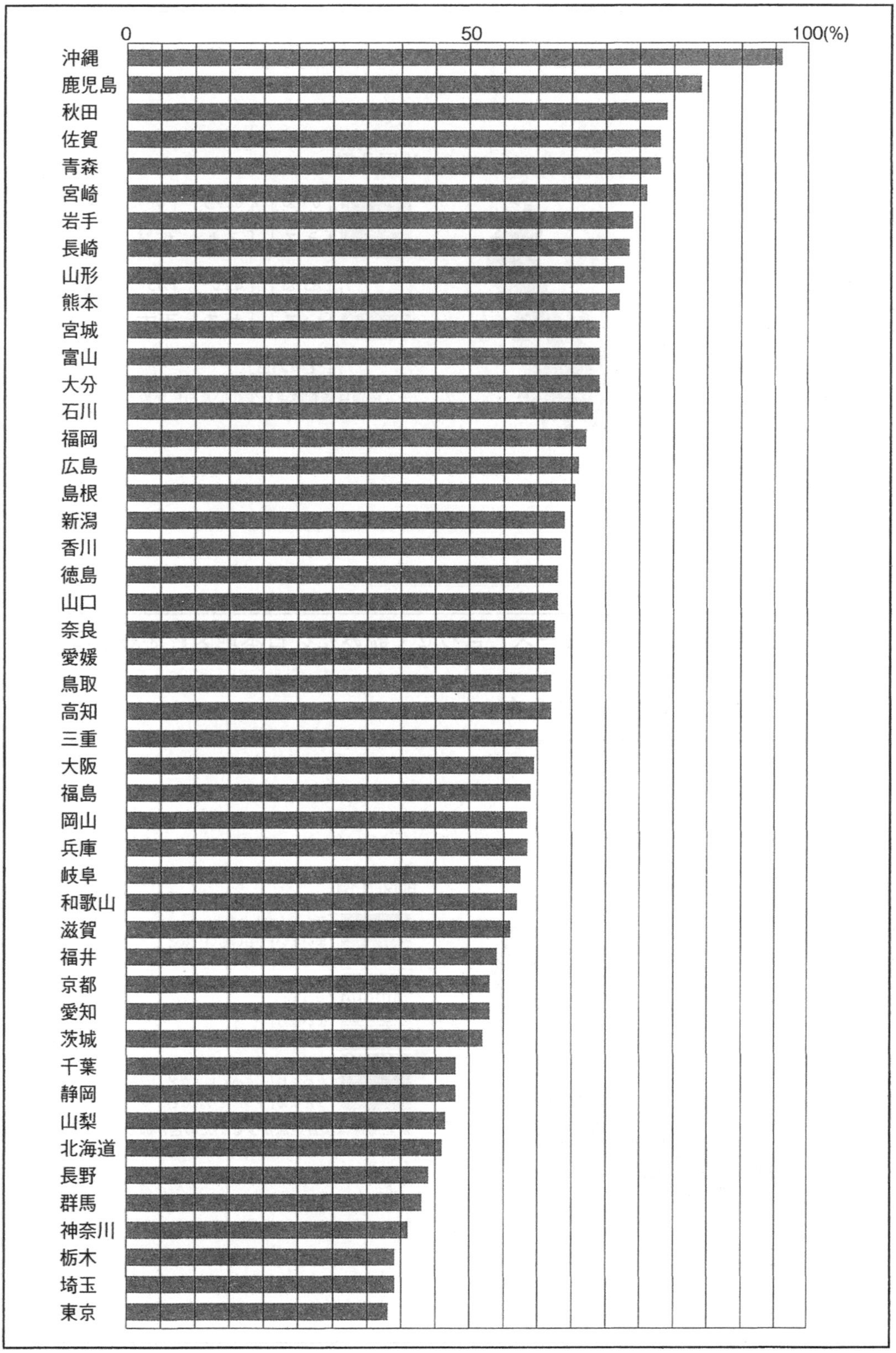

（真田信治『方言の日本地図』をもとに作成）

【資料2】「居る」の方言分布

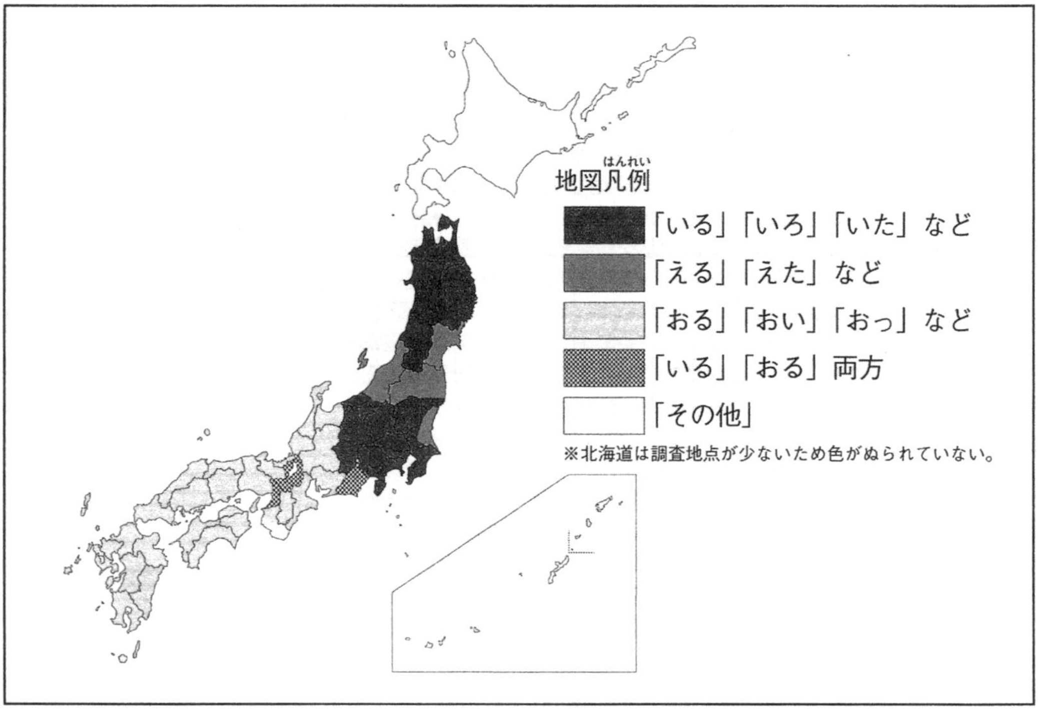

（『なるほど地図帳2018 ニュースと合わせて読みたい日本地図』をもとに作成）

【資料3】「かたつむり」の方言分布

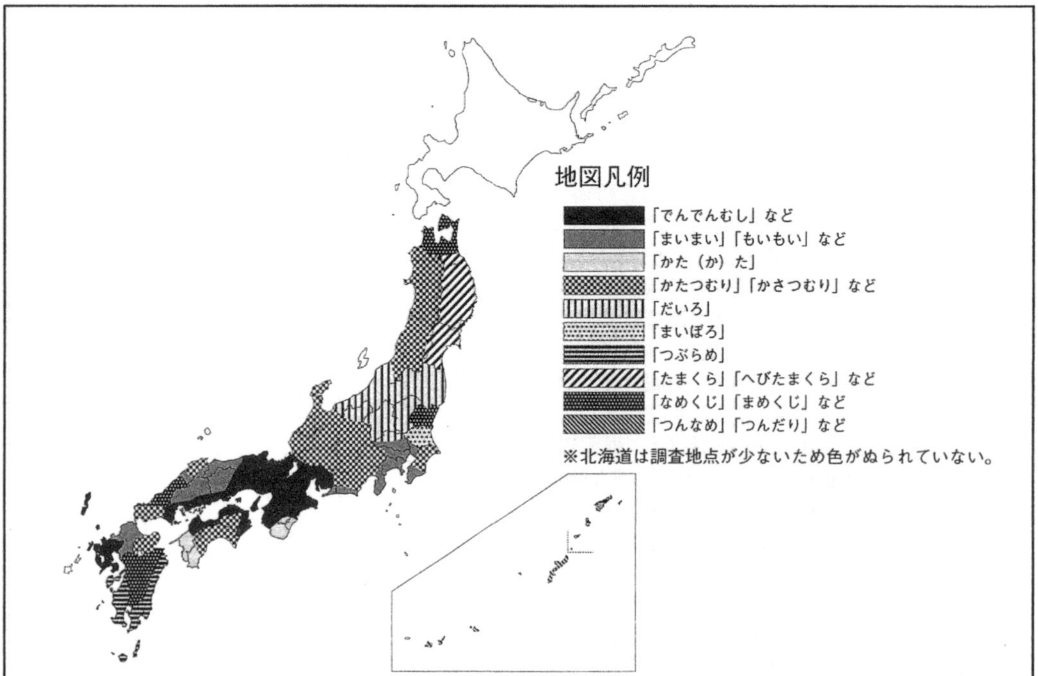

（『なるほど地図帳2018 ニュースと合わせて読みたい日本地図』をもとに作成）

【資料4】「しもやけ」の方言分布

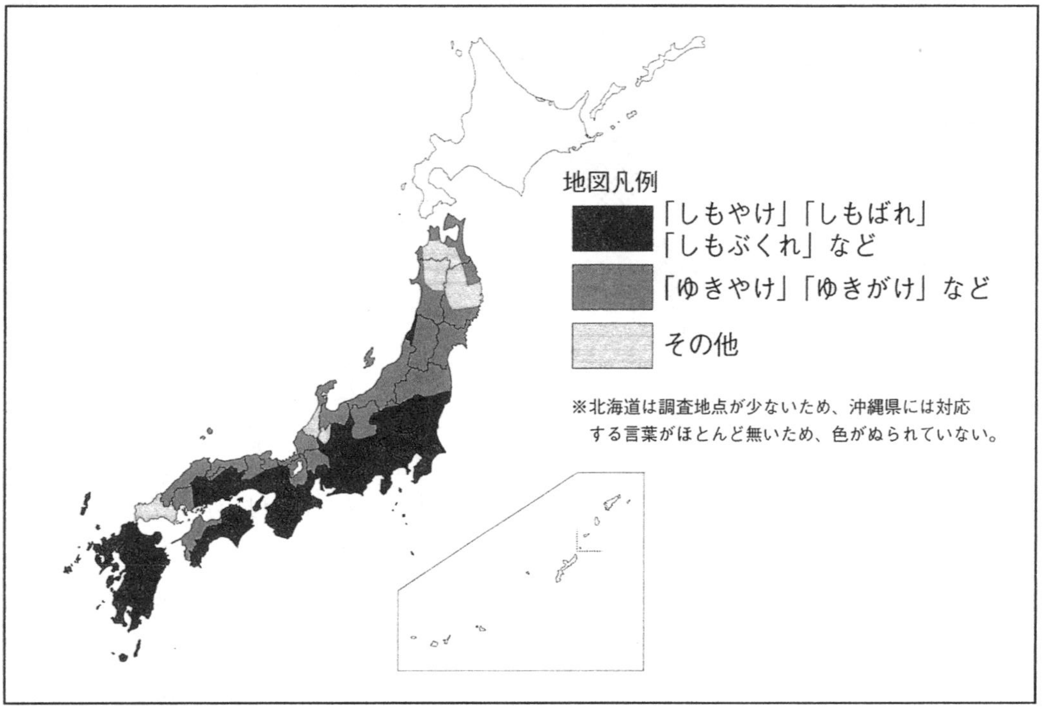

（『なるほど地図帳 2018 ニュースと合わせて読みたい日本地図』をもとに作成）

【資料5】「顔」の方言分布

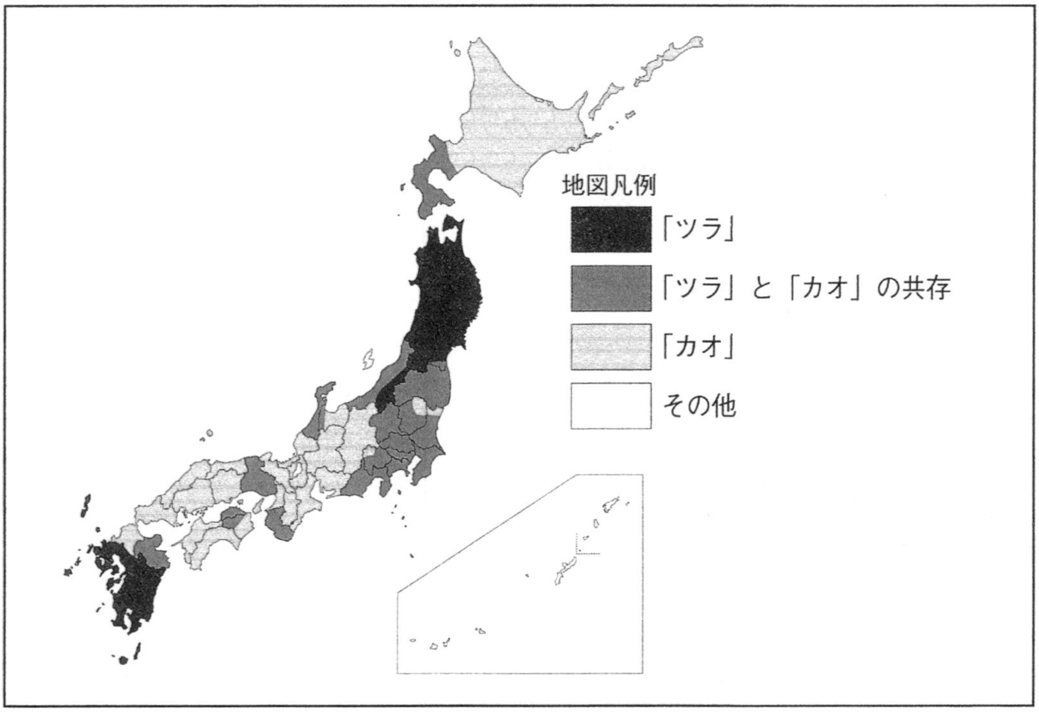

（「共同体社会と人類婚姻史」ホームページをもとに作成）

問題1　【会話文】中の——線①について、この地域《ちいき》の出身で、明治天皇《てんのう》を中心とした新政府をつくった人物として適切なものを次のア～オから二つ選び、記号を書きなさい。

ア　勝海舟《かつかいしゅう》　イ　西郷隆盛《さいごうたかもり》　ウ　陸奥宗光《むつむねみつ》　エ　大久保利通《おおくぼとしみち》　オ　木戸孝允《きどたかよし》

問題2　【会話文】中の（　あ　）にあてはまる数を書きなさい。

問題3　【会話文】中の——線②として最も適切なものを次のア～エから一つ選び、記号を書きなさい。

ア

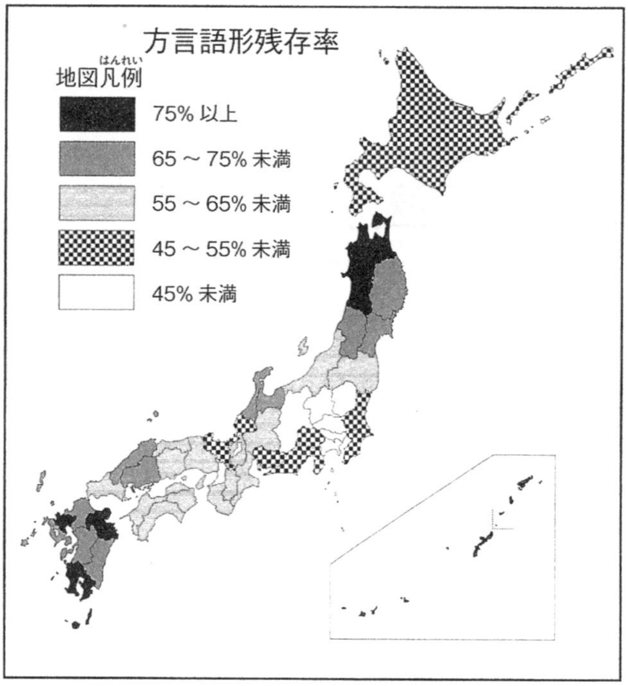

イ

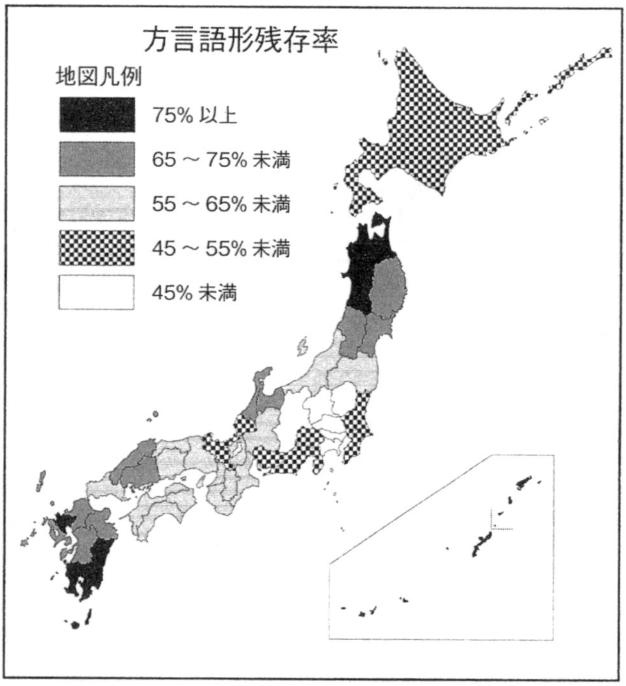

ウ

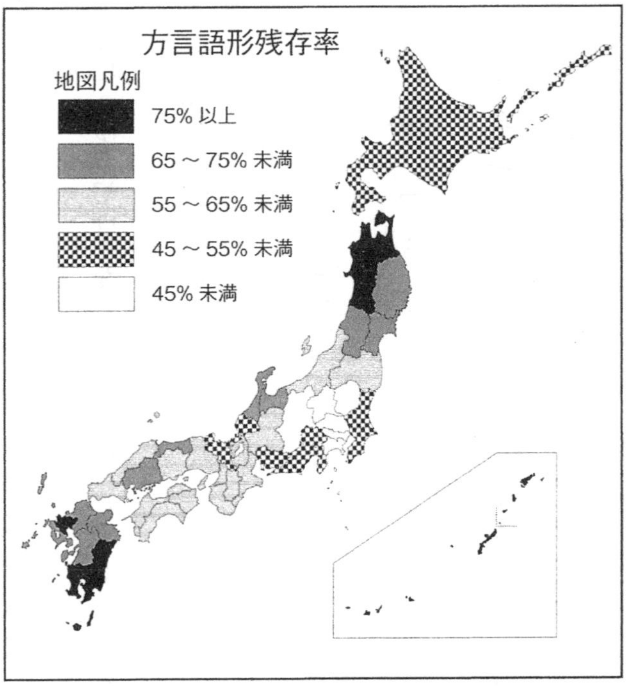

エ

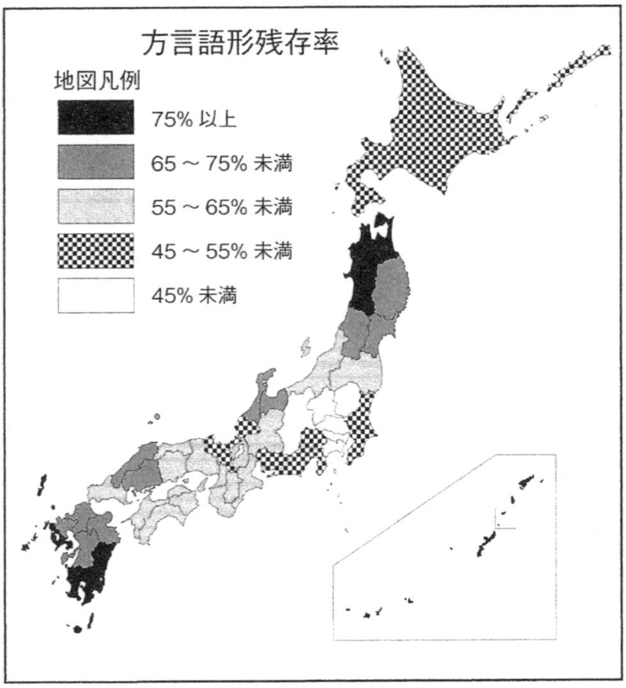

問題４　【会話文】中の（　い　）にあてはまる県名をひらがなで書きなさい。

問題5　**【会話文】**中の A ～ C にあてはまるものとして最も適切なものを、次の**ア**～**カ**からそれぞれ一つ選び、記号を書きなさい。

ア　京都や奈良《なら》周辺の地域《ちいき》には「でんでんむし」など、長野や富山周辺の地域や四国の太平洋側には「かたつむり」「かさつむり」など、青森県北部や熊本《くまもと》や宮崎《みやざき》周辺の地域には「なめくじ」「まめくじ」などというように、京都や奈良などを中心としていろいろな表現が周りに分布していっている

イ　岐阜《ぎふ》周辺の地域には「でんでんむし」など、秋田や山形周辺の地域や四国の太平洋側には「かたつむり」「かさつむり」など、青森県北部や熊本や宮崎周辺の地域には「なめくじ」「まめくじ」などというように、岐阜を中心としていろいろな表現が周りに分布していっている

ウ　山地に「ゆきやけ」などが、平地に「しもやけ」などが多く分布していて、山地と平地とで表現が異《こと》なっている

エ　日本海側に「ゆきやけ」などが、太平洋側に「しもやけ」などが多く分布していて、日本海側と太平洋側とで表現が異なっている

オ　日本の北側に「おる」などが、南側に「いる」などが多く分布していて、北側と南側とで表現が異なっている

カ　日本の東側に「いる」や「える」などが、西側に「おる」などが多く分布していて、東側と西側とで表現が異なっている

問題6　**【会話文】**中の（　う　）にあてはまる語句として最も適切なものを、次の**ア**～**ウ**から一つ選び、記号を書きなさい。

ア　「東西分布」　　**イ**　「周圏《しゅうけん》分布」　　**ウ**　「日本海太平洋型分布」

このページには問題は印刷されていません。

問題７　言葉について興味をもったみなみさんは、**【資料６】**を見つけました。**【資料６】**を読んで、**三百字以上三百五十字以内で【資料６】が伝えていることを複数の段落《だんらく》をつくってまとめなさい。**ただし題名は書かずに**一行目、一マス下げたところから、**原稿用紙《げんこうようし》の適切な使い方にしたがって書くこと。

【資料６】

近年、日本語の横書きが目立つようになった。印刷されたはがきの案内状などでも横組みはそれほどめずらしくないし、普通《ふつう》のはがきを横書きにしている人もある。国文学の学生にも卒業論文《そつぎょうろんぶん》の横書きが増えているそうである。横書きや横組みの印刷は、事務合理化の一環《いっかん》として、よく考えることもなく採用しているところが多い。そのせいか、横書きの方が何か高級のような感じを一般《いっぱん》に与《あた》えていることは見のがすことができない。

すこし楽天的な人は、これからの世の中は、もう横書き、横組みでなくてはだめだときめてしまっているようで、こういう※1滔々《とうとう》たる天下の勢いを向うにまわして、横書き慎重論《しんちょうろん》を述べるのはこっけいかもしれない。しかし、横組みや横書きが、一般に信じられているように果して「合理的」なものかどうか、という点を文字の構造と関係づけて考えてみることは、必ずしも無意味なことではあるまい。

縦《たて》に印書していたものを横に変えるという改革《かいかく》は、日本語では容易である。というのも、日本語の活字は、もともと、すべて全角の大きさだからである。すなわち、一本一本の活字の占《し》める面は正方形であるから、縦に並《なら》べていたものを横に並べても、寸法《すんぽう》にくるいがない。活字を替《か》える必要なしに縦組みを横組みに変えることができるが、これは日本語の活字の特色で、便利といえば便利なところである。しかし、一方では、この便利さのために、印刷上の抵抗《ていこう》を受けずに、かんたんに横組みへの移行がはじまったとも言えるのである。

英語だと、こういう縦横《じゅうおう》自在《じざい》ということはとうてい考えられない。英語の活字は一本一本で幅《はば》が違《ちが》う。もっとも幅のひろいのが全角で、これは日本語活字とおなじく、正方形である。そしてたとえば、nの字はmの活字の半分の幅しかない。さらにiはその半分、つまり、mの字の四分の一である。こういうように一本一本、字によって活字の幅がちがっている。そういう活字で縦組みをしようとすると、一行の幅が不揃《ふぞろ》いに出入りしてたいへんおかしいものになる。だから、英語の縦組み印刷は実行不可能である。活字を根本的に改造でもしない限り、英語の縦組みは考えることもできない。

日本語の印刷では、このように容易に縦のものを横に寝《ね》させることができるが、手で書くときはどうであろうか。

横書きは書きにくいと言う人もないではない。原稿を横書きにすると、自分の文章のような気がしない、思ったことがすらすら書けないという文筆家もある。ところが、一般《いっぱん》には、自分の書く文章について、そういうスタイルの機微《きび》※2にふれる意識がはじめからないためか、横書きが縦書きとちがうという感じがあまりないようである。縦に書くのも横に書くのとちがわないと思っている人は意外に多い。結果的に言えば、筆記の場合も印刷の場合と同じように、縦と横の転換《てんかん》ができるように漠然《ばくぜん》と考えられている。

それでは、読む者の側から見て、横組みの文章と縦組みと、どちらが合理的であろうか。

人間の眼は左右に並んでいるから、横に読む方が自然であるという説が一部にはあるが、この筆法で行くと、世の中のすべての縦のものは不自然なものだということになりかねない。読むのがいかなる文字であるかも吟味《ぎんみ》※3しないで、縦がよい、横がよいと言ってみてもしかたがない。

横がよいか、縦がよいかを決める前に、まず、リーディングと文字の構造との関係について考えなくてはならない。

横組みに印刷されたことばを読むとき、一つ一つの文字の識別にあたって、もっとも大切なのは、活字の上の方と、下の方へつき出している縦線である。まん中の部分はもっとも無性格で、字の個性をあらわす度合いが低い。

他方、縦《たて》に書かれることばでは、横のことばの場合から推《お》しても、読みにあたっては、左右に突出《とっしゅつ》した部分によって、文字の区別がなされていると想像される。多くの漢字が、左の突出部である扁《へん》と、右への張り出し部である「つくり」から成っていることは、縦読みにおいては、そういう左右の分化、複雑化が自然に進んだであろうことを思わせるもので、英語で上と下の出入りが大切であったように、縦書きのことばでは左右が大切である。

日本語のように古来、縦読みをしている言語では、左右の文様によって字の区別が行われており、文字の構造では縦よりも横の線が主力をなしている。英語とはちょうど九十度だけ向きが変っている。これは、文字の構造が、読まれ方に対して、ある共通の原理の上に立っていることを暗示する。

英語のような横のことばと、日本語のような縦のことばの両者の文字としての性格を※4端的《たんてき》に示しているものに、数字がある。

横のことばの数字はⅠⅡⅢのように縦線を並べることを基本にしている。一方の縦のことばでは、一二三と横の線で書きあらわす。

横に読んで行くときには、眼の進行方向に対して直角に交わる線が多い方が効果的である。文字は元来視覚《しかく》に与《あた》える※5刺戟《しげき》として認識《にんしき》されるもので、視覚に有効な抵抗感《ていこうかん》を与える字は読みやすいのである。横読みには垂直《すいちょく》の縦の線がもっとも有効な抵抗を与える。ⅠⅡⅢがそうであり、ｍｎｕｖｉｌなどを見れば、アルファベットの一つ一つが、いかに縦の線に依存《いそん》しているかがよくわかる。

それに対して、一二三という数字をもつ漢字では、視線の流れが上から下へ走ることを予想している。一二三を横に並べると実に読みにくい。その読みにくさの理由は、すでに述べたように、眼の動きに平行する線は充分《じゅうぶん》な抵抗を与え得ないからである。十木本未末来日月旦など、いずれも横線の基調をはっきりさせている。こういう漢字を横に並べて横から読ませることが、読みの能率上からも決して得策《とくさく》ではないことは明らかである。

読むには、眼に充分強い刺激《しげき》を感じさせる線があった方がよいから、文字は、読むときの視線の流れに対して直角に交わる線を軸《じく》にして発達すると考えてよい。縦か横かのどちらかの読み方がある程度固まってから、それに適合するように文字は進化したと想像される。そして、読み方によく適合した文字の形が定まる。今日見られる多くの言語における文字は、その言語の読みの慣習に対して、安定した構造を確立させていると考えられる。

日本語の文字を急に九十度方向転換《ほうこうてんかん》して横に並《なら》べて書き、かつ読むということが、どういう結果をもたらすか。読む側のことだけを言っても、その転換によって生ずる、生理的、心理的負担《ふたん》の増大は明らかである。一二三というような文字を横に並べて読めば、視線の走る方向と文字の線は平行をなすから、眼の受ける抵抗感がすくなすぎて、読みにくい。それが心理的な負担増大ということの意味である。眼の走る方向に交叉《こうさ》する線が多ければ多いほど、文字を読みとるのに要するエネルギーはすくなくてすむ。

このように、リーディングの慣習と文字の関係は想像以上に※6緊密《きんみつ》であると言ってよく、縦読みのことばとして発達して来た文字を急に横読み用に変えるということは、文字に対する一種の破壊的行為《はかいてきこうい》であり、他方ではまた、読みの作業がいちじるしく負担の大きなものになることを認識すべきである。

日本の文字は上から下へ読まれるものとして発達して来た。文字を組み立てているのも、縦より横の線が優勢《ゆうせい》である。文字の※7弁別には上から下への視線がはたらかなくてはならない。

そういう文字が横に並んでいると、読者はこれをなだらかに横に読んで行くことができないので、一字一字を、ホウチョウでものを切るように垂直に読みながら横にすすむ。それが横組みの日本語の読みづらさとして感じられる。

このホウチョウ刻《きざ》み式の読み方だと、読んでも、ことばに流れが生じにくい。別なことばで言えば、一字一字が切れ切れになりすぎてほどよい結合をつくらないのである。また、漢字や仮名《かな》は上と下は他のものと結合しようとする接着力が強いけれども、字体の左右の部分はどちらかと言うと、※8排他的《はいたてき》な力を蔵《ぞう》しているように思われる。そういう日本字を横に並《なら》べると、前の字の右と後の字の左とが反撥《はんぱつ》し合う。その反撥が字と字をバラバラにさせ、ことばの流れを失わせる。流れがないから、ますますホウチョウ読みを助長することになり、ホウチョウ読みだと、字と字の左右はいっそうくっつきにくくなって、ことばの自然な群化ができにくい。

漢字、仮名は、長い間、縦読《たてよ》みされてきたために、字の両側が視線《しせん》に洗《あら》われることにならされている。それが横読みをされると、その大切な両側は行の中にかくされて、左右の弁別の要素が隣《となり》同士で相殺《そうさい》されてしまい、それに代わって、縦読みではつよくは視線にさらされることのなかった上と下の部分が強調されることになる。

このように考えてみると、読み方が変れば、ことばの性質自体が変ってくることが了解《りょうかい》されるはずである。

そのことは、同じ文章を、縦組みと横組みとで読み比べてみるとよくわかる。縦組みか横組みかで同じ文章のスタイルがちがって感じられるのである。

俳句《はいく》などは、それがもっとはっきりする。俳句はことばの響《ひび》き合いの詩で、前のことばは次のことば、前の句は下の句へと、※9イメジを重ねて全体的雰囲気《ふんいき》を出す。そういう俳句が横組みになると、やはりイメジのつながり方に変化があらわれて、句の感じも変る。俳句は横組みを嫌《きら》う。逆に、横組みの日本語の中からは、おそらく俳句のような詩は生れないであろう。生れるとすればおそらくそれは別種の詩になる。

俳句ばかりでなく、和歌も横組みには弱い。一般《いっぱん》に、芸術的効果をねらう文章は横組みにすると微妙《びみょう》な変化を受ける。

同じ文章でも、組み方が変わり、読み方が変れば、その感じさせるスタイルにも差が生じる。だとすれば、スタイルは文章に内存《ないそん》しているばかりでなくて、読み方いかんにも関係があるわけで、表現形式の意味として注目に値《あたい》しよう。

縦に読んでいたことばを、横にして読むとするならば、縦でも横でも同じであるということには決してならない。文学に関心のあるものにとって、ことに、日本語が横書きされ、横に読まれるとき、どの程度に、どういう性質の文体的影響《えいきょう》があるのか、それは縦書き、縦読みのときと、どのようにちがうかということは大きな問題でなければならない。

また、一般の読書人は、元来が縦に書き、縦に読むことばとして発達して来た日本の文字を、横に並べて、横に読むということが、実は、固有の性質を一部分崩《くず》すほどの力を文字に対して加えているという事実に着目する必要がある。

それは決して縦のものを横にするだけのことではない。質的変化を伴《ともな》う。

日本語とその文字の固有の性質を考えると、縦から横への移行はかならずしも「合理化」の一環《いっかん》とはならないことを認《みと》めなくてはならない。なんでもないようで、日本語の横組み、横読みは、新かな遣《づか》い、※10当用漢字、あるいは※11常用漢字以上に根本的な国語の改編を意味するのである。

（外山 滋比古『ものの見方、考え方』ＰＨＰ研究所より。一部省略やふりがなをつけるなどの変更《へんこう》があります。）

[注]

※1　滔々《とうとう》たる・・・・たくさんの水がいきおいよく流れるさま。また、そのようなようす。

※2　機微《きび》・・・・・人の心や人間関係などのおくにひそむ微妙《びみょう》な動き。

※3　吟味《ぎんみ》・・・・・こまかいところまで、念入りにしらべること。

※4　端的《たんてき》に・・・・はっきりしているようす。

※5　刺戟《しげき》・・・・・「刺激」に同じ。

※6　緊密《きんみつ》・・・・・ものごとのむすびつきがしっかりしていて、くいちがいがないようす。

※7　弁別・・・・・それぞれの特徴《とくちょう》のちがいを見きわめて、区別すること。

※8　排他的《はいたてき》・・・・自分の仲間以外の人や、ちがう考えかたを受け入れようとしないようす。

※9　イメジ・・・・「イメージ」に同じ。

※10　当用漢字・・・国民が日常使用するとして示された漢字。

※11　常用漢字・・・当用漢字にかわって、一般の社会生活における使用の目安として定められている漢字。

問題8　次の**【資料7】**はりかさんが見つけた本の一部分です。**【資料7】**と**【資料6】**を読み比べて、**二つの資料に共通する考え方**を読み取って**四十字以上五十字以内**で書きなさい。ただし題名は書かずに**一行目、一番上から書くこと。**

【資料7】

近年、方言の消滅《しょうめつ》を惜《お》しみ、これを尊重《そんちょう》し保護しようとする運動が盛《さか》んになってきた。明治以降《いこう》、日本語はひたすら※12均質化される方向に進んできたのであった。この均質化は１９８０年代におけるテレビメディア※13爛熟期《らんじゅくき》に、ほぼ完成の域に達したといっていい。しかし、均質化の完成と同時に、ことばの新たな多様化の時代がはじまったのである。そして、逆に方言を惜しむ声が各地で出はじめた。

近代的コミュニケーションのために、方言はいわば障害物《しょうがいぶつ》とされ、切り開くべきジャングルでもあったが、その自然を開拓し征服《せいふく》したとき、人々は、はじめて失ったものの大きいことに気づいたのであった。そして、絶滅《ぜつめつ》の危機《きき》に瀕《ひん》した自然と同じように方言を大切に保存《ほぞん》しようという時代になった。方言による暮《く》らしのなかには、人々が自然と共存して暮らしていける知恵がしみこんでいる。その伝統、文化の継承《けいしょう》をささえてきたことばを失うことは、自然の貴重《きちょう》な教科書を失うことに等しい、というわけである。

（真田　信治『方言は絶滅するのか』ＰＨＰ研究所より。一部省略やふりがなをつけるなどの変更《へんこう》があります。）

［注］

※12　均質・・・・・・ものの、どの部分をとってみてもむらがなくて、同じ性質や状態であること。

※13　爛熟・・・・・・文化などが、極度に発達すること。

平成３１年度

適性検査Ⅱ

１０：１５～１１：００

注　意

1　問題は[1]から[4]まであり、この問題冊子《さっし》は１ページから１８ページにわたって印刷してあります。**ページの抜《ぬ》け、白紙、印刷の重なりや不鮮明《ふせんめい》な部分などがないかを確認《かくにん》してください。あった場合は手をあげて監督《かんとく》の先生の指示にしたがってください。**

2　**受検番号**と**氏名**を解答用紙の決められた場所に記入してください。

3　声を出して読んではいけません。

4　計算が必要なときは、この問題用紙の余白を利用してください。

5　答えはすべて解答用紙に記入し、**解答用紙だけを提出してください。**

6　字ははっきりと書き、答えを直すときは、きれいに消してから新しい答えを書いてください。

横浜市立南高等学校附属中学校

このページには問題は印刷されていません。

1　みなみさんは、時間の表し方について調べています。次の問題に答えなさい。

問題１　みなみさんは秒だけで時間を表すタイマーを見つけました。１月１日の午前０時ちょうどに０秒から動き始めたそのタイマーが、８１５３３４秒を示しているときの日時を答えなさい。

問題２　みなみさんは、**【図１】**のような時計を見つけました。その時計は、１～８までのめもりが等間隔《とうかんかく》でかかれていて、**【資料１】**のようなしくみで動いている時計でした。

その時計の長針《ちょうしん》と短針が、どちらも８のめもりを指しているところからスタートして、短針が２回目の３を指したあとに、長針が初めて５のめもりを指したとき、スタートしてから何時間何分たったのか答えなさい。

【図１】

【資料１】

・長針と短針が１本ずつあり、長針も短針も右回りに動く。
・長針は一定の速さで動き、１周するのに４８分かかる。
・長針が１周するごとに、短針は１～８までのめもりを、１めもりずつ動く。

問題３　みなみさんが江戸《えど》時代の時刻《じこく》制度について調べた**【資料２】**、**【資料３】**を見て、あとの問いに答えなさい。

【資料２】

１日の長さを等分する時刻制度を**定時法**といい、現在は２４等分した方法が使われている。それに対して、江戸時代は１日を昼と夜にわけ、それぞれを等分する**不定時法**といわれる方法で時刻を表していた。

江戸時代の時刻制度では

・日の出の３０分前を明け六つ、日の入りの３０分後を暮《く》れ六つとして、明け六つ、暮れ六つの間の昼と夜をそれぞれ６等分して、その１単位を一刻《いっとき》として呼《よ》んでいた。

・一刻の長さは昼と夜、また季節によっても違《ちが》っていた。

・時の呼び方は、真夜中の刻を子《ね》の刻として、子《ね》、丑《うし》、寅《とら》、卯《う》、辰《たつ》、巳《み》、午《うま》、未《ひつじ》、申《さる》、酉《とり》、戌《いぬ》、亥《い》の十二支を**【資料３】**のように、昼夜１２の刻にあてはめていた。

・一刻の真ん中を正刻《しょうこく》といい、子の刻から、正子《しょうね》、正丑《しょううし》、正寅《しょうとら》・・・とよんでいた。正午《しょううま》は午の刻の真ん中で、午の刻が１１時から１３時のとき、正午《しょううま》はちょうど１２時にあたる。今もその名残で昼の１２時のことを正午《しょうご》とよんでいる。

【資料３】ある年の夏至《げし》の頃《ころ》の時を表したもの

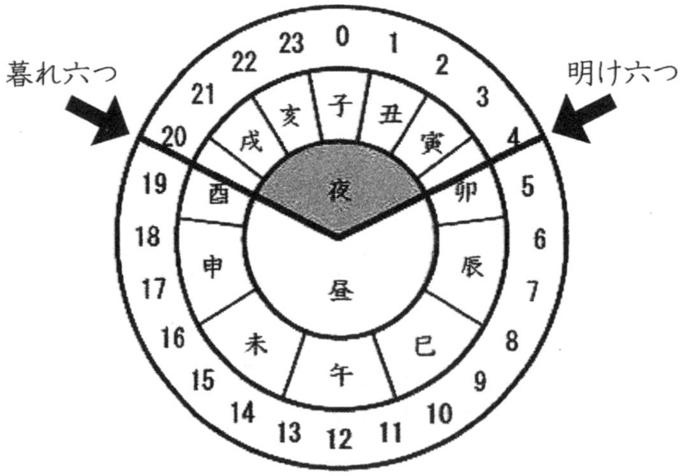

（１）ある年の夏至の頃の昼の一刻の長さが２時間４０分で、冬至《とうじ》の頃の昼の一刻の長さが１時間５０分であった。この年の夏至の頃と冬至の頃の、昼の長さは何分違うのか、答えなさい。

（２）ある日のある場所の日の出は６時４５分で、日の入りは１７時１５分であった。正午《しょううま》が１２時ちょうどであるとき、この日のこの場所の正辰《しょうたつ》の時刻を答えなさい。

2 【みなみさんと先生の会話文】を読んで、あとの問題に答えなさい。

【みなみさんと先生の会話文】

先　　生：ここに、重さのわからないコインが１枚《まい》と、いくつかのおもりと、長さが３０ｃｍのまっすぐな棒《ぼう》の中央にひもをつけてつり下げたてんびんがあります。これらを使って、コインの重さを調べるにはどうしたらよいでしょう。

みなみさん：㋐てんびんのはしにコインをつるし、もう片方のはしに、てんびんが水平につり合うように、いくつかのおもりをつるして、おもりの重さの合計を求めればよいと思います。

先　　生：そうですね。では、おもりを１個しか使うことができないとしたらどうでしょう。

みなみさん：コインの重さを調べることはできないと思います。

先　　生：７ｇのおもりを１ 個使って、実験してみましょう。棒の両はしから、それぞれ１ｃｍの位置にコインとおもりをつるします。

【図１】

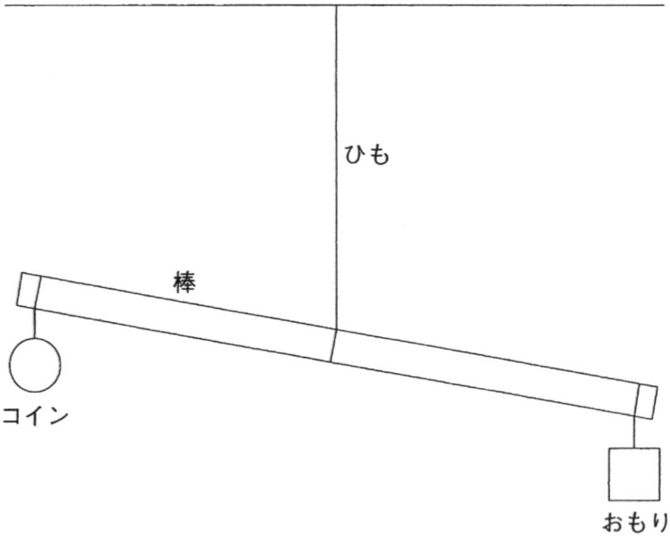

先　　生：【図１】のような結果になりました。

みなみさん：コインの重さは７ｇより軽いことがわかりますが、正確な重さはわかりません。

先　　生：このてんびんは、おもりをつるす位置を自由に変えることができます。てんびんが水平につり合うように、おもりをつるす位置を変えてみましょう。

【図2】

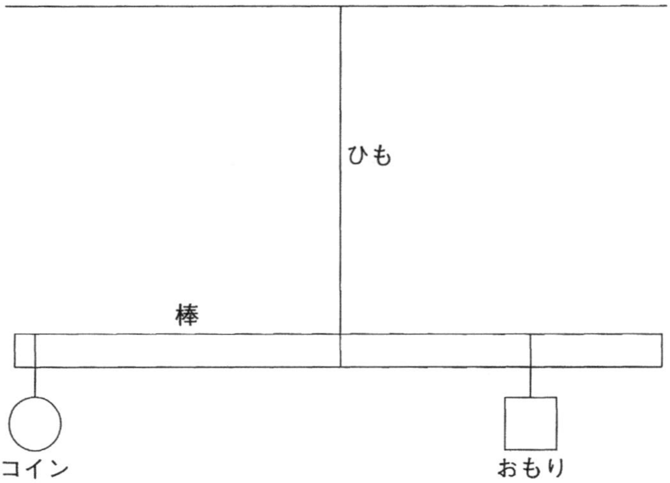

みなみさん：できました。

先　　　生：【図2】の結果をもとに、てんびんが水平につり合うときの【きまり】を使って、コインの重さを考えてみましょう。

【きまり】

てんびんが水平につり合うとき、支点を中心として、 左右の「おもりの重さ×支点からのきょり」が等しくなる。

みなみさん：【図2】で、棒のはしからおもりまでの棒の長さをはかると、ちょうど６ｃｍだったので、コインの重さを計算すると、(　あ　)ｇになります。

先　　　生：このように、おもりをつるす位置を変えれば、１個のおもりで、ものの重さを正確に調べることができます。

みなみさん：たった１個のおもりで、ものの重さを調べることができるとは驚《おどろ》きました。でも、実際に使うことを考えると、長さをはかって重さを計算するのは、少し面倒《めんどう》かもしれません。

先　　　生：どの位置におもりをつるせば何ｇのものとつり合うかを調べ、てんびんの棒にめもりをかいておけば、すぐに重さを調べることができます。このようなしくみで作った、ものの重さをはかる道具を「さおばかり」といいます。

みなみさん：それは便利ですね。さっそく作ってみたいと思います。

問題１　みなみさんは、【みなみさんと先生の会話文】の＿＿＿＿＿＿＿線㋐の方法で、ものの重さをはかってみようと思いましたが、３ｇのおもりと７ｇのおもりが３個ずつしかありませんでした。これらのおもりだけを使って、はかることができる重さが何通りあるか答えなさい。ただし、おもりを２個以上つるすときは、同じ位置につるすこととします。

問題２　【みなみさんと先生の会話文】の（　あ　）にあてはまる数を書きなさい。

みなみさんは、次の【材料】を使い、①～④のようにさおばかりを作りました。

> 【材料】
> ・長さが５０ｃｍで太さがどこも同じまっすぐな棒《ぼう》を１本と、棒をつり下げるひも
> ・重さをはかりたいものをのせるための皿を１枚《まい》と、皿をつるす糸
> ・糸と合わせて５０gのおもりを１個
>
> ①　棒のはしから１ｃｍごとにめもりをかき、棒のちょうど真ん中にひもをつけて、棒をつり下げた。このとき、棒は水平になった。
> ②　皿を棒の左はしから５ｃｍの位置に糸でつるした。皿をつるすと、棒はななめにかたむいた。皿と糸をあわせた重さをはかると１５gだった。
> ③　棒が水平につり合うように位置を調整して棒におもりをつるし、その位置を「０」とした。
> ④　どの位置におもりをつるせば何gのものとつり合うかを調べ、㋑棒のめもりに、０、１０、２０・・・と、１０gごとの数字を書いた。

問題３　みなみさんが作ったさおばかりの棒のめもりに、＿＿＿＿＿線㋑で書いた数字を、【解答例】にならって書きなさい。

【解答例】

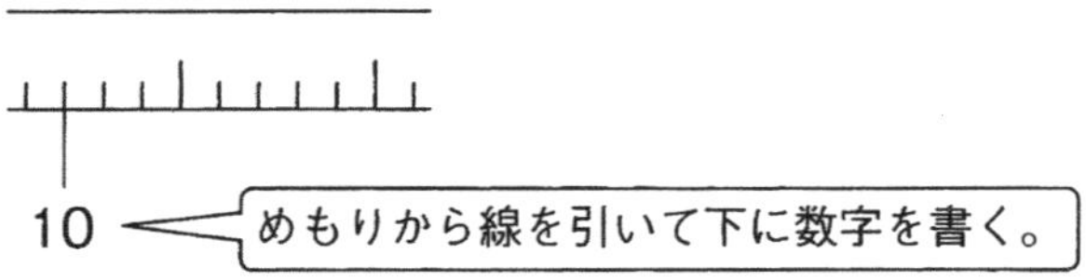

問題４　みなみさんは作ったさおばかりで、いろいろなものの重さをはかりました。すると、いくつかのものは、はかることができる最大の重さよりも重かったため、はかることができませんでした。同じ【材料】だけをそのまま使って、もっと重いものをはかることができるさおばかりを作るには、もとのさおばかりの**どの部分をどのように変えたらよいですか**。**７字～２０字**で書きなさい。

3 みなみさんは、ある面の目の数と、その面の反対の面の目の数を足すと7になるいくつかのさいころを、【図1】のように台の上に縦《たて》横そろえて並《なら》べました。真上を向いている面について、あとの問題に答えなさい。

【図1】

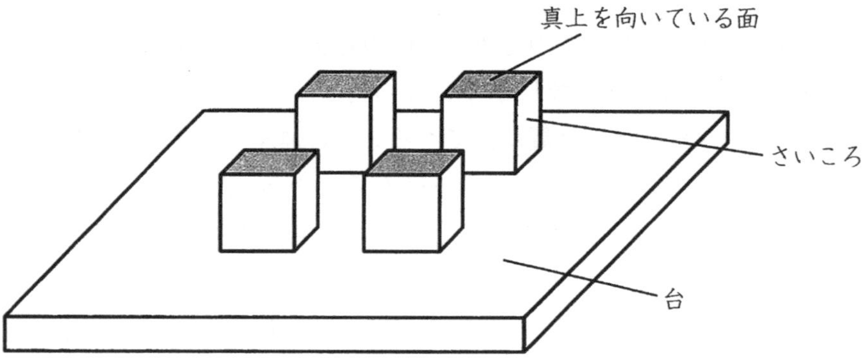

問題1　みなみさんは、4つのさいころを台に並べました。真上を向いている面の目の数の合計が、8になる組み合わせは全部で何通りあるか答えなさい。ただし【図2】のあ、いのように目の数の組み合わせが同じものは、1通りとします。

【図2】

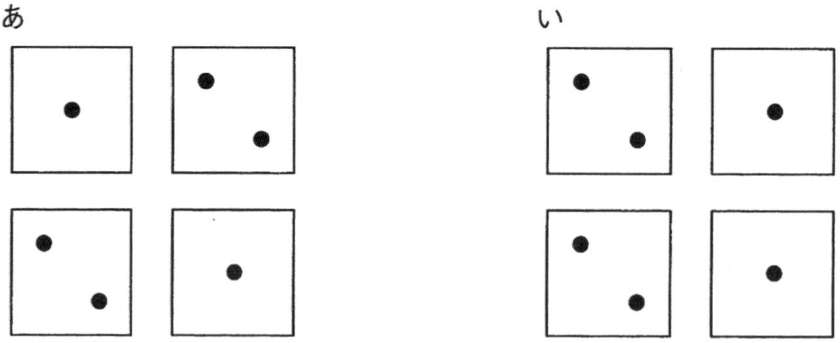

適性検査Ⅰ　解答用紙

問題１～６…60点

受検番号

氏　名

※には何も記入しないこと。

※

※200点満点

問題１

問題２

問題３

問題４

問題５

A

B

C

問題６

※

※

※

※

問題8

50

40

350

300

※ 1	※ 2	※ 3	※	※ 4	※

3　問題１．10点　問題２．27点　問題３．15点

問題１	通り	※

問題２	（１）							
	（２）	ア		イ		ウ		
		エ		オ		カ		※

問題３		※

4　問題１．10点　問題２．10点　問題３．30点

問題１		※

問題２		※

問題３	（１）	【部品１】	個	【部品４】	個	
	（２）					※

受検番号	氏　名

※

※200点満点

適性検査Ⅱ　解答用紙

※には何も記入しないこと。

1

問題１．10点　問題２．12点　問題３．27点

問題１	月　日　時　分　秒	※
問題２	時間　分	※
問題３	（１）　分	
	（２）　時　分	※

2

問題１．12点　問題２．10点　問題３．15点　問題４．12点

問題１	通り	※
問題２		※
問題３	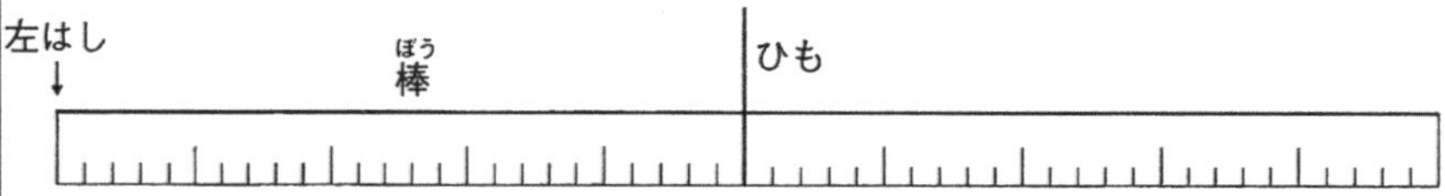	※
問題４	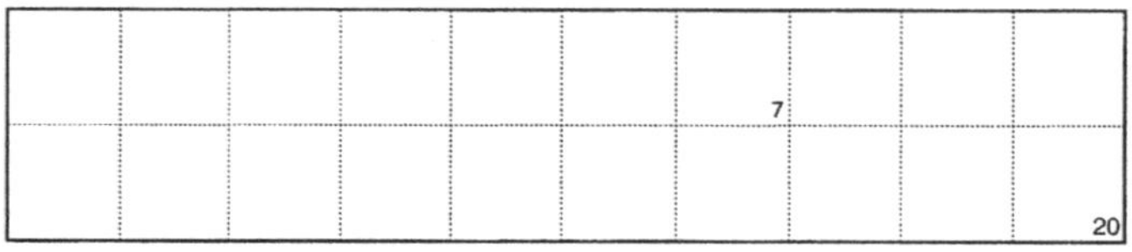	※

問題7，　8…140点

適性検査Ⅰ　解答用紙

問題7

受検番号

氏　　名

※

※には何も記入しないこと。

※5

※6

※7

※

みなみさんは、**【資料1】**のようなさいころを回転させる**操作**《そうさ》を考えました。

【資料1】

操作

並べたさいころの中から1つのさいころを選ぶ。選んださいころを含《ふく》む縦列と横列のさいころを次のように回転させる。

・選んださいころの方を向いている面が真上を向くように1面分回転させる。
・選んださいころは回転させない。

たとえば、**【図3】**において丸で囲んださいころを選ぶと**【図4】**のようになり、**【図5】**において丸で囲んださいころを選ぶと**【図6】**のようになる。

【図3】

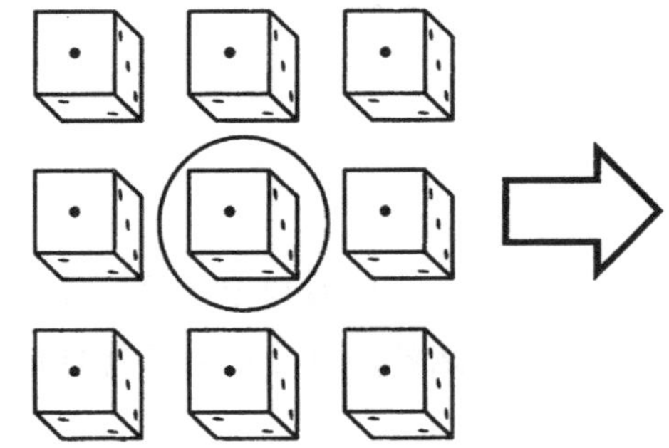

【図4】

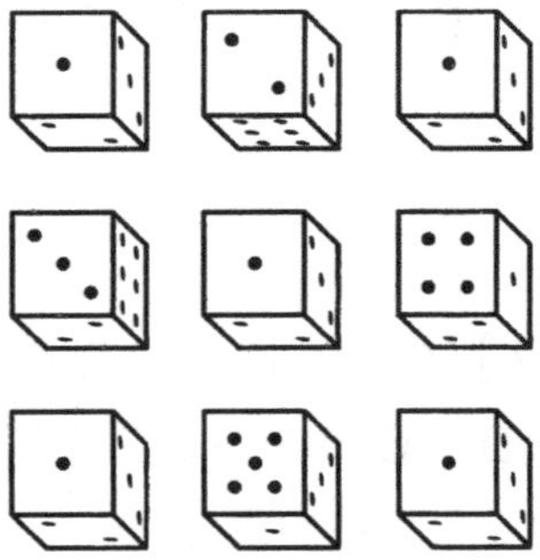

【図5】

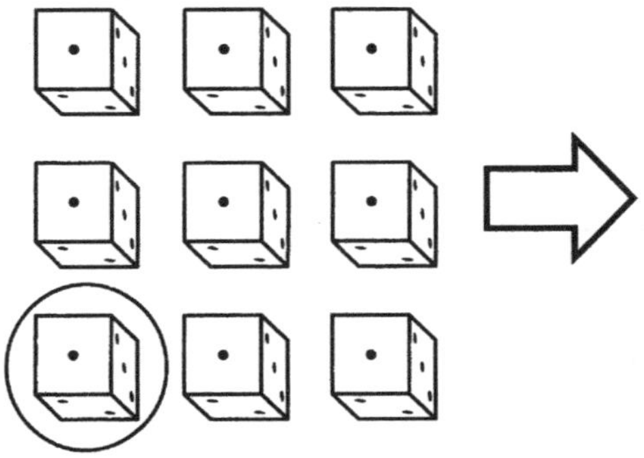

【図6】

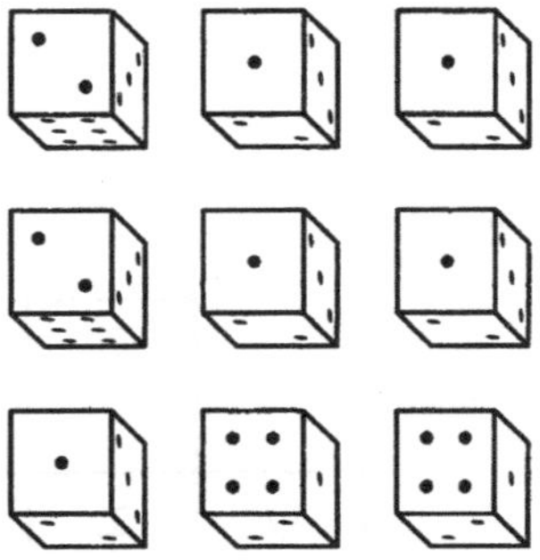

2回以上**操作**するときは、1つ前の**操作**をしたところから、さいころを元に戻《もど》さないで、続けて**操作**をする。

問題2　みなみさんは、4つのさいころを【図7】のように台に並《なら》べ、【資料1】の操作《そうさ》を2回しました。あとの問いに答えなさい。

【図7】

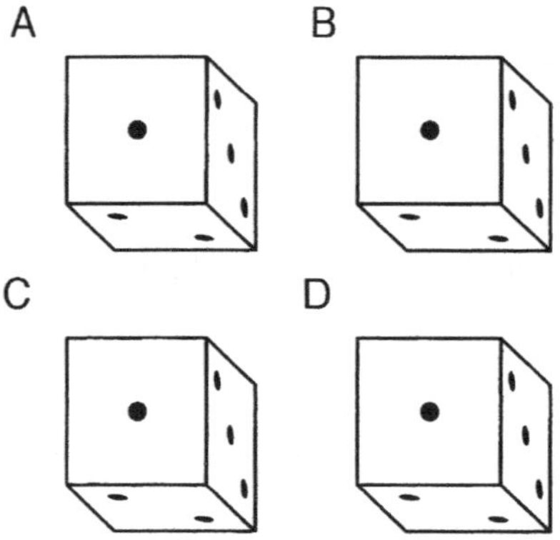

（1）1回目はAのさいころを選び、2回目はCのさいころを選びました。このとき、真上を向いている面の目の数の合計を答えなさい。

（2）【図7】のようにさいころを並べなおし、1回目はBのさいころを選び、2回目はCのさいころを選びました。【図8】は2回目の操作の後のDのさいころの展開図《てんかいず》です。

【図8】のウの面が真上を向いていた面で、アの面がBのさいころの方を向いていた面であるとき、ア～カにあてはまる面の目の数をそれぞれ書きなさい。

【図8】

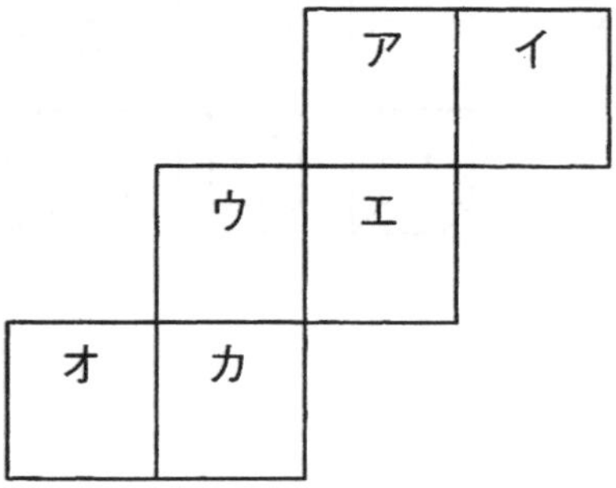

問題3　みなみさんは、6つのさいころを**【図9】**のように並べました。真上を向いている面の目の数が最小のさいころをつねに選ぶようにしながら、**【資料1】**の**操作**を4回しました。4回目の**操作**の後、真上を向いている面の目の数の合計を答えなさい。ただし、真上を向いている面の目の数が最小のさいころが2つ以上あるときは、①〜⑥の番号がもっとも小さいものを選ぶこととします。

【図9】

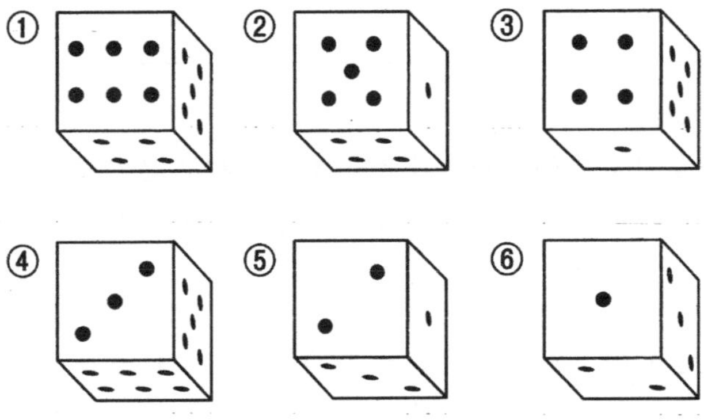

4 みなみさんは、チーズのつくり方や種類について調べ、次の【資料１】～【資料３】を集めました。あとの問題に答えなさい。

【資料１】チーズのつくり方

チーズは、ウシや水牛、ヒツジ、ヤギなどの乳《ちち》を原料とした食品である。ヤギの乳でつくられるチーズは**シェーブルタイプ**とよばれている。
チーズは原料乳《げんりょうにゅう》に含《ふく》まれるたんぱく質を固め、水分を取り除《のぞ》くことでつくられる。そのつくり方は主に次の①～⑤の５段階《だんかい》である。

①原料乳を加熱して殺菌《さっきん》する。
低温で殺菌した乳か、高温で殺菌した乳を使用する。超高温《ちょうこうおん》で殺菌した乳ではたんぱく質が固まらないため、チーズをつくることができない。

②原料乳を固める。
乳酸菌を加えて原料乳を発酵《はっこう》させ、さらに子牛の胃からとれるレンネットを加えて固める。固めたものをカードとよぶ。

③水分を取り除く。
カードを細かく切り、圧力をかけて水分を取り除く。

④食塩を加える。
濃《こ》い食塩水の中に入れたり、表面に食塩をすりこんだりする。
食塩には、殺菌をしたり、水分をさらに取り除いたりする効果がある。

⑤熟成《じゅくせい》させる。
温度や湿度《しつど》を管理して長期間熟成させる。熟成により、たんぱく質が分解されてアミノ酸になり、うま味が増したりやわらかくなったりする。

・表面に白カビを生やすと**白カビタイプ**、内部に青カビを生やすと**青カビタイプ**のチーズになる。
・表面に特定の菌を増殖《ぞうしょく》させ、他の雑菌が増えないように食塩水や酒で洗《あら》ったチーズもあり、**ウォッシュタイプ**とよばれる。
・カビや特定の菌を用いずに熟成させるチーズのうち、③で水分を取り除くときに４５℃以上に加熱したものは**ハードタイプ**、４５℃未満の場合は**セミハードタイプ**のチーズになる。

熟成させないチーズは**フレッシュタイプ**とよばれる。

【資料2】日本におけるチーズの種類

タイプ名	チーズ名
シェーブル	ヴァランセ、サン・クリストフ、サント・モール、バノン、ハロウミ
白カビ	カマンベール、クロミエ、ヌシャテル、ブリー、ボンチェスター
青カビ	カンボゾラ、ゴルゴンゾーラ、スティルトン、ロックフォール
ウォッシュ	ベルグ、ポン・レヴェック、マンステール、リヴァロ、リンバーガー
ハード	エメンタール、グリュイエール、チェダー、パルミジャーノ・レッジャーノ
セミハード	エダム、カチョカヴァッロ、カンタル、ゴーダ、フォンティーナ
フレッシュ	カッテージ、クリーム、フロマージュ・ブラン、マスカルポーネ、モッツァレラ

【資料3】さまざまなチーズの熟成温度と熟成期間

チーズ名	熟成温度（℃）	熟成期間
カマンベール	１２～１３	３～４週間
グリュイエール	１５～２０	６～１０か月
ゴーダ	１０～１３	４～５か月
サント・モール	１２～１４	２～３週間
パルミジャーノ・レッジャーノ	１２～１８	１年以上
ポン・レヴェック	８～１０	５～８週間
リンバーガー	１０～１６	２か月
ロックフォール	８～１０	３～４か月

（齋藤忠夫「チーズの科学」をもとに作成）

問題１　次のア～オのうち、【資料１】～【資料３】について正しく述べているものをすべて選び、記号を書きなさい。

ア　ゴーダは水分を取り除くときに４５℃以上に加熱されるチーズである。

イ　ポン・レヴェックの熟成温度は、グリュイエールの熟成温度よりも低く、熟成温度の範囲《はんい》もせまい。

ウ　サント・モールの熟成期間はリンバーガーの熟成期間の６分の１以下である。

エ　【資料３】のチーズでは、ヤギ乳でつくられたものを除くと、白カビによって熟成するものよりも、青カビによって熟成するものの方が、熟成温度が低い。

オ　【資料３】のチーズでは、ヤギ乳でつくられたものを除くと、カビを生やしたり特定の菌を増殖させたりしないチーズの熟成期間は４か月以上である。

問題２　みなみさんは、【資料１】の原料乳《げんりょうにゅう》が固まるための条件を確かめるために、牛乳を使って次の１～６の６種類の【実験】を行い、分かったことをまとめました。

【実験で分かったこと】の（あ）～（う）に当てはまるものは、【実験】の１～６のうちどれですか。その組み合わせとして適切なものを、あとのア～コからすべて選び、記号を書きなさい。

【実験】

１　低温で殺菌《さっきん》された牛乳に、乳酸菌とレンネットを加えて固まるか調べる。
２　高温で殺菌された牛乳に、乳酸菌とレンネットを加えて固まるか調べる。
３　超高温《ちょうこうおん》で殺菌された牛乳に、乳酸菌とレンネットを加えて固まるか調べる。
４　低温で殺菌された牛乳に、乳酸菌とレンネットを加えずに固まるか調べる。
５　高温で殺菌された牛乳に、乳酸菌とレンネットを加えずに固まるか調べる。
６　超高温で殺菌された牛乳に、乳酸菌とレンネットを加えずに固まるか調べる。

【実験で分かったこと】

（あ）と（い）の結果を比べると、牛乳が固まるためには乳酸菌とレンネットが必要であることが分かりました。また、（う）の結果から、超高温で殺菌された牛乳では固まらないことが分かりました。

ア　（あ）１　（い）２　（う）５
イ　（あ）２　（い）３　（う）４
ウ　（あ）１　（い）４　（う）３
エ　（あ）２　（い）５　（う）４
オ　（あ）３　（い）４　（う）６
カ　（あ）２　（い）５　（う）３
キ　（あ）５　（い）６　（う）１
ク　（あ）４　（い）５　（う）１
ケ　（あ）２　（い）６　（う）３
コ　（あ）１　（い）４　（う）２

このページには問題は印刷されていません。

問題３　みなみさんは、たんぱく質が分解されてできるアミノ酸について調べ、【資料４】、【資料５】を見つけました。あとの問いに答えなさい。

【資料４】

・アミノ酸は、主に【部品１】～【部品４】の４種類の部品を複数組み合わせて作られている。

【部品１】　【部品２】　【部品３】　【部品４】

・【部品１】～【部品４】には他の部品とつながるための棒《ぼう》がある。
・棒の数は決められていて、【部品１】は１本、【部品２】は２本、【部品３】は３本、【部品４】は４本である。
・棒は必ず他の部品の棒とつながっていなければならない。
・１本の棒に２本以上の棒をつなげることはできない。
・棒の位置は変えることができる。

【資料５】部品のつながり方の例

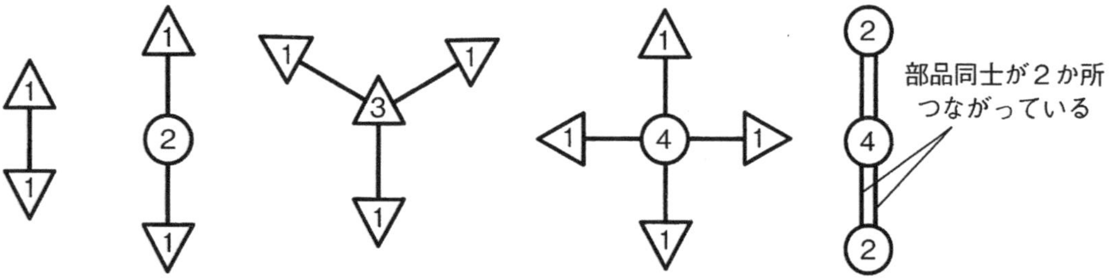

（１）みなみさんは、うま味のもとになるグルタミン酸がアミノ酸の一種であることを知りました。グルタミン酸について次のことが分かっているとき、【部品１】と【部品４】はそれぞれ何個必要か、その数を書きなさい。

・部品は【部品１】～【部品４】の４種類すべてが必要で、その数は合計で１９個である。
・【部品２】の数は【部品３】の数の４倍である。
・１９個の部品の、つながるための棒の数を合計すると４０本である。
・【部品４】の数は【部品１】～【部品４】の中で２番目に多い。

（２）**みなみさん**は、甘味《かんみ》のもとになるアラニンもアミノ酸の一種であることを知り、そのつながり方について考えてみることにしました。アラニンについて次のことが分かっているとき、そのつながり方はどのようになるか、**【資料５】**にならってかきなさい。ただし数字の向きはすべてそろえること。

・部品は**【部品１】**～**【部品４】**の４種類すべてが必要で、それぞれの部品の数は、**【部品１】**が７個、**【部品２】**が２個、**【部品３】**が１個、**【部品４】**が３個である。
・**【部品４】**のうち１個は、１個の**【部品３】**と２個の**【部品４】**とつながっている。
・**【部品３】**には２個の**【部品１】**がつながっている。
・２個の**【部品２】**は共通する１個の部品につながっている。
・**【部品２】**と**【部品１】**がつながっているところは１か所だけである。
・部品同士が２か所つながっている（「＝」になる）ところは１か所だけである。

平成三十年度

適性検査Ⅰ

9：00 ～ 9：45

［注　意］

1　問題は1から2まであり、この問題冊子《さっし》は一ページから二十二ページにわたって印刷してあります。**ページの抜《ぬ》け、白紙、印刷の重なりや不《ふ》鮮明《せんめい》な部分などがないかを確認《かくにん》してください。あった場合は手をあげて監督《かんとく》の先生の指示にしたがってください。**

2　解答用紙は二枚《まい》あります。**受検番号と氏名**をそれぞれの決められた場所に記入してください。

3　声を出して読んではいけません。

4　計算が必要なときは、この問題用紙の余白を利用してください。

5　答えはすべて解答用紙に記入し、**解答用紙を二枚とも提出してください。**

6　字ははっきりと書き、答えを直すときは、きれいに消してから新しい答えを書いてください。

横浜市立南高等学校附属中学校

1　みなみさんは、「メディアを通じて得られる情報」に興味を持って、何冊《なんさつ》か本を読みました。みなみさんが集めた次の【ア】【イ】の資料を読んで、あとの問題に答えなさい。

【ア】ニュースキャスター（報道・解説をする人）が言葉の力について考えたことを書いた文章

アメリカの一人の※1ジャーナリストが、テレビについて、報道番組のあり方について警告《けいこく》を発していた。デイビッド・ハルバースタム。ニューヨークタイムズ紙の記者として※2ベトナム戦争を取材、そのリポートによりピューリッツァー賞を受賞したアメリカの著名《ちょめい》なジャーナリストだ。その後も※3ホワイトハウスの権力者《けんりょくしゃ》たちを描《えが》いた『ベスト・アンド・ブライテスト』などの著作で、アメリカのみならず日本でも多くの読者と信頼《しんらい》を得ていた。

ＮＨＫ放送文化研究所は、一九九三年四月一五日、テレビ放送開始四〇周年を記念して、そのハルバースタムを東京に招き、講演会を開いた。

「問題は、テレビが私《わたし》たちの知性を高め、私たちをより賢《かしこ》くするものなのか、それとも、派手《はで》なアクションを好み、娯楽《ごらく》に適しているというその特性ゆえに、真実を歪《ゆが》めてしまうものなのか、ということなのです」

ハルバースタムはそう語り始めた。国連平和維持軍《こくれんへいわいじぐん》が派遣《はけん》されることになったソマリアやボスニア・ヘルツェゴビナの例を引きながら、「テレビというのは、人々を動かす力と真実を伝える力を持つ強力な箱です」と語りかける。そして、ベトナム戦争報道を振《ふ》り返《かえ》りながら、「時に、たった一人の記者でも、政府だけが善悪《ぜんあく》を判断する唯一《ゆいいつ》の審判《しんぱん》でないことを示すことができるのです」とも語る。しかし、ハルバースタムは、こうも指摘《してき》するのだ。「ここで重要なのは、テレビが伝える真実は映像《えいぞう》であって、言葉ではないということです。テレビが伝える内容は単純《たんじゅん》で、複雑なことは伝えません。苦痛《くつう》や※4飢餓《きが》を映《うつ》し出《だ》して世界中に伝えることはできますが、複雑な政治問題や思想、様々な行為《こうい》の重要性について伝えることはできないのです」。

その理由としてハルバースタムは、テレビでは、話の内容がどんなに大切でも映像のインパクトのほうが優先《ゆうせん》されること、テレビニュースは移り気なこと、複雑なことを好まず、討論《とうろん》番組は抵抗《ていこう》を受ける、視聴者《しちょうしゃ》を退屈《たいくつ》させないことが大切などと、テレビの持つ※5ネガティブな特性を一つひとつ挙げていく。そして最後に、テレビに携《たずさ》わる人へ向けて、こう問いを投げかけた。

テレビによってより深く国際社会を理解できるようになるのでしょうか。複雑な出来事の説明はされているでしょうか。テレビによって、私たちは世界をより深く理解するというよりも、恐怖心《きょうふしん》をあおられるのでしょうか。私たちが既《すで》に持っている偏見《へんけん》によって違《ちが》った習慣を持つ人たちを見るのではなく、ありのままの姿《すがた》を見ることはできるのでしょうか。そうでなければ、私たちが今まで持っている偏見を認めることになってしまいます。視聴者はそれを望んでいます。※6既存《きそん》の偏見を認めることは、偏見を取《と》り除《のぞ》くためにより深く考えることよりもはるかに楽だからです。しかし、私たちのようにジャーナリズムに携わる人間は、テレビをいかに賢《かしこ》く使うかを毎日考えるべきなのです。

(「テレビはアメリカ社会をどう変えてきたか～デイビッド・ハルバースタム氏
講演会より」放送研究と調査、一九九三年八月、NHK放送文化研究所より)

現代は、様々な情報があらゆるメディアから氾濫《はんらん》し、毎日流される膨大《ぼうだい》な情報が、視聴者に立ち止まることを許さない。人々の考える時間を奪《うば》っているとさえ言える。とりわけテレビは、映像の持つ力をフルに生かし、※7時々刻々《じじこくこく》と起きていることを即時《そくじ》に伝えることが出来るという点で、他《た》のメディアを圧倒的《あっとうてき》に※8凌駕《りょうが》してきた。しかし、その特性に頼《たよ》れば頼るほど、人々のコミュニケーションの重要な要素である想像力を奪《うば》ってしまうという負の特性も持っている。

例えば、※9イラク戦争が始まった二〇〇三年、メディアの取材者はアメリカ軍に同行して最新の中継《ちゅうけい》機材《きざい》によってリポートを続け、アメリカ軍が砂漠《さばく》のなかを進軍してバグダッドを陥落《かんらく》させるという衝撃的《しょうげきてき》な映像《えいぞう》を同時進行という形で世界中に流すことができた。しかしその一方で、イラクのテレビ局はアメリカ軍による最初の空爆《くうばく》で破壊《はかい》されて、その機能を奪われている。その結果、アメリカ軍の進攻《しんこう》の映像がテレビに溢《あふ》れる一方で、空爆下のバグダッドの人々はどうなっているのかという情報や映像は欠落してしまいがちだった。映像は想像力を奪ってしまうほどパワフルだ。これらの映像によって、イラク戦争は果たして正しく伝えることができたと言えるのだろうか。その欠落部分を私《わたし》たちメディアは補《おぎな》えていたのだろうか。

イラク戦争は象徴的《しょうちょうてき》な例だが、映像に映《うつ》しだされていることが、その事象の全体像を表しているわけでは決してない。映像の一面性に報道番組はどう向き合うのか。それは難《むずか》しい問題だ。〈クローズアップ現代〉はこの課題に対して、「スタジオを重視《じゅうし》する」という手法で向き合うことを選択《せんたく》した。映像を主体とするリポートに※10拮抗《きっこう》する形で、スタジオでのキャスターとゲストの対話を配した。

そして、キャスターである私には、言葉しかなかった。「言葉の持つ力」を信じることがすべての始まりであり、結論《けつろん》だった。テレビの特性とは対極の「言葉の持つ力」を大事にすることで、その映像がいかなる意味を持つのか、その映像の背景《はいけい》に何があるのかを言葉で探《さぐ》ろうとしたのだ。

私はキャスターとして、「想像力」「常に全体を※11俯瞰《ふかん》する力」「ものごとの後ろに隠《かく》れている事実を※12洞察《どうさつ》する力」、そうした力を持つことの大切さ、映像では見えない部分への想像力を言葉の力で※13喚起《かんき》することを大事にしながら、日々番組を伝え続けることになった。

〈クローズアップ現代〉のキャスターを二三年間続けてきて、私はテレビの報道番組で伝えることの難しさを日々実感してきた。その難しさを語るには、これまで私が様々な局面で感じてきた、テレビ報道の番組の持つ危《あや》うさというものを語る必要がある。

テレビ番組は、その番組内容のすべてが視聴者《しちょうしゃ》に伝わるよう、わかるように作られるが、一歩間違《まちが》えれば、「わかりやすいだけの番組づくり」になってしまう危険性《きけんせい》がある。メッセージがシンプルな番組のほうが視聴者を取りやすい、などと言われる傾向《けいこう》があるなかで、「わかりやすく」することでかえって、事象や事実の、深さ、複雑さ、多面性、つまり事実の豊かさを、そぎ落としてしまう危険性があるのだ。とりわけ報道番組では、このことは致命的《ちめいてき》な危《あや》うさになる。

鋭《するど》い批評家《ひひょうか》である作家の辺見庸《へんみよう》さんが、ご自身、テレビ番組に関《かか》わったときの経験に触《ふ》れて、「わかりやすいメッセージだけを探《さぐ》ろうとし、物事を単純化《たんじゅんか》する。テレビの作業はほとんどそうです」と述べている。厳《きび》しい指摘《してき》だ。しかし、この言葉から受ける痛《いた》みを忘《わす》れては、テレビ報道に関わる人間として失格だろう。私自身も、とかく「わかりやすさ」を求められるテレビ報道のなかで、どうやって事実の持つ豊かさをそぎ落とすことなく伝えられるか、どうすれば物事を単純化し、わかりやすいものだけに※14収《しゅう》れんさせるのではなく、できるだけその事象の持つ深さと全体像を俯瞰して伝えられるか、模索《もさく》してきたつもりだ。しかし、言うは易《やす》く、行うは難《かた》しなのだ。

ＮＨＫでは入社時の研修で、ニュース原稿《げんこう》や番組は中学生でもわかるように書け、作れと言われたものだ、と職員の方から聞いたことがある。日々、ＮＨＫの放送を観《み》ている方にはわかるように、その実践《じっせん》がいかに難しいかは明白だ。しかし、このところの「わかりやすくなければテレビじゃない」とでもいうような風潮《ふうちょう》には、やはり危うさを感じる。
最近のテレビ報道は、図や模型《もけい》、そして漫画《まんが》、場合によっては再現ドラマも取りいれて、とにかく「わかりやすく」する。しかし、それは[※15]往々《おうおう》にして、物事の単純化、イエスかノーかといった結論《けつろん》ありきの展開《てんかい》になりがちだ。そして、一番の危《あや》うさは、そういう伝え方に慣れてしまうと、視聴者《しちょうしゃ》は「わかりやすい」ものだけにしか興味を持てなくなることだ。

もちろん、わかりやすく伝えてほしいとの要請《ようせい》は視聴者からのものだ。そのことを無視《むし》して、わからなくても、と考えるのは伝えるほうの自己満足《じこまんぞく》だと指摘《してき》されるだろう。しかし、視聴者の求めるとおりに「わかりやすく」伝えることは、本当に視聴者のためになるのだろうか。難《むずか》しい問題は、やはり難しい問題として受け止めてもらうことも必要ではないだろうか。わかったと思った瞬間《しゅんかん》、そこで人は思考を、考えることをやめてしまうように思える。

後年、とある新聞紙面で、映画監督《えいがかんとく》、またテレビドキュメンタリー作家でもある是枝裕和《これえだひろかず》さんがテレビについて書いている文章に出会った。

「わかりにくいことを、わかりやすくするのではなく、わかりやすいと思われていることの背景《はいけい》に潜《ひそ》むわかりにくさを描《えが》くことの先に知は芽生える」

これこそ、〈クローズアップ現代〉が目指し、そして私自身《わたしじしん》がキャスターとして目指し実践《じっせん》してこようとしてきたことではないだろうか。是枝さんの文章に触《ふ》れたとき、私は即座《そくざ》にそう思った。物事を「わかりやすく」して伝えるだけでなく、一見「わかりやすい」ことの裏側《うらがわ》にある難しさ、課題の大きさを明らかにして視聴者に伝えること。それこそが〈クローズアップ現代〉の役割《やくわり》なのではないかと思えた。

結論をすぐ求めるのではなく、出来れば課題の提起、そして課題解決へ向けた多角的な思考の[※16]プロセス、課題の持つ深さの理解、解決の方向性の検討《けんとう》、といった流れを一緒《いっしょ》に追体験してほしい。そんな思いで私は、番組に、そして視聴者に向き合ってきた気がする。

この思いは、たぶんに視聴者にある種の「もどかしさ」を与《あた》えてしまうだろう。しかし、それでもいいのではないかと思ってきた。視聴者の一人ひとりは、その「もどかしさ」を消化する力を持っているに違《ちが》いない。私はそう願ってきたのかもしれない。辺見庸《へんみよう》さんはさきほど引用した文章の続きで、「もっと人々に反復的に思索《しさく》せざるをえない状況《じょうきょう》というものを作れないものなのか」とテレビへの課題を投げかけている。

ＮＨＫと民放には、放送法に基《もと》づいて設けられた「放送番組審議会《ほうそうばんぐみしんぎかい》」という放送番組に意見を言える唯一《ゆいいつ》の組織がある。ＮＨＫのホームページで公開されている中央放送番組審議会の議事録のなかに、ある委員が次のような意見を述べているのが目に留《と》まった。それは、ＮＨＫニュースのあり方、中立性を意識した並列的《へいれつてき》な報道のあり方に疑問《ぎもん》を投げかけるものだった。「ほとんどの問題は、単純《たんじゅん》な二項対立《にこうたいりつ》で描いてみてもその核心《かくしん》に迫《せま》るのは難しい。何についても賛成と反対の間には、無限のグラデーション※17がある。そして多くの視聴者の考えも、そのグラデーションの中で揺《ゆ》れ動《うご》いていると思う。問題の視点《してん》を二元化《にげんか》※18することは、解決策《かいけつさく》をさぐるための議論を深めるよりも、むしろ最も距離《きょり》の離《はな》れた賛否《さんぴ》のグループの陣地《じんち》取《と》りゲームに付き合わされることになり（中略）問題の解決に向けて議論を豊かにするということには必ずしもつながらない」。白か黒かの単純さをどう排除《はいじょ》するのか、テレビ報道の難しい課題だ。

（国谷《くにや》　裕子《ひろこ》『キャスターという仕事』**岩波新書** より。一部省略やふりがなをつけるなどの変更《へんこう》があります。）

［注］

※１　ジャーナリスト・・・新聞・雑誌《ざっし》・テレビ・ラジオなどの記者・編集者のこと。

※２　ベトナム戦争・・・・一九六〇～七〇年代に、ベトナムで行われた戦争のこと。

※3　ホワイトハウス・・・アメリカ合衆国政府《がっしゅうこくせいふ》のこと。（本文の場合）

※4　飢餓《きが》・・・・・・・・食べ物がなくうえること。

※5　ネガティブ・・・・・消極的・否定的《ひていてき》なこと。

※6　既存《きそん》・・・・・・・・すでに存在《そんざい》していること。

※7　時々刻々《じじこくこく》・・・・・・しだいに。

※8　凌駕《りょうが》・・・・・・・・他《ほか》のものを上回ること。

※9　イラク戦争・・・・・二〇〇三年、イラクで行われた戦争のこと。

※10　拮抗《きっこう》・・・・・・・・互《たが》いに同じような力で張り合うこと。

※11　俯瞰《ふかん》・・・・・・・・高いところから広く見わたすこと。

※12　洞察《どうさつ》・・・・・・・・ふつうの人が見抜《みぬ》けない点までを、直感やすぐれた観察力で見抜くこと。

※13　喚起《かんき》・・・・・・・・意識されずにあったことを、きっかけを与《あた》えて呼《よ》び起《お》こすこと。

※14　収《しゅう》れん・・・・・・・集めて一つにまとめること。

※15　往々《おうおう》にして・・・・・そうなることが、しばしばあるということ。

※16　プロセス・・・・・・ものごとが進行・変化していく一連のみちすじのこと。

※17　グラデーション・・・段階的《だんかいてき》な変化のこと。

※18　二元化《にげんか》・・・・・・・二つの対立する立場から、ものごとを見ること。

【イ】フリーライターがインタビューについて書いた文章

――今回の作品はどういうきっかけで書かれたんですか。

「じつは五年前に奇妙《きみょう》な体験をしましてね。ある嵐《あらし》の夜だったのですが、イノシシを背負《せお》った男が、私《わたし》の家にやってきましてね。それが……」

とここに書いたのは、いま私が※19捏造《ねつぞう》したインタビュー記事。こういう記事はよく見かける。しかし、実際のインタビュー現場でこうしたやりとりがあるとは限らない。「五年前の奇妙な体験」を語ってもらうまでに、インタビュアー（聞き手）は悪戦苦闘《あくせんくとう》したかもしれない。インタビューの裏側《うらがわ》は、できあがった記事からだけでは見えないことがたくさんある。

「取材」と「インタビュー」は、ほとんど同義語のように使われる。とくに、取材を受ける側、インタビューを受ける側にとってはそうだ。

でも、話を聞く側にとっては、取材とインタビューは違《ちが》う。

どこがどう違うのだろう。ひと言でいうなら、インタビューの主役はインタビュイー（話し手）の言葉である。それに対して取材は、インタビュイーが話す内容や意味が主役となる。言葉が主役だからこそ、インタビューの重要な部分は、できるだけ話し手自身の言葉で語ってほしいとインタビュアーは思っている。

新聞や雑誌《ざっし》に載《の》るインタビューでは、インタビュアーがどのように話し手の言葉を引き出していたのかまでは分からないことが多い。いわゆるQ＆Aスタイルの文章になっていても、実際にそのインタビューの現場でインタビュアーがそのように質問したとは限らないからだ。その点、テレビのトーク番組や討論《とうろん》番組はインタビューの参考になる。

テレビのインタビューには田原総一朗《たはらそういちろう》型と黒柳徹子《くろやなぎてつこ》型の二種類がある。とりあえずそう大別してみたい。

『サンデープロジェクト』や『朝まで生テレビ！』における田原総一朗は、司会者であると同時にインタビュアーでもある。生番組を仕切りながら、たくみにゲストから言葉を引き出していく。

まずは何がテーマなのか、視聴者《しちょうしゃ》やゲストに向かって明らかにする。次に、なぜいまこのテーマなのか、状況《じょうきょう》を整理して説明する。そしてゲストが話し始める前に、ゲストの立場をなかなか断定的に決めてしまう。たとえば郵政民営化《ゆうせいみんえいか》[※20]というテーマであれば、ゲストはそのテーマについて賛成なのか反対なのかという立場を振《ふ》ってしまう。これをわずか数分でやる。これはじつに巧妙《こうみょう》[※21]だ。ゲストはカメラの前で意識的／無意識的に、賛成の役割《やくわり》、反対の役割を演じてしまう。視聴者のほうも、はなから「この人は賛成派《さんせいは》なんだ」「この人は反対派だ」と色分けして見ることになる。

ほんとうはそのゲストは、郵政民営化に百パーセント賛成ではないのかもしれない。条件付きの賛成かもしれないし、民営化のプロセスにいろいろ意見があるかもしれない。民営化反対の人も、現状の郵便《ゆうびん》行政や特定郵便局の問題には批判的《ひはんてき》かもしれない。よくよく話を聞くと、民営化賛成の人も民営化反対の人も、意見に大差ない場合もある。だけどそれぞれ賛成／反対の役割を与《あた》えることで、問題点が見えやすくなってくる。

田原総一朗は相手にどんどん斬《き》り込《こ》んでいく。「あなたはこういいましたね」「あなたはこうしましたね」「なぜですか」「あなたがやったことに対して、こういっている人がいますよ」と、追いつめるように、質問を投げかけていく。曖昧《あいまい》な答えは許さない。条件付き賛成／条件付き反対という回答は、田原のフィルターを通ることで条件がそぎ落とされ、よりシンプルでわかりやすい賛成／反対として田原からゲストに投げ返され、ゲストはそれを追認《ついにん》[※22]させられる。冷静に見ればそれは誘導尋問《ゆうどうじんもん》のようでもあり、インタビューとしてはフェア[※23]なものではないのかもしれない。しかし、旗色《はたいろ》[※24]を鮮明《せんめい》に、ということは、インタビューの重要な要素でもある。そのインタビューが何を伝えようというものなのか、インタビュイーの人柄《ひとがら》なのか、それとも特定のテーマについての意見なのか、後者ならば田原流のいささか強引《ごういん》なスタイルも有効なのだ。

　田原と対照的なのが黒柳徹子の『徹子の部屋』だ。

『徹子の部屋』はインタビューのお手本である。事前によくゲストのことを調べている。少し低めのティーテーブルを挟《はさ》んで、黒柳徹子とゲストとが対座《たいざ》するのだが、ときどきカメラの角度によってテーブルの上に資料やメモがたくさん置かれているのが映《うつ》る。たぶん、何を聞くのか、そこに書いてあるのだろう。

　勘《かん》のいいゲスト、場慣れしたゲストは、黒柳から話題を振られなくても、「こんど、こういうことをしようと思っているんですよ」と話を持っていくのだが、勘の鈍《にぶ》い人や素人《しろうと》だとそうはいかない。そこで黒柳が巧《たく》みな話術を発揮《はっき》するのである。巧みな話術といっても特別なことではない。「なんでもあなたは××なんですって」と黒柳はきっかけを出す。そこで「そうなんですよ、じつは～」とゲストがその話を進めていけばいいが、「そうなんです」で終わってしまうと、重ねて「そのときあなたは××したっていうじゃないですか。ほんとにねぇ」と黒柳は話を進める。なんだ、黒柳徹子はわざわざ聞かなくても、みんな知ってるんじゃないかと思うのだが、しかし、自分が知っていることも、あえてゲスト自身の言葉で視聴者に披露《ひろう》すべく誘導していくのが役割である。

黒柳《くろやなぎ》や田原《たはら》のテレビ番組は、事実そのもののように見える。しかし、本当にそうだろうか。録画番組はカットされた部分があるかもしれないし、生番組だからってカメラの向け方や照明の当て方が違《ちが》えば、別の印象があったかもしれない。

インタビューとは※25虚構《きょこう》である。現実をありのままに伝えているかのように見えるテレビやラジオのインタビューでも、収録《しゅうろく》された会話の中から取捨選択《しゅしゃせんたく》して放送するのだから、やっぱり虚構だ。

話し言葉から書き言葉への変換《へんかん》、日常の言葉から放送される公共の言葉への変換を「編集」と言いかえることもできる。文章そのものの順番を入《い》れ替《か》える（たとえば実際のインタビューでは最初のほうに発言した文章を、あとのほうに持っていく）ことなどは「構成」といったほうがいいかもしれない。

編集や構成は※26恣意的《しいてき》に行われる。その恣意性は、「切り口」とか「視点《してん》」などと呼《よ》ばれる。そこでは語り手の意図（こう思ってもらいたい。自分をこう見てもらいたい。こう読んでもらいたい）と、インタビュアーの意図（この人のここを引き出したい。世の中をこう見たい）と、編集者やディレクターの意図（このインタビューそのものをこう見せたい）とがせめぎ合う。

インタビューは事実をありのままに提示しない。三者がそれぞれ見せたいものを見せたいように見せる。しかし、虚構のほうがより真実に近い場合もある。いや、虚構のほうが真実に近いことのほうが多い。事実はいつも真実を覆《おお》い隠《かく》す役割《やくわり》を果たす。その意味では、インタビューにおける編集や構成は、事実から虚構の部分をはぎ取り、真実に一歩近づくことだともいえる。

インタビューには聞き手の恣意性が働く。ところが、聞き手は黒柳徹子《くろやなぎてつこ》や田原総一朗《たはらそういちろう》のように、いつも読み手の前に姿《すがた》をさらしているとは限らない。それが雑誌《ざっし》や書籍《しょせき》であれ、テレビやラジオであれ、通常、インタビューが公表されるときは、聞き手の名前よりも話し手の名前のほうが大きくクレジット[※27]されるし、聞き手の名前が出ないこともある。その意味で、インタビュアーは限りなく匿名的存在《とくめいてきそんざい》だ。

しかし、そうやって社会に出た話し手の言葉は、聞き手が恣意的に発した質問によって引き出されたものであり、実際のインタビュー中に発せられた言葉から聞き手（あるいは編集者やディレクター）が恣意的に選び出したものであり、そしてときには聞き手（あるいは編集者やディレクター）が恣意的に並《なら》べ替えたものである。

私《わたし》たちがインタビュー記事を読んだり、テレビやラジオのインタビュー番組を見たり聞いたりするとき、それはインタビューの肉声ではないことに注意しなければならない。インタビュー記事は事実を伝えているけれども、それは常に事実の一部であり、けっして事実の全体ではない。

インタビュー記事を読むときは、それがインタビュアーや編集者によって切り取られたものであることを忘《わす》れてはならない。

（永江《ながえ》朗《あきら》『インタビュー術！』より。一部省略やふりがなをつけるなどの変更《へんこう》があります。）

［注］

※19 捏造《ねつぞう》・・・・・事実をねじまげて、好きなように話をつくってしまうこと。

※20 郵政民営化《ゆうせいみんえいか》・・・国が行っている郵便《ゆうびん》事業を、民間で経営できるようにすること。

※21 巧妙《こうみょう》・・・・・おもわず感心するほど、たくみなこと。

※22 追認《ついにん》・・・・・過去にさかのぼってその事実を認《みと》めること。

※23 フェア・・・・・公正で、礼儀《れいぎ》正しいこと。

※24 旗色《はたいろ》・・・・・戦争や試合などの、勝ち負けのなりゆきのこと。

※25 虚構《きょこう》・・・・・・いかにも事実のようにつくりあげること。

※26 恣意《しい》・・・・・・自分の勝手気ままにふるまう心。

※27 クレジット・・・映画《えいが》やテレビ番組の、出演者やスタッフなどの表示のこと。

問題 **【ア】【イ】**の資料をもとに二つの文章を書きなさい。一つは①**【資料が伝えていることを短くまとめる文章】**、もう一つは②**【資料の内容について自分が考えたことをまとめる文章】**です。ただし、①**【資料が伝えていることを短くまとめる文章】**と②**【資料の内容について自分が考えたことをまとめる文章】**の両方に同じ記号の資料を選んではいけません。次の［条件］と［注意事項《じこう》］にしたがって書きなさい。

［条件］

○選んだ資料の記号ア、イをそれぞれ解答用紙の**【　　】**に書くこと。

○**【資料が伝えていることを短くまとめる文章】**は、**三百字以上三百五十字以内**で書くこと。

○**【資料の内容について自分が考えたことをまとめる文章】**は、自分がこれまで学習したことや体験したことと関連させて**二百字以上二百五十字以内**で書くこと。

○**複数の段落《だんらく》**をつくって、文章全体を構成すること。

［注意事項］

○題名は書きません。一行目、一マス下げたところから書くこと。

○原稿《げんこう》用紙の適切な使い方にしたがって書くこと。（ただし、解答用紙は一行二十マスではありません。）

○文字やかなづかいなどに気をつけて、漢字を適切に使い、丁寧《ていねい》に書くこと。

2 みなみさんは、「インターネットの利用」に関する資料を集めました。みなみさんが集めた【資料1】～【資料4】を見て、あとの問題に答えなさい。

※【資料1】～【資料3】は、満１０歳《さい》から満１７歳までの青少年５０００人（うち回収できたのは３４４２人分）を対象として行った調査の結果を整理したものです。

【資料1】青少年のインターネットの利用状況

	機器の利用者数	それぞれの機器でのインターネット利用者数
スマートフォン	1886人	1762人
携帯電話	599人	134人
ノートパソコン	754人	699人
デスクトップパソコン	365人	330人
タブレット	809人	699人
携帯音楽プレイヤー	740人	299人
ゲーム機	2285人	1119人
インターネット接続テレビ	124人	69人

（内閣府ホームページをもとに作成）

【資料2】青少年のインターネットの利用内容

利用内容	コミュニケーション	ニュース	情報検索	動画視聴	電子書籍	ゲーム
小学生（６５０人）	30.6%	7.4%	42.5%	56.8%	5.5%	75.1%
中学生（１０８３人）	62.9%	23.8%	60.3%	70.5%	10.9%	71.1%
高校生（９９５人）	89.9%	40.9%	76.2%	81.5%	19.3%	73.9%

（内閣府ホームページをもとに作成）

【資料3】青少年のインターネットの利用時間（平日１日あたり）

利用時間	わからない	使っていない	30分未満	30分以上1時間未満	1時間以上2時間未満	2時間以上3時間未満	3時間以上4時間未満	4時間以上5時間未満	5時間以上	平均利用時間(分)
小学生（650人）	4.8%	5.8%	13.7%	19.7%	28.8%	13.2%	7.2%	4.0%	2.8%	84.8分
中学生（1083人）	2.1%	3.0%	5.8%	12.7%	30.2%	18.6%	12.7%	6.2%	8.7%	127.3分
高校生（995人）	1.4%	0.8%	1.8%	5.9%	19.8%	21.8%	17.4%	11.3%	19.8%	192.4分

（内閣府ホームページをもとに作成）

【資料４】小学生低学年の保護者が子どもにインターネットを利用させるうえで不安に思っていること（小学校１～３年生の保護者１８８人を対象）

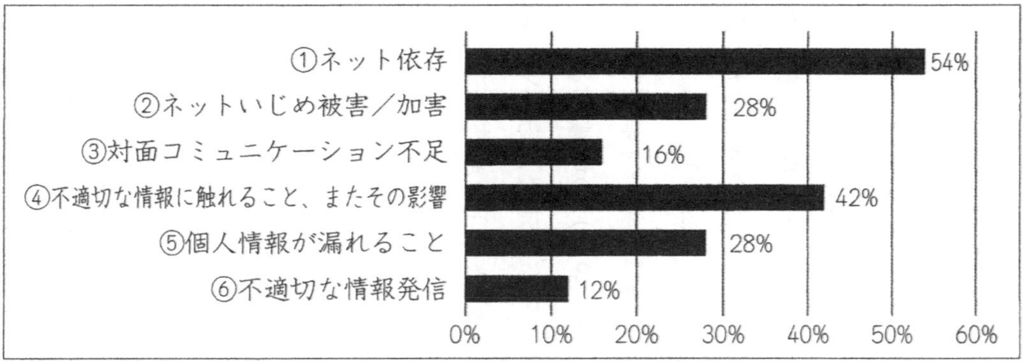

（安心ネットづくり促進協議会ホームページをもとに作成）

問題１　みなみさんとまなぶさんは、みなみさんが集めた【資料１】～【資料４】を見ながら、インターネットの利用について【会話】をしています。次の【会話】を読み、（　１　）～（　５　）にあてはまる数字や語句として最も適切なものを、あとのア～エから一つずつ選び、記号を書きなさい。

【会話】

みなみさん　私《わたし》は中学生になって、小学生の時よりもインターネットを利用する時間が増えました。まなぶさんはどうですか。

まなぶさん　私も、中学生になってからインターネットを利用する時間が増えました。資料でも、小学生よりも中学生の方が平日一日あたりの平均利用時間は（　１　）分多いですね。

みなみさん　私は、何かを調べる際にインターネットを利用することが多くなりました。資料によると、インターネットで情報検索《じょうほうけんさく》を行う割合《わりあい》が一番高いのは、（　２　）です。

まなぶさん　多くの人が便利に使っている一方で、気をつけなければならないこともあります。資料を見ると、小学生低学年の保護者の（　３　）％が、子どもにインターネットを利用させる上で、「不適切な情報に触《ふ》れること、またその影響《えいきょう》」を不安に思っています。他にも、小学生の保護者の半数以上が、子どもにインターネットを利用させるうえで（　４　）を不安に思っているようですね。

みなみさん　まなぶさんの家の方《かた》は、どのようなことを心配されていますか。

まなぶさん　私は最近、インターネットを利用してゲームをすることに夢中になっています。ゲームに費す時間が長くなることで、勉強がおろそかになって、叱《しか》られてしまうことがあります。

みなみさん　資料を見ると、ゲーム機でインターネットを利用している青少年の割合は、ゲーム機利用者数の約（　５　）％となっています。

まなぶさん　みなみさんは、情報検索以外の目的でインターネットを利用しますか。

みなみさん　私はインターネットを通して友達とよくメールをします。先日、友人に送ったメールの内容で誤解《ごかい》をまねいてしまったことがありました。

まなぶさん　インターネットは便利ですが、使い方に気を付けた方が良さそうですね。

（1）　ア　7.6　　イ　42.5　　ウ　65.1　　エ　212.1

（2）　ア　小学生　　イ　中学生　　ウ　高校生　　エ　保護者

（3）　ア　12　　イ　28　　ウ　42　　エ　54

（4）　ア　対面コミュニケーション不足　　イ　不適切な情報発信
　　　ウ　ネットいじめ被害《ひがい》／加害　　エ　ネット依存《いぞん》

（5）　ア　33　　イ　49　　ウ　51　　エ　73.4

問題2　みなみさんは、インターネットの利用について、**【資料1】**～**【資料4】**を読んで、**メモ1～メモ4**をとりました。次の**メモ1～メモ4**を読み、**【資料1】**～**【資料4】**から読み取れるものには○を、読み取れないものには×を書きなさい。

メモ1
　資料を見ると、スマートフォンを利用している青少年のうち、９３％以上はスマートフォンでインターネットを利用していることが読み取れる。

メモ2
　資料を見ると、この調査に回答した小学生から高校生のうち、ゲームでのインターネットの利用人数が一番多いのは、高校生であることが読み取れる。

メモ3
　資料を見ると、中学生と高校生の５０％以上が平日１日あたりインターネットを２時間以上利用していることが読み取れる。

メモ4
　資料を見ると、この調査に回答した２５人以下の小学生低学年の保護者が子どもにインターネットを利用させる上で不適切な情報発信に不安を感じていることが読み取れる。

問題3　みなみさんは、【資料4】を読んで、小中学生がインターネットを利用するうえで気を付けるべきことを調べたところ、総務省《そうむしょう》のホームページで「インターネットトラブル事例集」を見つけました。次の【事例】と【小中学生が常に心《こころ》掛《が》けたいこと】は「インターネットトラブル事例集」に載《の》っていたものです。

【事例】あ～えは、【資料4】①～⑥のいずれかの不安に当てはまります。また、【事例】あ～えを防ぐために【小中学生が常に心掛けたいこと】としてあとのA～Dのいずれかが当てはまります。【資料4】と【小中学生が常に心掛けたいこと】の組み合わせとして最も適切なものを、あとのア～シから一つずつ選び、記号を書きなさい。

【事例】

あ

メールが大好きなPさん。毎回友だちとのメールを終わらせるタイミングが分からず、夜遅《おそ》くまでインターネットを使う日々が続きました。

→

Pさんは、睡眠《すいみん》不足で午前中の授業に集中できなくなりました。体調や成績に悪影響《えいきょう》がでているのに、友だちとのメールはやめられません。

い

友だちと海に行ったQさん。スマートフォンで友だちに撮《と》ってもらった写真を気に入り、インターネット上に写真を載《の》せました。

→

数日後から、Qさんは下校時に後をつけられている気配を感じるようになりました。インターネット上に載せた写真で個人が特定されてしまったことが原因でした。

う

Rさんは、話題の映画《えいが》のデータが手に入ったので、学校の友だちが見られるようにしようと思い、動画共有サイトに映画のデータを載せました。

→

警察《けいさつ》は、映画のデータを動画共有サイトに載せたのはRさんと特定。Rさんは制作者の権利《けんり》を侵した疑《うたが》いをかけられました。

え

複数の友人と楽しめるグループトーク機能。Sさんは、ほとんど発言をせずに友人たちの会話を見て楽しんでいました。

→

友人たちは、Sさんがあまり発言をしないことに疑問をもち始めました。Sさん以外のメンバーで「Sさんは友だちではないのではないか。」とインターネット上で話すようになりました。

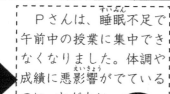

【小中学生が常に心掛けたいこと】

A

何気なく書いたことで友人を傷《きず》付けてしまったり、文字だけのやり取りなので意味を取り違えて誤解《ごかい》をまねいたりすることがないように、送る前には相手の気持ちになって読み返し、内容を確認《かくにん》しましょう。また、すぐに返信が来ないことで不満をもたないようにしましょう。

B

インターネット上に個人情報をあげるのは、街中で自分の名前や学校名を言い広めていることと同じです。また、位置情報入りの写真を公開すると、撮影《さつえい》場所がわかります。インターネット上で個人が特定できそうな話はしないように心掛けましょう。

C

利用時間については家族で話し合い、決めたルールを守って使うようにしましょう。ルールが合わなくなってきたと感じたら、家族と一緒に見直しをしましょう。会話中や、食事中などにスマートフォンを使っていないか、利用の仕方について振《ふ》り返ることも大切です。

D

イラストや写真、文章、音楽など、どのようなものにも制作者の権利があります。これらをインターネット上に載せるには制作者の許可が必要です。自分以外の人の制作物であるという意識をもち、それらを尊重《そんちょう》した行動を心掛けましょう。

【資料4】と【小中学生が常に心掛けたいこと】の組み合わせ

ア　①とB　　イ　①とC　　ウ　②とA

エ　②とD　　オ　③とB　　カ　③とD

キ　④とA　　ク　④とC　　ケ　⑤とB

コ　⑤とC　　サ　⑥とA　　シ　⑥とD

このページには問題は印刷されていません。

このページには問題は印刷されていません。

平成３０年度

適性検査Ⅱ

１０：１５～１１：００

注　意

1　問題は[1]から[3]まであり、この問題冊子《さっし》は１ページから２２ページにわたって印刷してあります。ページの抜け、白紙、印刷の重なりや不鮮明《ふせんめい》な部分などがないかを確認《かくにん》してください。あった場合は手をあげて監督《かんとく》の先生の指示にしたがってください。

2　**受検番号**と**氏名**を解答用紙の決められた場所に記入してください。

3　声を出して読んではいけません。

4　計算が必要なときは、この問題用紙の余白を利用してください。

5　答えはすべて解答用紙に記入し、**解答用紙だけを提出してください。**

6　字ははっきりと書き、答えを直すときは、きれいに消してから新しい答えを書いてください。

横浜市立南高等学校附属中学校

1　みなみさんは自転車の歴史やしくみについて調べ、次の【資料1】、【資料2】を集めました。あとの問題に答えなさい。

【資料1】自転車の歴史

最初に発明された自転車は、２００年ほど前に作られた①ドライジーネであるといわれている。この自転車にはペダルがなく、人は２つの車輪を前後に並《なら》べたものにまたがり、地面を足でけることで進んでいた。前輪にはハンドルが取り付けられ、進む方向を変えることができた。

やがてドライジーネの前輪にクランクとペダルが取り付けられ、ペダルをこぐことによってクランクを回し、車輪を回転させて進む自転車に発展《はってん》した。しかし、乗り心地は悪く、②ボーンシェーカー（骨《ほね》ゆすり）と呼《よ》ばれていた。

ボーンシェーカーは、ペダルをこぐことで直接車輪を回転させていたため、進む速さは、ペダルをこぐ速さと、ペダルがつけられた車輪の直径によって決まっていた。そこで、同じ大きさであった２つの車輪のうち、ペダルがつけられた車輪をもう一方の車輪に比べて大きくした自転車が作られた。この自転車は③ペニー・ファージングと呼ばれた。この自転車は、それまでのものよりも高速で走ることができたが、座《すわ》る位置が高く危険《きけん》であった。

やがて、【写真１】のようなギヤ（歯車）とチェーンを組み合わせて車輪を回転させるしくみが開発され、車輪を大きくしなくても速く走行できるようになり、安全で便利な現在の自転車の形になった。

【写真１】

【資料2】現在の自転車のしくみ

現在の自転車はペダルをこぐことで、クランクを回して【図１】の前ギヤを回転させ、その回転をチェーンによって後ギヤに伝え、車軸《しゃじく》を回すことで後輪を回転させて走る。

現在の自転車のなかには、※歯数が異《こと》なる複数のギヤがついているものがある。前ギヤ、後ギヤの組合せを変えることで、水平な道を速く走ったり、上り坂を小さな力で上ったりできる。

【図１】

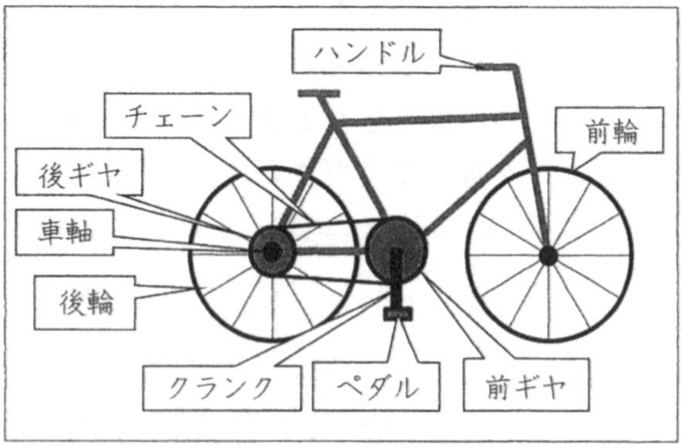

※　歯数・・・ギヤ（歯車）の歯の数

2018(H30)　横浜市立南高附属中
K 教英出版

【適

問題１　【資料１】の＿＿＿＿線①～③のイラストとして最も適切なものを、次のア～キから一つずつ選び、記号を書きなさい。

ア

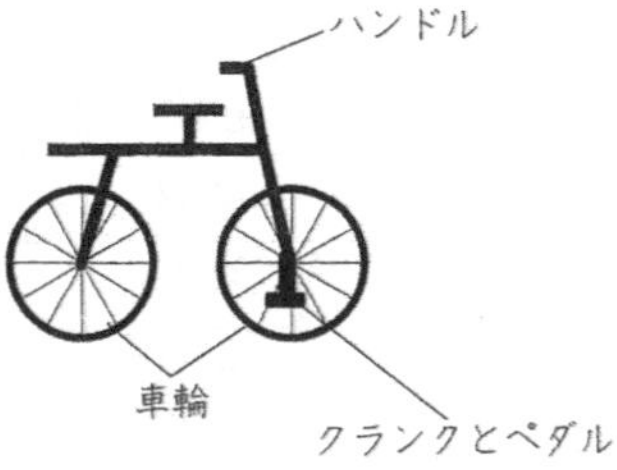

イ

ウ

エ

オ

カ

キ

問題２　みなみさんは、**【資料２】**から、ギヤを変えたときの違《ちが》いについてさらに調べ、次のようにまとめました。あとの問いに答えなさい。

ペダルをこいでクランクを１回転させると、前ギヤが１回転し、歯数の分だけチェーンが動く。動いたチェーンにより後ギヤが回転し、後輪が回る。

【表１】は、ギヤが複数ついた、ある自転車の前ギヤと後ギヤの歯数を表している。たとえば**【表１】**の前ギヤを１番、後ギヤを２番にすると、前ギヤを１回転させたとき、後ギヤは２８÷１４で２回転する。

【表１】ある自転車のギヤの歯数

前ギヤ		後ギヤ	
番号	歯数	番号	歯数
１	２８	１	１２
２	３８	２	１４
３	４８	３	１６
		４	１８
		５	２１
		６	２６
		７	３２

前ギヤを変えずに、後ギヤを歯数の少ないものに変えると、前ギヤが１回転したときの後ギヤの回転は（　あ　）、後輪の回転は（　い　）。したがって、ペダルをこいでクランクを１回転させたとき、自転車が進む距離《きょり》は（　う　）。このとき、後輪を１回転させるために必要なクランクの回転は（　え　）が、ペダルをこぐためには大きな力が必要になる。そのため、ペダルをこぐ人はペダルを重く感じる。

反対に、後ギヤを歯数の多いものに変えると、ペダルをこいでクランクを１回転させたときの後輪の回転が（　お　）、自転車が進む距離は（　か　）。このとき、ペダルをこぐために必要な力は小さくなる。そのため、こぐ人はペダルを軽く感じ、小さい力で坂を上ることができる。

（１）文章中の（あ）～（か）にあてはまるものとして適切なものを、次のア、イから一つずつ選び、記号を書きなさい。

（あ）　ア　増え　　　　イ　減り
（い）　ア　増える　　　イ　減る
（う）　ア　増える　　　イ　減る
（え）　ア　増える　　　イ　減る
（お）　ア　増え　　　　イ　減り
（か）　ア　増える　　　イ　減る

(2) **【表1】**のようなギヤがついた自転車で、前ギヤを２番、後ギヤを３番にして、後ギヤの歯の１つに印をつけました。ペダルをこいでクランクを１回転させたとき、後ギヤの印をつけた歯は、最初の位置から回転する方向に何度の位置にくるか、０度以上３６０度未満の角度で書きなさい。

問題3　みなみさんは、次の【条件1】でA地点からH地点まで自転車で移動する計画を立てました。あとの問いに答えなさい。

【条件1】

- A地点からH地点までは、上空から見るとABCDEFGHの順に一直線上に並《なら》ぶ。
- A地点からH地点までの道の※傾斜《けいしゃ》と道のりは、下の【表2】のようになっている。
- 水平な道、下り坂、上り坂でそれぞれ異《こと》なる速さで走る。
- 同じ傾斜の道では、最初から最後まで一定のペースで走る。
- 水平な道では時速18kmで走り、下り坂ではブレーキをかけて分速360mで走る。
- 上り坂では傾斜1%のときに秒速4mで走り、傾斜が2倍、3倍…となると、速さは2分の1、3分の1…となる。

※　傾斜・・・かたむきの程度。傾斜10%の坂とは【図2】のようなかたむきの坂のことである。

【図2】

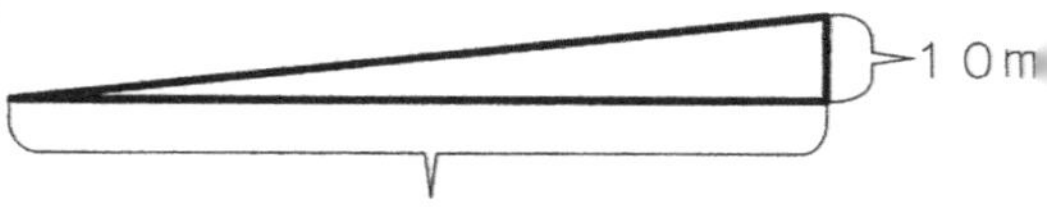

【表2】

区間	傾斜	道のり
A地点～B地点	水平	1500m
B地点～C地点	上り4%	1200m
C地点～D地点	下り2%	900m
D地点～E地点	上り8%	900m
E地点～F地点	水平	600m
F地点～G地点	下り5%	1800m
G地点～H地点	水平	300m

(1) みなみさんの計画では、A地点を出発して、H地点に到着《とうちゃく》するまでに何分何秒かかることになるか、かかる時間を書きなさい。

（2）【資料3】は傾斜ごとの斜面の長さと水平方向の距離《きょり》、垂直《すいちょく》方向の距離をまとめたものです。A地点からH地点までの水平方向、垂直方向の距離を書きなさい。水平方向は小数第１位まで、垂直方向は小数第２位まで書きなさい。

【資料3】

傾斜（%）	道のり１００ｍあたりの水平方向の距離（m）	道のり１００ｍあたりの垂直方向の距離（m）
1	100.0	1.00
2	100.0	2.00
3	100.0	3.00
4	99.9	4.00
5	99.9	4.99
6	99.8	5.99
7	99.8	6.98
8	99.7	7.97
9	99.6	8.96
10	99.5	9.95

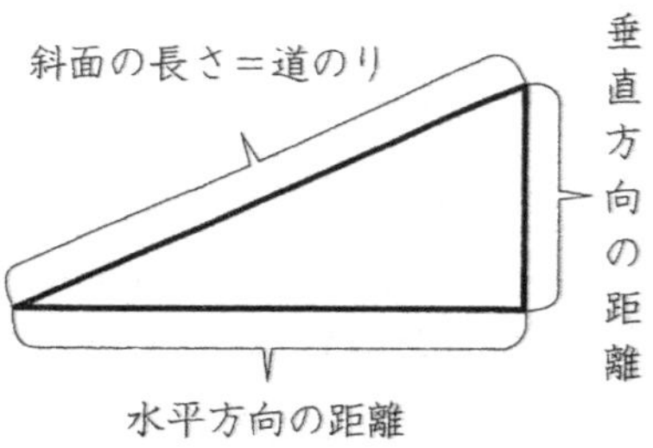

問題４　みなみさんは、ある週の平日（月曜日から金曜日）に、５つの町へ自転車で出かけることにしました。そのために、次の【条件２】にしたがって計画を立てました。【表３】をつかって、あとの問いに答えなさい。

【条件２】

・同じ日に、複数の町には行かず、複数のものを食べず、複数の施設《しせつ》に行かない。
・次の①～⑫のすべてを満たす計画を立てる。

① ラーメンを食べるのは、映画館《えいがかん》に行く日の３日前か３日後。
② なずな町に行くのは、家から３ｋｍ離《はな》れた町に行く日の翌日《よくじつ》。
③ ドリアを食べる日は、金曜日。
④ アイスクリームを食べる日は、美術館に行く。
⑤ 博物館に行くのは、ケーキを食べる日の２日前か２日後。
⑥ 展望台《てんぼうだい》に行く日は、家から１．５ｋｍ離れた町に行く。
⑦ つくし町は、家から２．５ｋｍ離れている。
⑧ 美術館に行く日は、月曜日か金曜日。
⑨ かえで町に行くのは、すみれ町に行く日よりも後。
⑩ スパゲッティを食べる日は、家から１ｋｍ離れた町に行く。
⑪ 家から２ｋｍ離れた町に行くのは、動物園に行く日の１日前か１日後。
⑫ さくら町に行くのは、すみれ町に行く日よりも前。

【表３】

	月曜日	火曜日	水曜日	木曜日	金曜日

（１）さくら町に行く曜日を書きなさい。

（２）かえで町で食べるものを、【条件２】からぬき出して書きなさい。

（３）すみれ町で行く施設を、【条件２】からぬき出して書きなさい。

このページには問題は印刷されていません。

2　みなみさんは、正多角形や、正多角形を組み合わせてできる立体について考えることにしました。次の問題に答えなさい。

問題１　みなみさんは、正八角形に対角線をひいて、正八角形の中にいくつかの三角形を見つけました。次の問いに答えなさい。

（１）正八角形にひくことができる対角線の本数を書きなさい。

（２）正八角形に対角線をすべてひいたときにできる三角形のうち、次の**【条件】**を満たす三角形の個数を書きなさい。

【条件】

・２つ以上の辺の長さが等しい。
・３つの辺はすべて対角線である。
・３つの頂点《ちょうてん》が正八角形の頂点と重なっている。

問題２　みなみさんは、辺の長さが１ｃｍの正三角形と、辺の長さが１ｃｍの正方形を組み合わせてすき間なく並《なら》べ、**【図１】**のような辺の長さが１ｃｍの正十二角形をつくりました。

【図１】

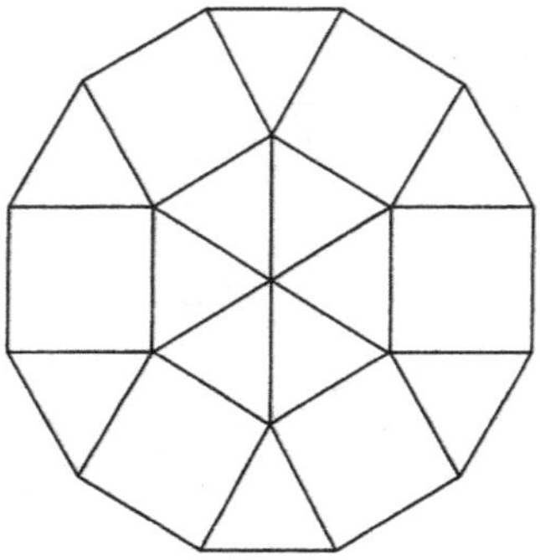

【図１】の正十二角形の周りに、さらに辺の長さが１ｃｍの正三角形と、辺の長さが１ｃｍの正方形を組み合わせてすき間なく並べると、**辺の長さが３ｃｍの正十二角形**をつくることができました。そのとき、**【図１】**の正十二角形の周りにさらに並べた正三角形の個数と正方形の個数を、それぞれ書きなさい。

問題３　みなみさんは、一辺の長さが同じ正三角形８個と正方形６個を組み合わせて、【写真１】のような向かい合う面が平行で、へこみのない立体をつくりました。各面には１から１４までの数が書かれていて、向かい合う面の数の合計はすべて同じになります。【写真１】では、１、４、８、９、１０、１２、１３が見えています。【図２】はこの立体の展開《てんかい》図《ず》です。あとの問いに答えなさい。

【写真１】

【図２】

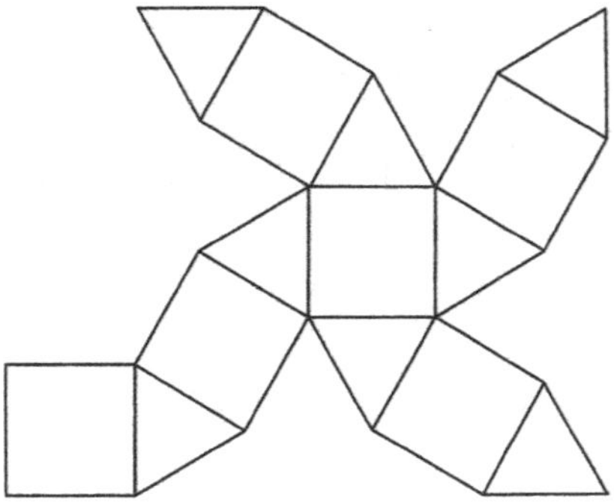

（１）みなみさんは、【写真１】の立体に、２つの頂点《ちょうてん》を結ぶ直線のうち、立体の表面上にあるものを除《のぞ》いた直線が何本あるのかを、次のように考えました。（あ）～（き）にあてはまる数を書きなさい。また、□には、＿＿＿線①の計算をした理由としてあてはまる言葉を、１５字以内で書きなさい。

まずは、１つの頂点からほかの頂点へひくことができる直線について考える。
【写真１】の立体の頂点の数は全部で（　あ　）個ある。
１つの頂点からほかの頂点へひくことができる直線の数は、その頂点自身を除いた数だけあるから（　い　）本である。
そのうち、立体の表面上にあるものは、立体の辺となっている直線が（　う　）本と、正方形の対角線である直線が（　え　）本である。
よって、１つの頂点からほかの頂点へひくことができる直線のうち、立体の表面上にあるものを除く直線は（　お　）本になる。

次に、すべての頂点で考えると、どの頂点からも同じ数だけ直線はひくことができ、（　あ　）×（　お　）で（　か　）本となる。
しかし、このときにひいた直線は、□から、
２つの頂点を結ぶ直線のうち、立体の表面上にあるものを除いた直線は、
（　か　）①÷２で（　き　）本となる。

※には何も記入しないこと。

適性検査Ⅰ　解答用紙

受検番号
氏　　名

※

※200点満点

1 （140点）

① 【資料が伝えていることを短くまとめる文章】

選んだ資料の記号【　　】

② 【資料の内容について自分が考えたことをまとめる文章】

選んだ資料の記号【　　】

※

※5

※4

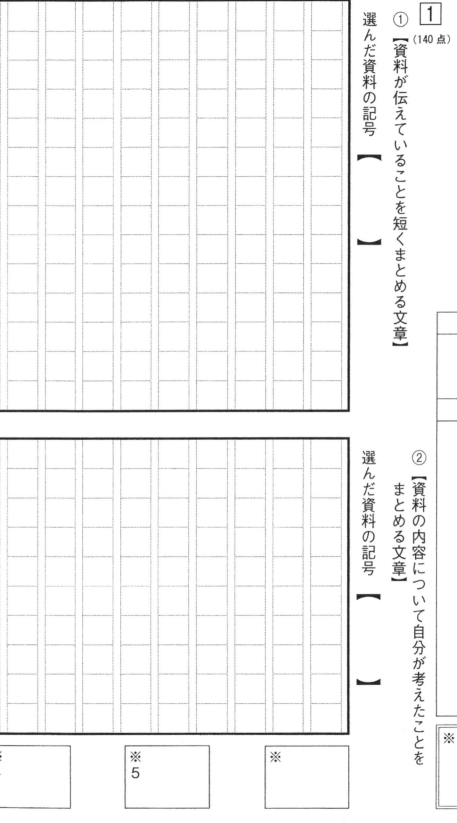

問題３	（１）	あ		い		う		え	
		お		か		き			
	（２）	A		B					
	（３）								

						15		から

※ 46

3

問題１	土壌動物Ｘ	
	土壌動物Ｙ	

※ 8

問題２	あ		い	

※ 10

問題３	調査の目的Ⅰ		調査の目的Ⅱ	

※ 10

問題４	①	
	②	
	③	
	④	

※ 32

受検番号	氏　　名

※

※200点満点

8)

適性検査Ⅱ　解答用紙

1

※には何も記入しないこと。

問題1	①		②		③	

※ 5

問題2	（1）	あ		い		う	
		え		お		か	
	（2）	度					

※ 18

問題3	（1）	分　秒	
	（2）	水平方向の距離	m
		垂直方向の距離	m

※ 26

問題4	（1）	曜日
	（2）	
	（3）	

※ 15

2

問題1	（1）	本
	（2）	個

※ 15

問題2	正三角形	個	正方形	個

※ 15

適性検査Ⅰ　解答用紙

受検番号

氏　　名

※には何も記入しないこと。

※

2

（60点）

問題1
（1）
（2）
（3）
（4）
（5）

※ 20

問題2
メモ1
メモ2
メモ3
メモ4

※ 20

問題3
あ
い
う
え

※ 20

300

350

250

200

※ 1		※ 2	※		※ 3	※

（2）みなみさんは、【写真１】の立体の面と同じ大きさの正三角形、正方形をつかい、【図３】のように並《なら》べてコースをつくりました。

【図３】

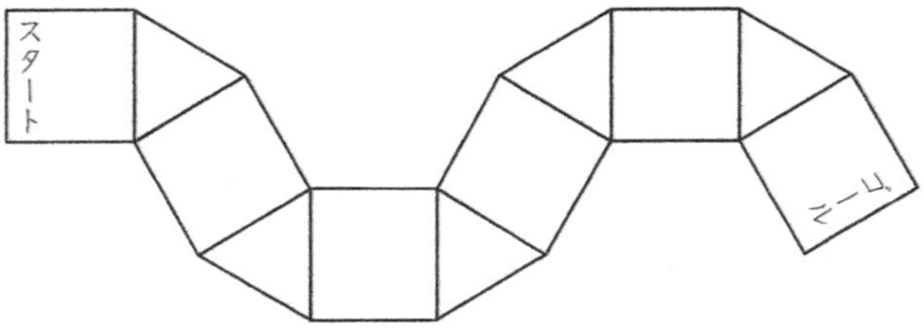

【図３】のスタート位置に【写真１】の立体を、１０と書かれた面が下になるように置き、コースとぴったり重なるようにゴールの位置まで転がしました。１マス進むごとに【写真１】の立体に書かれている数を、コースに記録しました。【図４】は２マス進んだときの結果です。このままコースに沿《そ》って転がし続けたとき、ＡとＢに入る数を書きなさい。

【図４】

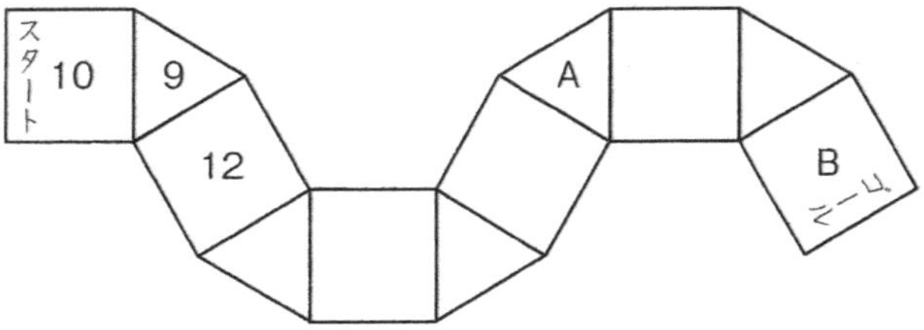

（３）みなみさんが【図３】とは別のコースで【写真１】の立体を転がして、コースに記録された数を、小さい順に並《なら》べかえたところ、【図５】のようになりました。この並び順のまま、いろいろな計算をしてみると、全ての数をたしたときの結果が、１か所かけ算にして、残りをたしたときの結果の半分になりました。Cにあてはまる数を書きなさい。同じ数が２回記録されることもあります。

【図５】

2	C	9	11	12	13

このページには問題は印刷されていません。

3 【みなみさんと先生の会話文】を読んで、あとの問題に答えなさい。

【みなみさんと先生の会話文】

先　　　生：今ここに、森から運んできた落ち葉が混ざった土があります。土の中で生活している動物を土壌《どじょう》動物といいますが、この土の中にどのような土壌動物がいるのかを調べてみましょう。じっと目をこらして観察してください。

みなみさん：ダンゴムシ、アリ、ミミズを見つけました。名前がわからない土壌動物もいます。

先　　　生：【表1】を使えば、土壌動物の特徴《とくちょう》から分類名を調べることができます。

【表1】

特徴				分類名
足がない	殻《から》に入っている			陸貝
	殻に入っていない	体はヒモのような形	体長3cm以上、ピンク色～赤茶色	ミミズ
			体長1.5cm以下、白色	ヒメミミズ
		体は筒《つつ》のような形	はっきりした頭がある	甲虫《こうちゅう》の幼虫《ようちゅう》
			はっきりした頭がない	ハエ・アブの幼虫
足は6本	はねがない	尾《お》の先に※突起《とっき》がある	突起は3本	イシノミ
			突起は2本	ナガコムシ
			突起は1本で、筒のような形	アザミウマ
			突起は1本で、先が2本に分かれている	トビムシ
		尾の先に突起がない	触角《しょっかく》は「く」の字に折れ曲がる	アリ
			触角には多くの節がある	シロアリ
			触角は小さなトゲのような形	甲虫の幼虫
	はねがある	はねは羽毛のような形		アザミウマ
		はねはかたく、はらよりも短い	体は細長く、尾にはさみがある	ハサミムシ
			体は細長く、尾にはさみがない	ハネカクシ
			体は短く太い	アリヅカムシ
		はねはかたく、はら全体をおおっている	口は長く突《つ》き出ている	ゾウムシ
			口は長く突き出ていない	甲虫
		はねはやわらかく、左右のはねは重なる		カメムシ
足は8本	むねとはらの間が細くなっている			クモ
	むねとはらの間が細くなっていない	はらに節《ふし》がない、体長2mm未満		ダニ
		はらに節がある	足は体長より短い	カニムシ
			足は体長と同じ長さか、それより長い	ザトウムシ

（青木淳一「だれでもできるやさしい土壌動物のしらべかた」をもとに作成）

※　突起・・・まわりよりも長く突き出ているもの。

みなみさん：土の中には、いろいろな土壌動物がいるのですね。

先　　生：土壌動物学の専門家《せんもんか》である青木淳一《あおきじゅんいち》先生は、自然の環境《かんきょう》が異《こと》なるいろいろな場所で土壌動物の調査を行い、自然の環境が良好に保たれているところで共通してみられる土壌動物や、幅広《はばひろ》い自然の環境に適応している土壌動物がいることを発見しました。このことから、青木先生は、土の中にどのような種類の土壌動物がいるのかを調べれば、自然の環境がどのくらい良好に保たれているのかがわかると考え、「自然の豊かさ」をはかる方法を考案しました。

みなみさん：それはどんな方法なのですか。

先　　生：【表2】を見てください。

【表2】

Aグループ	Bグループ	Cグループ
ザトウムシ	カニムシ	トビムシ
オオムカデ	ミミズ	ダニ
陸貝	ナガコムシ	クモ
ヤスデ	アザミウマ	ダンゴムシ
ジムカデ	イシムカデ	ハエ・アブの幼虫
アリヅカムシ	シロアリ	ヒメミミズ
コムカデ	ハサミムシ	アリ
ヨコエビ	ガの幼虫	ハネカクシ
イシノミ	ワラジムシ	
ヒメフナムシ	ゴミムシ	
	ゾウムシ	
	甲虫の幼虫	
	カメムシ	
	甲虫	

（青木淳一「だれでもできるやさしい土壌動物のしらべかた」をもとに作成）

先　　生：青木先生は、「自然の豊かさ」をはかるのに適した３２種類の土壌動物を選び、[　あ　]をAグループ、[　い　]をCグループ、中間をBグループとして、３つのグループに分けました。そして、Aグループには１種類につき５点、Bグループには１種類につき３点、Cグループには１種類につき１点の点数をつけました。

みなみさん：具体的には、どのようにして「自然の豊かさ」をはかるのですか。

先　　生：たとえば、ある場所で、どのような種類の土壌動物がいるのかを調査し、ミミズ、ワラジムシ、ダンゴムシ、アリの４種類を発見したとします。【表2】より、ミミズは３点、ワラジムシは３点、ダンゴムシは１点、アリは１点なので、合計点は、３＋３＋１＋１で８点になります。この合計点で、その場所の「自然の豊かさ」を表しているのです。

みなみさん：合計点が高いほど、その場所の「自然の豊かさ」が高いということになるのですね。

先　　生：そうです。では、もしも**【表２】**のすべての土壌《どじょう》動物が発見されたとすれば、合計点は何点になるでしょう。

みなみさん：Ａグループは１０種類なので５×１０で５０点、Ｂグループは１４種類なので３×１４で４２点、Ｃグループは８種類なので１×８で８点。すべてたすと、ちょうど１００点になります。

先　　生：正解です。青木先生は、「自然の豊かさ」を１００点満点ではかることができるように、この方法を考えたのです。

みなみさん：土壌動物で「自然の豊かさ」をはかるなんておもしろいです。いろいろな場所で土壌動物を調べて、結果を比べてみたいです。ところで、「自然の豊かさ」をはかるとき、土壌動物の数は調べなくてよいのですか。

先　　生：はい。土壌動物の種類だけを調べればよいです。けれども、みなみさんの言うとおり、土壌動物の数も調べれば、何か別の発見があるかもしれませんね。

みなみさん：興味がわいてきました。土壌動物を調査するときのポイントがあれば教えてください。

先　　生：ほとんどの土壌動物は、地面の浅いところにいます。地面を深く掘《ほ》らずに、表面の土やしめった落ち葉を集めて調べるとよいでしょう。

みなみさん：わかりました。さっそく調べてみます。

問題1　みなみさんが見つけた、次の【土壌動物X】と【土壌動物Y】の分類名を【表1】の分類名から一つずつ選び、それぞれ書きなさい。

【土壌動物X】

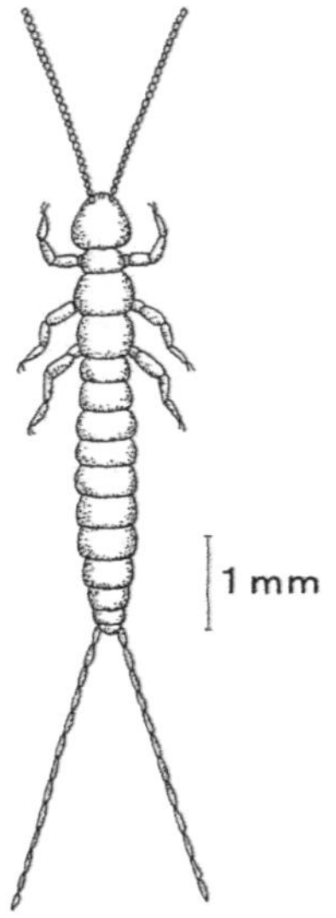

【土壌動物Y】

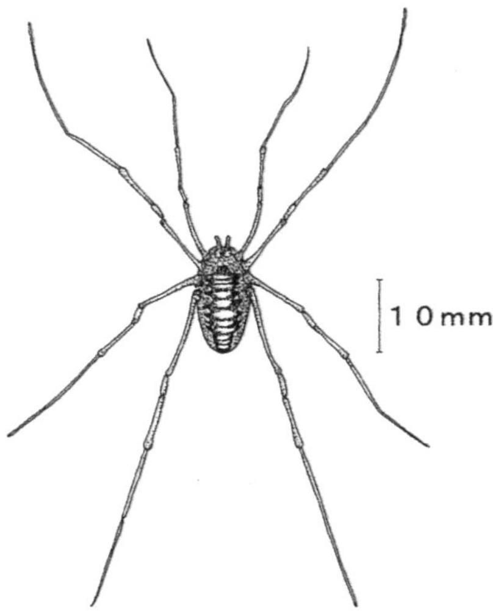

問題２　【みなみさんと先生の会話文】の［　あ　］と［　い　］にあてはまることばとして最も適切なものを、次のア～オから一つずつ選び、記号を書きなさい。

ア　自然の環境《かんきょう》の良い悪いにかかわらず、いる数が少ない土壌《どじょう》動物
イ　自然の環境が良好に保たれているところには、あまりいない土壌動物
ウ　自然の環境がかなり悪化しても、生きていくことができる土壌動物
エ　自然の環境が悪化すると、大きく成長する土壌動物
オ　自然の環境が悪化すると、すぐにいなくなってしまう土壌動物

問題３　みなみさんは、ある公園の雑木林で、土壌動物の調査を行うことにしました。次の**【調査の目的Ⅰ】**と**【調査の目的Ⅱ】**にふさわしい調査の方法として最も適切なものを、あとの**ア～オ**から一つずつ選び、記号を書きなさい。同じ記号を２回選んではいけません。

【調査の目的Ⅰ】

雑木林全体で、できるだけ多くの種類の土壌動物を見つける。

【調査の目的Ⅱ】

雑木林の中のいくつかの地点で、土壌動物の数を調べ、その結果を比較《ひかく》する。

ア　落ち葉が厚く積もっているところや倒《たお》れた木の下などのいろいろな地点の地面から、土や落ち葉をとって調査する。

イ　調査する時間と地点を決め、毎日同じ時間に、同じ地点からくり返し土や落ち葉をとって調査する。

ウ　いくつかの地点で地面を同じ深さまで深く掘《ほ》り、掘った穴の底からそれぞれ土をとって調査する。

エ　ある大きさの枠《わく》をつくっていくつかの地点に置き、枠で囲まれた範囲《はんい》からそれぞれ同じ量の土や落ち葉をとって調査する。

オ　アリの巣があるところなど、土壌動物の数が多いと考えられる地点を探《さが》し、そこから土や落ち葉をとって調査する。

問題４　次の【表３】は、みなみさんが３つの公園の雑木林Ⅰ～Ⅲを調査をした結果、見つけた土壌《どじょう》動物の種類と数をまとめたものです。

【表３】

	雑木林Ⅰ		雑木林Ⅱ		雑木林Ⅲ	
	種類	数	種類	数	種類	数
Aグループ	ザトウムシ	1	ヤスデ	2	陸貝	2
	陸貝	3	アリヅカムシ	3	ヤスデ	4
	ジムカデ	1	コムカデ	3	コムカデ	1
	ヨコエビ	2	ヒメフナムシ	3	ヨコエビ	2
	イシノミ	1				
Bグループ	カニムシ	1	ミミズ	4	ミミズ	3
	ミミズ	7	アザミウマ	1	ナガコムシ	1
	ナガコムシ	2	ハサミムシ	2	アザミウマ	2
	イシムカデ	1	ゾウムシ	2	イシムカデ	2
	シロアリ	3	甲虫《こうちゅう》	3	ハサミムシ	1
	ワラジムシ	3			ガの幼虫	2
					ワラジムシ	4
					甲虫の幼虫	3
					カメムシ	1
Cグループ	トビムシ	11	トビムシ	19	トビムシ	16
	ダニ	27	ダニ	43	ダニ	37
	クモ	2	クモ	3	ダンゴムシ	3
	ダンゴムシ	4	ハエ・アブの幼虫	6	ハエ・アブの幼虫	5
	ハエ・アブの幼虫《ようちゅう》	2	ヒメミミズ	25	ヒメミミズ	18
	ヒメミミズ	13	アリ	9		
	アリ	5				
	ハネカクシ	2				

次の【メモ】の①～④にあてはまるものを、あとの**ア**～**カ**から一つずつ選び、記号を書きなさい。同じ記号を何度選んでもかまいません。

【メモ】

> ○【表3】の雑木林Ⅰ～Ⅲを、土壌動物の数の合計が多い順に並べると、①になる。
>
> ○土壌動物の数に注目して【表3】の雑木林Ⅰ～Ⅲを比べたとき、Aグループの土壌動物の数がしめる割合《わりあい》が大きい順に並べると、②になる。
>
> ○土壌動物の種類に注目して【表3】の雑木林Ⅰ～Ⅲを比べたとき、Aグループの土壌動物の種類の数がしめる割合が大きい順に並べると、③になる。
>
> ○【表3】の雑木林Ⅰ～Ⅲを、「自然の豊かさ」の点数が高い順に並べると、④になる。

ア　雑木林Ⅰ、雑木林Ⅱ、雑木林Ⅲ
イ　雑木林Ⅰ、雑木林Ⅲ、雑木林Ⅱ
ウ　雑木林Ⅱ、雑木林Ⅰ、雑木林Ⅲ
エ　雑木林Ⅱ、雑木林Ⅲ、雑木林Ⅰ
オ　雑木林Ⅲ、雑木林Ⅰ、雑木林Ⅱ
カ　雑木林Ⅲ、雑木林Ⅱ、雑木林Ⅰ

【適